# Tales

Vera P. Zhelikhovskaya

# Повести

Вера П. Желиховская

**Tales**

ISNB: 978-1-60444-893-1

**Повести**

ISNB: 978-1-60444-893-1

# Надъ пучиной

## I

Стояло начало мая мѣсяца; теплаго, яркаго, цвѣтущаго мая.

Всегда красивая Одесса разрядилась вся въ зелень и цвѣты, и глядѣлась въ голубое море словно шестнадцатилѣтняя красавица въ зеркало.

Въ желѣзно-дорожномъ вокзалѣ суета, толкотня и шумъ: только что прибылъ утренній поѣздъ. Разъѣздъ необычайно оживленъ.

Двѣ дамы спокойно ждутъ въ залѣ перваго класса, никуда не спѣша, ожидая безъ всякихъ признаковъ нетерпѣнія, чтобы люди – лакей и горничная, получили багажъ и все устроили. Одна изъ дамъ, пожилая, некрасивая, одѣтая съ такой аккуратностью, что никому и въ голову не могло придти, что она четвертыя сутки не выходила изъ вагона, сидитъ молча, вытянувшись въ струнку, на диванѣ. Держась одной рукой, затянутой въ шведскую перчатку, за свой дорожный нессесеръ, надѣтый черезъ плечо, она другую положила на зонтикъ и шотландскій плэдъ, аккуратно затянутые ремнями, и смотритъ въ полъ, съ выраженіемъ, явно свидѣтельствующимъ о ея готовности просидѣть такимъ образомъ хоть до вечера.

Другая, молоденькая дѣвушка, стройная, хорошенькая блѣдной, изнѣженной красотою растенья, взлелѣяннаго въ сѣверныхъ теплицахъ, сначала бросилась было на диванъ, потомъ встала н оперлась на окно, глядя въ ясное небо и зѣвая немилосердно. Ея изящный дорожный костюмъ былъ далеко не въ такомъ порядкѣ, какъ у ея спутницы; темные, большіе, способные блистать и оживляться, глаза, смотрѣли апатично и вяло. Она казалась и сонной, и усталой, и сильно скучающей...

Но вотъ она остановила вниманіе своей чопорной спутницы, зѣвнувъ особенно аппетитно, и тотчасъ лицо ея оживилось лукавой усмѣшкой. Подмѣтивъ на себѣ ея удивленно-укоризненный взоръ, она откинула движеніемъ руки и головы русый локонъ, выбившійся изъ-подъ шляпки и сдержавъ усмѣшку, оживившую всѣ тонкія черты ея необыкновенной прелестью, сказала по англійски:

– Вы боитесь, чтобы я не вывихнула себѣ челюсти, миссъ Джервисъ?

– Я удивляюсь, что Марья и Иванъ дѣлаютъ тамъ такъ долго? – вмѣсто отвѣта замѣтила англичанка. Неужели въ отелѣ не получена телеграмма, и за нами не прислали коляски?

Какъ-бы въ отвѣтъ ей въ комнату вошла краснощекая горничная и благообразный лакей.

1

— Пожалуйте! – сказалъ онъ. – Вещи сданы и отправлены въ Лондонскую гостиницу. Коляска подана.

— Ну и прекрасно!.. Пойдемте, миссъ Джервисъ. Маша! Бери вещи и мою сумку, пожалуйста. Вотъ она тамъ, на спинкѣ стула... Все плечо мнѣ оттянула!.. Дай только зонтикъ.

— Развѣ вы не надѣнете другой перчатки, miss Vera?

— А вы считаете это необходимымъ, miss Sarah?

— Oh! Miss. Вы сами это знаете.

— Охъ! Знаю-ли?.. А впрочемъ, чтобъ вамъ сдѣлать удовольствіе... Ну! Идемте.

Открытая коляска помчала ихъ по Пушкинской улицѣ, къ набережной.

— Хорошенькій городъ!.. Очень хорошенькій городъ! – одобрительно повторила Вѣра Аркадьевна Ладомирская, смотря по сторонамъ.

— Одесса прелести какой городъ! – подтвердила ея балованная субретка.

— Да!.. Вѣдь я и забыла, что ты жила здѣсь прежде, Маша. Чтожъ въ ней особенно хорошаго?

— Да все-съ! Особливо теперь, какъ всѣ дачи и всѣ Фонтаны въ цвѣту.

— Какъ фонтаны въ цвѣту? – засмѣялась барышня. Развѣ вмѣсто воды фонтаны здѣсь бьютъ цвѣтами?

— Не цвѣтами-съ и даже фонтановъ нѣту совсѣмъ, а такъ загородныя мѣста, гдѣ, значитъ, самыя лучшія дачи, – Большой, Средній и Малый фонтанъ прозываются.

— А! Вотъ что. И хороши онѣ, эти дачи?

Горничная принялась расписывать восторженно.

— Можно будетъ съѣздить посмотрѣть. Сестру, вѣдь, ждать навѣрное дня три придется.

Бывшая гувернантка, нынѣ компаньонка княжны Ладомирской, смотрѣла на нее вопросительно. Она разсказала ей въ чемъ дѣло.

— Oh! ?ery well! – воскликнула въ отвѣтъ англичанка, въ теченіе своего многолѣтняго пребыванія въ Россіи не выучившаяся по-русски.

Чѣмъ ближе подъѣзжали къ музеуму, биржѣ и цвѣтущему бульвару вдоль набережной, тѣмъ красивѣе были зданія, отѣненныя аллеями только что зазеленѣвшихъ акацій.

Видъ на бульваръ и нарядный портъ съ десятками судовъ и пароходовъ, съ сотнями бѣлокрылыхъ яхтъ и разноцвѣтныхъ яликовъ, скользящихъ по сверкавшему отраженьемъ голубаго неба, безбрежному морю, окончательно привелъ Вѣру въ восторгъ. Отдохнувъ и пообѣдавъ пораньше, она рѣшила, что поѣдетъ гулять. Коляска снова была подана, онѣ усѣлись съ миссъ Джервисъ и приказали везти себя на фонтаны.

— На который-съ? – освѣдомился возница, одѣтый на иностранный ладъ.

– На всѣ! Начиная съ ближняго и до самаго дальняго! – отвѣчала барышня.

Коляска тронулась по набережной, вдоль бульвара, пестрѣвшаго гуляющими, сквозь свою молодую зелень, на яркомъ фонѣ моря и неба. День былъ праздничный, въ повильонѣ гремѣла музыка; на платформѣ ресторана Замбрини, между рядами мраморныхъ столиковъ, яблоку негдѣ было упасть: тамъ была давка, какъ въ муравейникѣ.

– Кажется гулянье? – замѣтила англичанка. Не лучше-ли было-бы и намъ просто погулять по бульвару?

– Боже сохрани!.. Не видали мы толпы?.. Неужели вамъ не надоѣли эти казенныя гулянья въ Петербургѣ и за границей?.. Нѣтъ, спасибо!.. Ужъ лучше посмотримте на городъ... Жаль коляска двумѣстная, а то я Машу взяла-бы, какъ чичероне...

Англичанка только повела зеленымъ глазомъ на свою питомицу. Идея – брать съ собою на прогулки горничную!.. Но она не сказала ни слова, зная изъ опыта послѣдняго времени, что стоитъ только miss Ladomirsky услышать отъ нея сокрушительный возгласъ: "shoking", – чтобъ немедленно воспылать желаніемъ именно это сдѣлать.

Привычный отличать сѣдоковъ кучеръ везъ хорошо, и лихо прокатилъ ихъ мимо вереницы дачъ Малаго фонтана къ спуску въ садъ и морскому берегу, въ эту пору года ярко-зеленому, цвѣтущему бѣлымъ и розовымъ цвѣтомъ и пышно распускавшейся сиренью.

Онѣ прошлись вдоль берега и еще не совсѣмъ отстроенныхъ купаленъ. Береговыя, красно-бурыя осыпи и живописные камни красиво омывались набѣгающими на нихъ волнами. Онѣ шумѣли и пѣнились, налетая на препятствія, разбиваясь каскадами. блестящихъ брызгъ. Цвѣтущіе холмы бѣжали въ даль, сверкавшую бирюзой, золотомъ и изумрудами.

– Какъ хорошо! Какая прелесть! – восхищалась

Вѣра.

– Oh! Very pretty, mdeed! – подтверждала ея спутница, осторожно подобравъ юбки, тщательно закутавшись вуалемъ и распустивъ зонтикъ на красной подкладкѣ. Are we to go much farther?.. Жаль, что дорога не проложена лучше.

– Къ несчастью далеко намъ идти некогда; надо еще побывать въ другихъ мѣстахъ, – успокоила ее княжна. Не то, пожалуй, завтра пріѣдетъ сестра и потащить насъ въ Вѣну, такъ что я не успѣю ничего увидѣть.

– За границей мы увидимъ такъ много прекрасныхъ мѣстъ. И благоустроенныхъ!

– Я больше люблю не благоустроенныя.

– Въ самомъ дѣлѣ?.. Какъ странно!

– Ничего страннаго. Во-первыхъ, ваша благоустроенная, подстриженная Европа надоѣла мнѣ до смерти; а во-вторыхъ, что можетъ быть лучше природы? Не лучшій-ли садовникъ и художникъ – Богъ?..

– Oh! Miss Vera!.. – шокировано вскричала гувернантка. Какъ можете вы такъ легко выражаться?

Молодая дѣвушка разсмѣялась.

Когда онѣ вышли на гору, гдѣ ждалъ ихъ экипажъ, два трамвея конно-желѣзной дороги только что высадили публику и она пестрой, разношерстной гурьбой шла и сбѣгала въ садъ ресторана.

– Вотъ весело такъ ѣхать! – сказала Ладомирская. Я бы съ удовольствіемъ прокатилась.

– О!.. Въ трамвеѣ? – снова изумилась миссъ, старательно оберегаясь отъ столкновеній съ вульгарнымъ людомъ.

Вдругъ родная рѣчь поразила ея слухъ. Она взглянула оживленнѣе... Большое общество, изъ многочисленной въ Одессѣ колоніи англичанъ, спускалось имъ навстрѣчу.

– Missis Cregs!

– О, dear me! Miss Jervis?.. Какая встрѣча!.. Какъ вы здѣсь?

– Проѣздомъ. А вы давно-ли въ Россіи?.. Я и не
знала!

– Мой мужъ здѣсь получилъ мѣсто инженера, на заводѣ. О!.. Вы пріѣдете и повидаетесь съ нами, не правда-ли?

– Не знаю, право!.. Если позволитъ время... Miss Vera: это моя дорогая подруга – миссисъ Крегсъ. Моя бывшая воспитанница – my dearest pupil, princess Vera Ladomirsky.

Вѣра, съ удовольствіемъ смотрѣвшая на эту сцену, доказывавшую, что не все превратилось въ патентованную гуттаперчу въ сердцѣ ея невозмутимой компаньонки, подошла и подала руку ея знакомой. Тутъ-же было рѣшено, что если завтра еще не пріѣдутъ за ними, миссъ Джервисъ проведетъ цѣлый день у своихъ соотечественниковъ.

– Я не совсѣмъ увѣрена въ правѣ-ли я оставить васъ завтра одну, въ незнакомомъ городѣ? – смущенно замѣтила добросовѣстная наставница, когда онѣ сѣли въ коляску.

Но княжна разсмѣялась, напомнивъ, что ей уже не десять лѣтъ и прося ее не стѣсняться.

На Средній и Большой фонтаны уже ходили поѣзды открытыхъ вагоновъ съ локомотивомъ.

Такого рода прогулка казалась княжнѣ гораздо пріятнѣй, потому что на рельсахъ не было пыли, которой такъ обильны окрестности Одессы.

Оба фонтана – сплошные сады, даже просто рощи акацій, среди которыхъ разсыпаны дачи.

На Среднемъ не останавливались: возница ихъ объявилъ, что здѣсь смотрѣть нечего, кромѣ дачъ, изъ которыхъ лучшія далеко, на берегу; а на Большомъ фонтанѣ можно погулять возлѣ Успенскаго монастыря.

Поѣхали далѣе. Промелькнула, въ зелени, хорошенькая церковь; спускъ къ морю. Оно изрѣдка посблескивало слѣва, мелькая между высокими берегами. По главной, тѣнистой улицѣ, подъѣхали къ воротамъ монастыря, когда народъ шелъ уже ко всенощной. Съ края утеса на берегу маякъ засвѣтился на поблѣднѣвшемъ небѣ; а правѣй ужъ подымалась луна, осыпая море и землю милліонами блестокъ.

— Ахъ! Какъ хорошо! Какъ хорошо!.. Что за горе, что мы не успѣемъ погулять по берегу. Ужъ поздно, а мы съ вами не знаемъ здѣсь дорогъ! — жаловалась Вѣра.

— О да! Какъ можно гулять въ такую пору?.. И роса!.. Мало-ли что можетъ случиться?.. Я бы не совѣтовала вамъ выходить, убѣждала миссъ Джервисъ.

— Ну, въ церковь я должна войти! — протестовала ея неугомонная воспитанница. Какое прелестное мѣсто!.. Посмотрите. Эти надгробные памятники среди зелени, въ тѣни деревьевъ, разбросанные между двухъ храмовъ на морскомъ берегу!.. Завтра я пріѣду сюда раньше, чтобъ погулять.

— Однѣ?!.. — ужаснулась англичанка.

А что?.. Разбойниковъ здѣсь нѣтъ. Не безпокойтесь, дорогая миссъ Джервисъ! Я съ собой возьму и Машу и даже Ивана, съ его револьверомъ въ карманѣ... Никто меня не тронетъ! А когда вы вернетесь отъ своихъ знакомыхъ, вечеромъ, то навѣрное застанете меня крѣпко спящей. Ничто не дѣйствуетъ на меня лучше и успокоительнѣй воздуха и далекихъ прогулокъ.

## II

Такъ она и сдѣлала, эта своевольная барышня, утомленная многоразличными увеселеніями, но не обезличенная столичной жизнью.

Едва миссъ Джервисъ отправилась къ своей пріятельницѣ, она объявила Машѣ, что онѣ тоже ѣдутъ съ ней на цѣлый день, на дачи.

— Бери мой маленькій сакъ. Мы возьмемъ туда тартинокъ и апельсиновъ и отлично пообѣдаемъ гдѣ нибудь на берегу.

— Ахъ, барышня!.. А миссъ что скажутъ, какъ узнаютъ? — ужаснулась румяная горничная.

— Это мнѣ все равно!.. — засмѣялась въ отвѣтъ княжна.

— Такъ приказать Ивану позвать коляску?

— Да. Только не на весь день, а въ одинъ конецъ, до паровоза. Ты знаешь, Маша, гдѣ садятся въ вагоны, что ходятъ на Большой фонтанъ?

— А какже!.. Знаю-съ. Я все здѣсь знаю! — вскричала Маша въ восторгѣ отъ предстоящаго удовольствія.

Не менѣе была весела и ея барышня. И весела, и смущена немножко, съ непривычки къ такимъ своевольнымъ, и тѣмъ болѣе одинокимъ прогулкамъ. У нея даже промелькнула мысль: не взять ли ей съ собой Ивана?.. Но она туть-же оставила это намѣреніе, сообразивъ, какъ стѣснительно и скучно будетъ имъ обоимъ: пожилому слугѣ слѣдовать за ея безцѣльными блужданіями по садамъ и берегамъ моря, а ей терпѣть его ненужное присутствіе. Довольно и

Маши!.. Съ ней она по крайней мѣрѣ не стѣснялась и, къ тому-же, знала, что и ей это большое удовольствіе.

"Ужъ такъ и быть! Справлю разокъ ekole buissonniere! –думала она. Надышусь свободнымъ воздухомъ надолго!.. Вѣдь здѣсь меня никто не знаетъ и никто не узнаетъ, какъ-бы я ни провела день. Хоть нѣсколько часовъ, какъ другіе живутъ. По крайней мѣрѣ будетъ хоть чѣмъ помянуть Одессу! А то вѣдь все смертельно надоѣло!.. Вотъ поѣду съ сестрой - баронессой и ея штатомъ опять въ заморскіе края, на воды! – продолжала она раздумывать, пригорюнившись у окна. Буду тамъ прогуливаться, tiree a guatre epingles. Слушать тяжелыя любезности графа фрица или звонкія фразы князя Лоло, которыми онъ будетъ звонить взамѣнъ оставленныхъ дома шпоръ и сабли... Буду выслушивать намеки сестры на плохія дѣла отца и на мое неумѣніе поправить ихъ блестящей партіей!.. Еще, пожалуй, и туда пріѣдетъ за мною блистательный Викторъ Наумовичъ Звенигородовъ (вѣдь надобно-же носить такую тяжелую кличку)! – этотъ камеръ-юнкеръ изъ ножовой линіи, – какъ назвалъ его cousm MkheL. Помилуй Богъ!.. Вотъ будетъ несчастіе!.. И подумать, куда дѣваются предразсудки, родовая гордость отца и сестры въ отношеніи къ этому выскочкѣ? Такъ и таютъ, и испаряются при помыслахъ о милліонахъ этого купеческаго сынка... Ахъ? Боже мой!.. Неужели-жъ выйти мнѣ за этого лакея въ парижскомъ костюмѣ?!.." Она вздохнула.

"Выходить безъ любви, безъ уваженія... а впрочемъ, гдѣ ихъ и взять?.. Къ кому?.. За что?.. Вѣдь ни одного человѣка я не встрѣчала до сихъ поръ такого... Въ самомъ дѣлѣ! Все какіе-то!.. Пустельги, комедіанты или еще того хуже: эгоисты, безчестные корыстолюбцы!.. Ахъ, Боже мой! Да... тяжело жить на свѣтѣ людямъ. И все больше сами себѣ творятъ бѣды... А могла ли бы жизнь быть лучше... А ужъ какъ Божій міръ хорошъ!.."

Она загляделась на сине-зеленую пелену моря. На рейдѣ шла дѣятельная работа; дымились пароходы, мѣрно поблескивали весла, со скрипомъ работали колеса и блоки; на эстакадѣ гремѣлъ и пыхтѣлъ паровозъ съ длинной цѣпью товарныхъ вагоновъ. Всюду копошился и хлопоталъ суетливый людъ. А оно, безбрежное море, свободно и спокойно раскинулось на просторѣ; вольно распѣвало свою, то тихую, то страшную пѣсню; безъ границъ, безъ удержу взмахивало пѣнистыми валами и разстилалось вдаль и вширь, сверкая и нѣжась въ солнечномъ свѣтѣ, подъ яркимъ сводомъ неба, темнѣя и озаряясь вмѣстѣ съ нимъ...

Далеко, на горизонтѣ, двумя крыльями серебрился парусъ. Отсюда не было видно движенья; парусъ, казалось, стоялъ неподвижно, вися между небомъ и моремъ.

"Хотѣлось-бы мнѣ тамъ быть!.. Покачаться надъ бездной, вдали отъ земли и людей!.. Чувствовать себя на вольномъ просторѣ... Хорошо!.. А еслибъ буря?.. Чтожъ! Мнѣ кажется я не испугалась-бы и бури!.. Не всѣ-же въ бурю погибаютъ. А какъ славно должно быть живется тому, кто выплыветъ живой и полный силъ!.."

– Коляска готова, барышня. Княжна!..

– Что?.. Да. Сейчасъ!.. Ну, ѣдемъ. ѣдемъ на синее море!..

Хорошо было и на морѣ, и на землѣ. Берега и верхній и нижній, цвѣтущей полосою протянувшійся вдоль глинистыхъ обрывовъ, тонули въ другомъ морѣ: въ морѣ пышнаго, весенняго расцвѣта, – въ бѣломъ пуху яблонь и вишень, въ розовой жимолости, въ сѣро-лиловыхъ и фіолетовыхъ кущахъ сирени. Свѣжій воздухъ былъ полонъ благоуханій, испареній земли и моря; полонъ движенія и блеска, звуковъ и пѣсенъ. Высокія, еще нескошенныя травы, жили милліонами населявшихъ ихъ жизней; прозрачныя, не вполнѣ распустившіяся деревья и цвѣтущій кустарникъ звенѣли жужжаніемъ, щебетомъ, щелканіемъ и свистомъ.

Множество скрытыхъ въ зелени дачъ еще не было населено. Горожане ждали жары и лѣтней пыли, чтобъ переселиться изъ своихъ душныхъ квартиръ въ эти свѣжія убѣжища. Охотницамъ до уединенныхъ прогулокъ, подобныхъ предпринятой нашей молодой путешественницей, было раздолье въ этотъ прелестный весенній день.

Благодаря топографическимъ знаніямъ своей горничной, жившей когда-то со своими господами на всѣхъ трехъ Фонтанахъ, Вѣра Аркадьевна вдоволь нагулялась между зелеными холмами, подъ сѣнью цвѣтущихъ садовъ, по еле примятымъ тропинкамъ и по самому прибрежью, подъ навѣсомъ обрывистыхъ береговъ.

Она отдыхала на пескѣ, доставая зонтикомъ или кончикомъ ботинки пѣнистую грань разбивающейся волны; она перебирала разноцвѣтные камешки, отшлифованные валами, и блестящія ракушки побережья; она сняла перчатки и омочила руки въ прозрачныя воды Чернаго, только по названію, моря. Онѣ обошли всю, такъ называемую Швейцарію, – нижній берегъ между Среднимъ и Большимъ фонта нами. Съ высокаго обрыва маяка любовались великолѣпнымъ видомъ моря; тамъ же пообѣдали, чѣмъ Богъ послалъ, на одной изъ лавочекъ сада, въ непроницаемой лиловой тѣни широко разросшейся сирени и, благодаря частымъ поѣздамъ, очутились снова у спуска къ морю, на Среднемъ фонтанѣ, когда солнце еще было довольно высоко.

Солнце-то было высоко, только на него наползала съ запада черная, грозная туча... А Вѣрѣ Аркадьевнѣ, между тѣмъ, еще хотѣлось здѣсь остановиться. Маша разсказывала ей о какихъ-то старикѣ и старушкѣ, жившихъ много лѣтъ здѣсь, въ пещерѣ, точь-въ-точь, какъ Пушкинскіе: "у самаго синяго моря!.." Такъ вотъ, ей очень хотѣлось посмотрѣть на нихъ и ихъ необыкновенное жилье... Маша увѣряла, что это "сейчасъ тутъ, рукой подать..." Куда ни шло!.. Вѣдь ужъ долго, можетъ быть никогда, не дождаться такого вольнаго дня. Ужъ заодно набраться впечатлѣній... Черезъ часъ какой нибудь снова пройдетъ паровикъ и къ семи, восьми часамъ она будетъ дома.

Сказано – сдѣлано! Барышня и горничная вышли изъ вагона и направились прямо по высокому берегу, къ обрыву.

Маша шла, диктуя дорогу, увѣренно.

– Вотъ, сейчасъ дойдемъ до края, тутъ будетъ спускъ маленькій;

тропочка такая пробита, промежь камней. Вотъ сейчасъ... Здѣсь!.. Вы возьмитесь за мою руку, барышня! А то, чтобъ съ непрывычки, голова не закружилась... Ишь вѣдь, вышина-то какая, страсти!.. И костей не соберешь!

Въ самомъ дѣлѣ, вышина была большая и какой нибудь аршинъ, не болѣе, отдѣлялъ ихъ отъ бездны и морской пучины. Подъ этимъ выступомъ берега, совсѣмъ не было нижней полосы земли: волны разбивались у его подножья.

Княжна, однако, отказалась взяться за руку Маши. Вотъ вздоръ!.. Отчего ей не пройти тамъ, гдѣ свободно и безопасно пройдетъ Маша? Гдѣ ежедневно ходятъ, за пищей и водой, дряхлые старики, которые тутъ живутъ?..

Имъ надо было спуститься немного вправо; а влѣво, на высокомъ выступѣ берега, сидѣлъ какой-то господинъ, къ нимъ спиною и, казалось, былъ очень занятъ, рисуя или записывая что-то въ лежавшую на колѣнахъ его книгу.

— Ишь! Виды сымаетъ!.. фотографщикъ, должно быть, — шепнула Маша, указывая на него глазами.

— Ну какъ тебѣ не стыдно? — тихонько разсмѣявшись, замѣтила ей княжна. Развѣ ты не видала, какъ фотографіи снимаютъ?.. Онъ просто рисуетъ... Вотъ, срисосываетъ, что видитъ передъ собой.

— А!.. А я такъ полагала, что онъ срисуетъ, а послѣ того у себя и сыметъ.

— Ну, плохія были-бы такія фотографіи! Посмотри: у этого господина и краски. Видишь, какой большой ящикъ?.. Да какъ здѣсь круто!

— Это только немножко!.. Вотъ, сейчасъ и площадка... Тамъ хорошо будетъ посидѣть, отдохнуть Море тамъ все какъ на ладони!

— Большая же у тебя ладонь, Машенька, — снова засмѣялась барышня.

Онѣ спустились по нѣсколькимъ, убитымъ въ грунтѣ, ступенямъ и очутились на площадкѣ, выложенной по краю, надъ пропастью, неотесанымъ камнемъ, въ родѣ балкончика. Направо, внутрь скалы, шло углубленіе сводомъ и въ немъ пробитыя и прилаженныя прямо въ грунтѣ, грубыя маленькія двери и оконце въ комнату-пещерку.

При появленіи ихъ, старушка, сидѣвшая передъ входомъ въ коморку на завалинкѣ, привстала и привѣтливо имъ поклонилась.

— Здравствуй, бабушка!.. Вотъ барышня къ тебѣ въ гости пришла, — сказала Маша.

— Очень рада гостямъ, милости просимъ!.. Отдохнуть не угодно-ли? Я стульце вынесу.

— Благодарю васъ. Не трудитесь! — едва нашлась выговорить Вѣра.

Она была, вообще, мало знакома съ житьемъ- бытьемъ народа. Но это полувоздушное жилище въ земляной норѣ, на высотѣ двадцати саженей, въ виду лишь неба да безбрежнаго моря ее поразило!.. Она заглянула въ пещеру за дверью. Тамъ были прилажены двѣ койки, одна пустая, другая покрытая неказистой постелью; въ одномъ углу доска для кое-какой посуды, въ другомъ — потемнѣвшая икона съ тがплившейся передъ ней лампадкой. Меблировка завершалась деревяннымъ сундучкомъ и крохотной желѣзной печкой. Натуральныя стѣны были кое-гдѣ покрыты картинками изъ старыхъ иллюстрацій и модныхъ журналовъ. Все было чисто, даже ситцевая подушка и теплое одѣяло, сшитое изъ кусочковъ ситца, прикрывавшее сѣнникъ да старенькій полушубокъ, служившіе постелью. Въ натуральныхъ же сѣняхъ, подъ сводомъ, стояла кадушка съ водой, таганокъ, ведро, метла, да кучка углей, прикрытая разбитымъ ящикомъ.

Старуха вынесла грубо сбитую скамейку, смахнула съ нея пыль фартукомъ и еще разъ попросила барышню присѣсть, отдохнуть.

Маша, между тѣмъ, прислонилась къ стѣнѣ и спросила:

— А что-жъ это, бабушка, ты нынѣ одна?.. Гдѣ же старикъ-то твой?

— А нынѣшней зимою скончался, царство ему небесное!.. Какъ разъ это о Николинъ день прихворнулъ что-то съ вечера, а къ утру и Богу душу отдалъ.

— Ишь ты!.. И никого тутъ у васъ не было при этомъ? Одна ты?.. Никто ему помощи не далъ?

— И-и!.. Какая у насъ помощь, дѣвушка? Богъ съ тобою!.. Не пришло бы ему поры — и самъ бы еще отошелъ; а какъ часъ насталъ и послалъ Богъ по душу, — ну и скончался!.. Да тихо такъ, Господь съ нимъ! Я и не слыхала, какъ отошелъ... Уморилась я съ нимъ съ вечера; вьюга была, снѣгъ. Я печку-то растопила, — спасибо, добрые люди подарили намъ осенью печечку эту самую; а то, допрежде того, таганомъ мы съ нимъ въ холода пробавлялись, никакъ не возможно было согрѣться. А тутъ, я растопила ее жарко, да такъ-то сладко уснула, что чудо! На зарѣ просыпаюсь, слышу — смиренъ старикъ. Ну, думаю, полегчало знать: уснулъ!.. А какое уснулъ? Какъ разъяснѣло, я встала, да къ нему: а онъ-то ужъ холодный!.. Насилу одѣла я его, да расправила, на койкѣ... А то и въ гробъ не уложить-бы.

— Значить, спокойно старичекъ померъ?..

Тихо?..

— Должно быть тихо... А можетъ, что и сказывалъ передъ смертью, да ослабъ, кричать не въ моготу было, — я и не слыхала... Тутъ, вѣдь, крикомъ кричать надо, когда море разбушуется. Мы съ нимъ, отъ этого реву да плеску, совсѣмъ глухіе стали. А въ ту ночь такая вьюга была. Волны да вѣтеръ шумѣли ужасти какъ. А я, на бѣду, уснула крѣпко...

"И какъ это все просто, Боже мой! — размышляла княжна, прислушиваясь къ безхитростнымъ рѣчамъ старухи. Живутъ словно птицы, всю жизнь проводятъ въ какой-то норѣ; умираютъ — безпомощно и не ропщутъ!.. Не жалуются, — такъ и быть должно... Вотъ жизнь! Вотъ люди!.. А мы-то?.. Да запри насъ на три дня въ такое подземелье, такъ мы-бы пропали!"

— Ну и какъ же ты справилась, бабушка, какъ онъ померъ?.. По снѣгу-то, по морозу, чай трудно было?

— Что-жъ дѣлать?.. Сходила я къ батюшкѣ, прислалъ онъ гробъ, да

9

двоихъ людей; сосѣди пришли тоже на помощь, къ вечеру и схоронили. А что снѣгъ, такъ мы ко всякой погодѣ привычны! Не даромъ двадцать лѣтъ прожили въ этой хаткѣ.

— Двадцать лѣтъ?!. – вскричала Вѣра.

— Такъ, милая барышня. Двадцать лѣтъ съ полугодомъ ровнехонько минуло, какъ мужъ ее своими руками выдолбилъ.

— Но зачѣмъ-же?.. Неужели вы были такъ бѣдны, что не могли жить хоть въ лачужкѣ, да съ людьми?

— А на что намъ людей?.. Богъ съ ними!.. Отъ нихъ мало добра, а больше горя мы видывали. Прежде мы, какъ въ Одессу пришли, на Молдаванкѣ много времени жили, а послѣ сюда перебрались... Оно и по бѣдности нашей, и по работѣ, по мужниной, здѣсь намъ было жить сподручнѣй. Старикъ мой былъ каменоломъ промысломъ. Вотъ онъ отсюдова камень вырубалъ, да свозилъ на продажу, и вырубилъ себѣ эту пещерку... Намъ тутъ хорошо жилось, пока въ силахъ онъ былъ. А вотъ, какъ оставить работу пришлось, да жить чуть что не однимъ подаяніемъ, – тутъ тяжеленько стало!.. Да и то свыклись! И свыклись, и добрые господа насъ не оставляютъ... Особливо дачники здѣшніе, дай имъ Господи здоровья!

Вѣра Аркадьевна нащупала въ карманѣ портмоне; но, съ непрывычки, ей совѣстно было ни съ того, ни съ сего, вынуть и дать ей денегъ.

"Уходя положу на лавку, она и возьметъ ихъ", – рѣшила она.

Пока барышня засматривалась на море, удивительно быстро мѣнявшее цвѣта и освѣщеніе, горничная продолжала свои распросы и "бабушка" словоохотливо разсказывала ей всю однообразную свою жизнь.

Не по своей, а по господской и родительской волѣ шла она замужъ шестнадцатилѣтней дѣвкой за человѣка лѣтъ подъ сорокъ. Потомъ стерпѣлась и сжилась съ нимъ до того ладно, что какъ погорѣли они и крѣпко обѣднѣли, она свово старика не разлюбила, а пошла вслѣдъ за нимъ, на заработки. Пришли они въ Одессу; строилась она тогда, рабочіе были нужны, хорошо оплачивались, а жизнь, въ тѣ поры, очень дешевая была. Послѣ – куда! Вдесятеро все дороже стало; а что ужъ нынѣ дѣлается, – люди сказываютъ, сама она ужъ много лѣтъ въ городу не бывала, – такъ и не приведи Богъ!.. Совсѣмъ бѣдному человѣку житья нѣтъ. И воровство, говорятъ, озорничество завелось – бѣда какое!..

— Вотъ то-то же! И не страшно тебѣ здѣсь жить- то одной, бабушка?

— Ни чуточки!.. Чего же бояться? Взять у меня нечего; человѣкъ я убогій, старый; ото всѣхъ въ сторонкѣ живу: зла никто на меня не можетъ имѣть...

Кому и за что меня обижать?.. Да ко мнѣ мало кто и ходъ знаетъ. Вотъ лѣтомъ еще меня частенько господа навѣщаютъ; а что зимой, – я другой разъ по мѣсяцу людей не вижу. Развѣ что рыбаковъ. Заходятъ ину пору, такъ они же меня рыбкой надѣлятъ; а то и хлѣбца, крупъ какихъ, чего попрошу, они мнѣ отъ сына, изъ городу, доставляютъ...

— А у тебя и сынъ есть? Зачѣмъ же ты съ нимъ не живешь?

– А зачѣмъ я буду у него заработки отымать? Онъ тоже, поди, не въ богатствѣ живетъ, да и свою семью имѣетъ. А мнѣ и здѣсь, благодареніе Богу, живется не по грѣхамъ... О-хо-хо!..

Она сокрушенно и продолжительно вздохнула.

Нѣту!.. Меня здѣсь никто не обидитъ и сама я къ своей хатѣ, да къ морю привыкла. Я бы, кажется, теперь не смогла бы въ домѣ, взаперти, промежду стѣнокъ жить... То ли дѣло здѣсь! Солнце раннимъ утречкомъ тебя будитъ; мѣсяцъ вотъ, всю ночку свѣтитъ, вотъ какъ теперь... Ишь, благодать какая!.. Нѣту! Здѣсь мнѣ хорошо. Здѣсь состарилась, – здѣсь и умру!

# III

Вѣра Аркадьевна давно любовалась чудной картиной, на которую указывала старуха. Изъ углубленія скалы, гдѣ онѣ сидѣли, открытое море и часть небеснаго свода являлись, по истинѣ, какъ въ рамѣ картина. Черная туча, въ которую солнце только что сѣло, уже выплыла на полъ-неба, но имъ ея не было видно; однако тихое, только что сине-зеленое море, изъ- за нея уже потемнѣло. Все-же тишина была полная, когда изъ-за морской глади показался яркій краешекъ луны, огненно-красный. Востокъ вспыхнулъ, какъ въ пожарѣ, и вся водная пелена перерѣзалась багровымъ столпомъ... Но, по мѣрѣ того, какъ она всплывала, полная, кровавая и, всплывая, сама блѣднѣла, – потухало и ея зарево. Небо и вода переходили изъ багрянца въ алый цвѣтъ, потомъ въ свѣтло-оранжевый и, наконецъ, въ золотисто-туманный, изъ котораго разсыпались снопы брилліантовыхъ искръ и лучезарнымъ путемъ разстилались до самаго берега.

Рыбачьи лодки, парусныя яхты были разбросаны по необъятной глади и, когда онѣ входили въ полосу свѣта, то такъ отчетливо на ней вырѣзались, что въ ихъ черныхъ силуэтахъ можно было сосчитать всѣ снасти.

Ничего величественнѣе и прекраснѣе этой оригинальной картины никогда не видывала и представить себѣ не могла свѣтская барышня, взросшая въ гостиныхъ, въ подстриженныхъ цвѣтникахъ и паркахъ.

Она стояла и смотрѣла, какъ очарованная! Внѣ себя отъ восхищенія, забывъ все окружающее, она уже не слышала монотоннаго голоса старухи и вопросовъ своей камеристки, какъ вдругъ ее привелъ въ себя сильный трескъ и яркій свѣтъ молніи, разорвавшій, надъ головой ея, край тучи, выползшій изъ-за горы.

Въ ту же минуту съ запада пронесся сильный порывъ вѣтра, лунное сіянье заколебалось и миріады блестокъ заходили по зарябившемуся морю...

– Ай, батюшки! Никакъ гроза? – спохватилась Маша. И дождикъ!.. Вотъ бѣда!

Въ самомъ дѣлѣ, прежде чѣмъ Вѣра ясно сознала, что кругомъ нея творится, всѣ краски потухли, ясная даль подернулась подвижной завѣсой и тяжелыя капли дождя защелкали по площадкѣ, по горѣ, зачастили въ пространствѣ.

— Скорѣе, Маша! — встрепенулась она. Скорѣе бѣжимъ! Слышишь?.. Вотъ, кажется, свистокъ паровоза?.. Еще успѣемъ добѣжать.

Но пока она вынимала деньги изъ портмоне, пока прощалась со старушкой, туманъ и шумъ дождя сразу усилились, и все превратили въ хаосъ...

Въ ту же минуту изъ-за поворота скалы, на ихъ узенькомъ балкончикѣ-террасѣ показался человѣкъ. Онъ согнулся въ три погибели, закрывая собой отъ потоковъ дождя какую-то ношу и только очутившись предъ входомъ въ пещеру, защищенную отъ ливня, выпрямился и весело закричалъ:

— Ну, бабуся! Вотъ я и опять къ тебѣ за спасеніемъ!.. Видно суждено мнѣ у тебя въ ненастье гостить.

Онъ вдругъ остановился, разобравъ, въ тѣни свода, постороннихъ лицъ.

Мѣста въ этихъ природныхъ сѣнцахъ подъ сводомъ было такъ мало, что обѣимъ дѣвушкамъ пришлось посторониться при его появленьи; но когда вновь пришедшій очутился подъ навѣсомъ пещеры, княжна, а за ней и Маша рѣшительно вышли изъ-подъ него, готовясь храбро идти впередъ, несмотря на потоки дождя.

Онъ посмотрѣлъ на нихъ въ недоумѣніи и рѣшительно сказалъ.

— Неужели вы думаете идти?.. Нѣтъ! Бога ради! Это невозможно!

Тонъ его былъ такъ испуганно-убѣдителенъ, что Ладомирская остановилась.

— Но что-жъ намъ дѣлать? — неувѣренно произнесла она. Поѣздъ уйдетъ?

— Да онъ ужъ ушелъ. Надо ждать слѣдующаго. Идти-же теперь, по этой скользкой тропинкѣ надъ пропастью, — немыслимо! Да посмотрите, какой градъ!

На платформу падали крупныя градины. Внѣ защиты скалы градъ зарябилъ частой сѣткою... Вѣра невольно подалась назадъ.

— Взойдите, барышня! Взойдите скорѣй въ мою горенку! — суетилась старуха. Здѣсь сейчасъ разливное море будетъ. Это ужъ я знаю!.. Сверху потечетъ и съ боковъ нанесетъ дождя и граду. Ишь вѣдь, какъ его постукиваетъ! Словно орѣхи падаютъ, право!.. Вѣдь вотъ, какая напасть вышла!.. Ай-ай-ай! Что тутъ подѣлаешь?..

— А и ничего, голубушка, не подѣлаешь! — смѣясь, добродушно перебилъ ее пришедшій. Подождать надо, какъ я намедни переждалъ, помнишь? Когда я, въ твое окошечко, море срисовывалъ!..

Онъ вошелъ, согнувшись, въ дверь комнатки и сталъ осматривать свой альбомъ и краски, которыя такъ усердно оберегалъ отъ дождя, расположившись на пустой койкѣ.

— Барышня! — шепнула Маша стоявшей въ печальномъ раздумьи княжнѣ. А вѣдь это тотъ самый, что я фотографщикомъ обозвала.

12

– А Богъ съ нимъ!.. Что мы теперь дѣлать-то съ тобою будемъ?.. Вотъ несчастіе!..

Ей не хотѣлось входить въ душную коморку, но потоки воды, обливавшіе открытую часть пещеры, заставляли ихъ отступать въ глубину ея. Старушка усердно устраняла воду метлою, направляя ее въ отверстіе для стока, – но это мало помогало, вода не слушалась ея стараній.

– Взойдите въ горницу, сударыня! – упрашивала она; тамъ порогъ, туда вода не заливаетъ.

Дѣлать было нечего. Вѣра вошла въ комнатку. Молодой человѣкъ, при ея появленіи, всталъ и предложилъ ей мѣсто на койкѣ, самъ присѣвъ на сундучекъ.

Такъ сразу стемнѣло, что свѣтъ лампадки оказывался ярче сѣрой мглы, едва обрисовывавшей окошко. Частые удары грома потрясали всю гору и заставляли хозяйку и Машу, стоявшихъ въ дверяхъ, каждый разъ испуганно креститься.

Съ минуту длилось молчаніе; потомъ молодые люди взглянули другъ на друга... Онъ сдерживалъ невольную улыбку; она тоже старалась направить мысли свои на трагизмъ своего положенія, чувствуя однако, что комизмъ его одолѣваетъ... И одолѣлъ!.. Оба еще разокъ посмотрѣли на свои жалостныя позы; подумали о смиреньи своего невольнаго бездѣйствія, о безпомощномъ положеньи своемъ въ этой подземной норкѣ, между бушевавшими моремъ и небомъ, гдѣ все теперь слилось во мглу и хаосъ – и оба разомъ засмѣялись...

– А что если такъ затянется до утра? – предположила она.

– Придется дурно провесть ночь! – весело отвѣчалъ онъ.

Вѣра вдругъ сдѣлалась серьезна. Она вспомнила объ ужасѣ миссъ Джервисъ, еслибы она не вернулась. А какъ вдругъ еще пріѣдетъ сегодня сестра?!.. Боже мой! Что она надѣлала!..

– Но вѣдь это ужасно! – вскричала она, готовая сквозь смѣхъ заплакать. Зачѣмъ вы меня остановили?.. Я увѣрена, что благополучно бы перешагнула эти опасные полтора аршина надъ обрывомъ.

– За это трудно поручиться. А подумайте, какая несравненно ужаснѣйшая катастрофа, чѣмъ вашъ временный арестъ, могла бы случиться, еслибъ вы рискнули – и поскользнулись!.. Помилуй Богъ!..

– Но я боюсь, что мое позднее отсутствіе надѣлаетъ мнѣ непріятностей.

– Все же меньшихъ, надо думать, чѣмъ трагическая гибель на утесахъ Черноморскаго побережья?.. замѣтилъ онъ добродушно улыбаясь.

– Будто она была-бы неизбѣжна, если-бъ я васъ не послушалась?

– Не знаю. Но думаю, что одно предположеніе возможности ея должно убѣдить васъ, что выбора не было. Лучше рисковать гнѣвомъ вашихъ родителей за позднее возвращеніе къ домашнему очагу, чѣмъ безысходнымъ отчаяніемъ ихъ, въ случаѣ несчастія. Не правда-ли?

Она посмотрѣла на него, но въ сумракѣ можно было только разглядѣть бѣлые зубы, блестѣвшіе изъ- подъ темно-русыхъ усовъ, приподнятыхъ улыбкой, да тонкую руку незнакомца, на которую падалъ лучъ лампады.

"Я увѣрена, что онъ порядочный человѣкъ! – подумала Вѣра Аркадьевна. Это видно и по тону его"...

Невольная улыбка снова освѣтила лицо ея. "Еслибъ знали мои о томъ, гдѣ я и что дѣлаю!.. Какъ я дружески бесѣдую въ пещерѣ, надъ Чернымъ моремъ, съ неизвѣстнымъ мнѣ молодымъ человѣкомъ!.. Боже мой! Да у тетушки Ольги Валерьяновны навѣрное, отъ ужаса, сдѣлался бы ударъ!"

Мысль эта такъ ее разсмѣшила, что она, дѣйствительно, засмѣялась и, чтобъ какъ нибудь объяснить свой смѣхъ, поспѣшно заговорила:

– Къ домашнему очагу, говорите вы? О!.. Очагъ мой очень далеко отъ Одессы; а гнѣваться на меня здѣсь можетъ развѣ только компаньонка моя, англичанка, съ которой я ѣду за границу.

– А!.. Вотъ видите-ли! Тѣмъ лучше... "Хотѣлось бы мнѣ знать, кто эта дѣвушка?.." "Какъ бы узнать, кто онъ такой? – одновременно подумали оба. Развѣ спросить?!. Ну, вотъ еще вздоръ! Какое мнѣ до него дѣло?.. Зачѣмъ мнѣ знать?.."

– Какъ же это вы, проѣздомъ здѣсь, и попали въ такое захолустье, о которомъ мало кто изъ жителей Одессы даже знаетъ?

– Да! Я поѣхала прогуляться, а вотъ моя дѣвушка, Маша, – она здѣсь прежде живала, – заинтересовала меня разсказами объ этой старушкѣ и ея пещерѣ, я и зашла посмотрѣть, – на свое горе!

Она засмѣялась.

– Понимаю. Любознательность въ васъ заговорила?

– Да, можетъ быть... А вы развѣ не русскій?

– Я?

– По вашему говору мы должны, кажется, быть соотечественники.

– Да... Впрочемъ не совсѣмъ. Я одесситъ.

– Это что же значитъ? Инородное племя?.. – Развѣ одесситы-люди особой національности?..

– Почти!.. Мы, извините за слово, – еслибъ тутъ ваша англичанка была, она сочла бы меня за зулуса! – Но я все-таки скажу мы, одесскіе люди, ни Богу свѣчка, ни чорту кочерга.

– Вотъ удивительное дѣло!.. Почему-же?

– Да такъ. Ужъ городъ нашъ такой, космополитный... Чисто русскихъ здѣсь мало. Прислушайтесь къ говору: какъ онъ испорченъ! По- русски говорятъ здѣсь хорошо только пріѣзжіе изъ Россіи, которые еще не успѣли ободесситься. А здѣшніе всѣ перемѣшались искони въ такую кашу, въ которой разобраться очень трудно.

– Да какъ же такъ? Я не пойму!

– Перероднились съ иностранцами. Русскіе переиностранились, а иностранцы – обрусѣли и обмалороссились. Изъ этого и выходитъ, что вы здѣсь найдете: итальянцевъ – съ русскими фамиліями, а чистыхъ хохловъ – съ итальянскими; людей иностраннаго происхожденія и даже подданства – руссофиловъ и хохломановъ и такъ далѣе... А что до нарѣчій, симпатій и всевозможныхъ національныхъ чертъ, то всѣ націи у насъ до такой степени перемѣшались, что вы никогда не узнаете ни по фамиліямъ, ни по говору, кто говоритъ съ вами: русскій, англичанинъ, французъ, нѣмецъ, хохолъ, славянинъ или даже грекъ, итальянецъ или какой нибудь восточный человѣкъ... Увѣряю васъ!..

— Вы клевещете... Ужъ извините, но въ васъ нельзя сразу не узнать русскаго. И я увѣрена, что вы совсѣмъ, чисто русскій!

— Можетъ быть, но...

— И фамилія ваша тоже, навѣрное, русская.

— Не ручайтесь!

— Неужели нѣтъ?

— Судите сами, но не забывайте, что хотя бы и такъ, вѣдь одна ласточка не дѣлаетъ весны!.. Напротивъ: исключенія подтверждаютъ правила...

— О!.. Не заговаривайте меня фразами! — засмѣялась княжна. Извольте каяться!

— Я готовъ.

Онъ всталъ и съ улыбкой и глубокимъ поклономъ назвалъ себя:

— Вольно-практикующій художникъ Юрій Арданинъ...

Послѣдній слогъ фамиліи его былъ заглушенъ сильнымъ раскатомъ грома и ей послышался иначе. Она отвѣчала на поклонъ, но въ то же время подумала:

"Юріардани?.. Какая странная, въ самомъ дѣлѣ, фамилія!.. "

И вдругъ ей, ни съ того ни съ сего, стало досадно. Она встала и, почти касаясь головою свода землянки, смотрѣла въ оконце, въ непроглядную мглу и непогоду. Онъ смотрѣлъ на нее сбоку...

"Спрошу, куда ни шло!" — подумалъ онъ и рѣшился.

— Смѣю-ли спросить, кому я имѣлъ честь представиться?..

Ее это изумило. Зачѣмъ ему? "Вотъ еще! — внутренно возмутилась въ ней княжеская спѣсь. Стану я называть себя каждому встрѣчному проходимцу!.. Чтобъ еще разсказывалъ!"

— Звенигородова! — выговорила она вдругъ, совершенно неожиданно для самой себя и тутъ же очень удивилась.

"Господи! Зачѣмъ это я?.. Съ чего?.. И за что я его-то проходимцемъ называю?.. Какъ все это глупо!"

— Звенигородова?.. — тоже неожиданно удивился ея собесѣдникъ. Не изъ сибирскихъ-ли? Не родственникъ-ли вамъ извѣстный Викторъ Наумовичъ?.. Этотъ милліонеръ?

— О, нѣтъ!.. — вся испуганно вспыхнувъ, отреклась Вѣра. А вы его знаете?

— Какже! Имѣю честь состоять въ guasi пріятельскихъ отношеніяхъ. Встрѣтились за границей и онъ ко мнѣ возымѣлъ сердечное влеченіе. Скажите пожалуйста: онъ вамъ нисколько не родственникъ? Чужой совершенно?

— О да!.. Совершенно.

— И слава Богу!

— Почему?

— Да... ужъ очень онъ какой-то! — сказалъ онъ и засмѣялся; но вдругъ спохватился, усумнившись:

— Однако, вы съ нимъ, кажется, знакомы?

— Да... Немножко.

— Извините! Я быть можетъ... Онъ запнулся.

— О! Не стѣсняйтесь. Я сама о немъ невысокаго мнѣнія.

"Ахъ! Какъ досадно, что я вздумала назвать ему эту фамилію! — размышляла она. Вотъ грѣхъ попуталъ!.. Всякую другую онъ позабылъ бы скорѣе... А, впрочемъ, вѣдь мы навѣрное видимся въ первый и послѣдній разъ въ жизни... "

— А вотъ, кажется, и свѣтлѣетъ!

— Да, слава Богу!.. Авось можно будетъ поспѣть къ восьми-часовому поѣзду.

— Послѣдній идетъ въ девять часовъ; навѣрное успѣете не къ тому, такъ къ другому. Но прежде вы мнѣ позволите сдѣлать рекогносцировку мѣстности?..

Онъ вышелъ изъ коморки подъ сводъ пещеры. Градъ прошелъ и дождь унимался. Старухѣ удалось, наконецъ, отвести воду къ стоку, такъ что выйти оказалось возможнымъ.

— Еще минутъ десять и можно будетъ рискнуть, — сказалъ онъ, обернувшись къ открытымъ дверямъ, къ которымъ она подошла. Но только дайте мнѣ время осмотрѣть путь.

— Но зачѣмъ же я буду затруднять васъ?.. Мнѣ право совѣстно!

— Какое-жъ затрудненіе? Помилуйте!.. Вѣдь надо же мнѣ для себя самого посмотрѣть. Если не собой, то своими красками и альбомомъ, я ни за что не рискну.

— Жаль, что здѣсь темно, а на площадкѣ мокро!.. Я бы попросила вашего позволенія, посмотрѣть рисунки. Я очень люблю живопись.

— О! У меня только эскизы. А посмотрите лучше, какая передъ нами картина! Какой художникъ могъ бы изобразить что либо подобное!..

Вѣтеръ уносилъ обрывки черныхъ тучъ на югъ. Изъ-за нихъ жемчужный шаръ луны безпрестанно выкатывался, мгновенно все освѣщалъ серебрянымъ сіяньемъ и снова скрывался, лишь озаряя края облаковъ лучезарной бахромою. За горой западъ очистился и, хотя солнце уже сѣло, зарево его горѣло еще ярко и, съ другой стороны, окрашивало небо и море золотисто- пурпурнымъ отсвѣтомъ, а чернымъ тучамъ, въ которыхъ по временамъ еще вспыхивали молніи, придавало багровый, зловѣщій колоритъ. Море холодило плавными размахами, безъ пѣны, но все взбудораженное дождевою рябью, отливая всѣми Цвѣтами перламутра и золота, въ разнообразіи этого фантастическаго освѣщенія.

Вызванная восторженнымъ восклицаніемъ своего новаго знакомца за порогъ, Вѣра остановилась, пораженная красотой и величіемъ этого необыкновеннаго зрѣлища.

— О! Боже мой!.. — тихо произнесла она, невольно сложивъ руки, какъ на молитву.

Минута прошла въ безмолвномъ восторгѣ. Торжественность ея

еще увеличивалась раскатами дальняго грома, гроза пронеслась, но уходя, еще издали напоминала свою силу.

Косыя линіи дождя, бороздившія пространство, рѣдѣли. Все просвѣтлѣло и притихало...

Воцарялась чудная лѣтняя ночь, полная таинственныхъ силъ и звуковъ возрожденія всей природы къ новой жизни, подавленной было ревомъ пролетѣвшей грозы.

Вѣра все еще стояла забывшись, любуясь великими силами неба и моря, когда Арданинъ, побывавъ на своей недалекой рекогносцировкѣ, вернулся, съ выраженіемъ нѣдоумѣнія на энергическомъ лицѣ и, переговоривъ шепотомъ съ хозяйкой, не слушая ея сѣтованій и возгласовъ, обратился къ Вѣрѣ Аркадьевнѣ, говоря очень мягко, словно чувствовалъ себя виноватымъ.

— Не тревожьтесь, прошу васъ! Я надѣюсь, что скоро поправлю дѣло. Представьте себѣ, что мы, въ настоящую минуту, совершенно отторгнуты отъ живаго міра... Между нами и имъ – пространство!

— Какъ?.. Что вы говорите? — опомнилась княжна. Я васъ не понимаю!

— Образовался обвалъ. Вотъ видите: слава Богу, что я не пустилъ васъ идти! Тропинка надъ обрывомъ и загораживавшіе ее камни, все осыпалось! Все смыто и съѣхало въ пропасть, будто не бывало.

— Господи!.. Что же мы будемъ дѣлать? — въ ужасѣ вскричала молодая дѣвушка.

— Бога ради не тревожьтесь! Почва здѣсь глинистая, рыхлая. Я увѣренъ, что прорублю новыя ступеньки менѣе чѣмъ въ полчаса. Вѣдь, всего какой нибудь аршинъ или два... На наше счастіе, у старухи есть топоръ и кирка, — все что надо! Пожалуйста успокойтесь. Я вамъ ручаюсь, что вы, черезъ часъ, будете благополучно въ вагонѣ.

Онъ оставилъ ее на террасѣ, а самъ исчезъ въ земляномъ корридорѣ, который велъ къ тропинкѣ. Тамъ, снявъ верхнее платье, онъ при свѣтѣ луны, энергически принялся за работу. Управляясь съ киркой и лопатой, словно настоящій землекопъ, онъ шагъ за шагомъ прорубалъ тропку въ почти отвѣсномъ обрывѣ. Благодаря глинистой, отсырѣвшей почвѣ, ему скоро удалось очистить достаточно мѣста, чтобы пройти.

Маша, слѣдившая за его дѣломъ съ замираніемъ сердца, каждую минуту являлась съ докладомъ къ барышнѣ, тревожно ждавшей исхода его. Вѣра Аркадьевна сидѣла на площадкѣ, глядя на сіявшее, усмиренное море и стараясь успокоить бурныя чувства великой тишиной, сходившей на всю природу. Все случившееся было такъ необычайно, что казалось ей сномъ или отрывкомъ изъ чуждой ей жизни. Какое счастье, что этотъ сильный, рѣшительный молодой человѣкъ былъ съ ними!.. Богъ знаетъ, какъ трагически окончился бы для нея этотъ день, еслибъ онъ не былъ по-близости и не пріютился тоже сюда... Какое странное знакомство!.. Еслибы не эта фамилія, его можно бы счесть вполнѣ порядочнымъ человѣкомъ... То есть человѣкомъ ихъ круга! — мысленно поправила она самое себя. Какъ досадно, что она не можетъ отрѣшиться отъ такихъ предразсудковъ?..

17

Что за исключительность? За нетерпимость?.. Будто нельзя быть вполнѣ порядочнымъ человѣкомъ, не принадлежа, по рожденію, къ высшему обществу. Какой вздоръ!.. Хоть бы тотъ же князь Лоло – лучше со своими пустозвонными фразами, хвастовствомъ, да анекдотами о цыганкахъ! Или этотъ рыжій дѣтина, именемъ котораго она воспользовалась, – Звенигородовъ. Онъ вѣдь тоже мѣтитъ во дворянство, больше: въ аристократы! Еще бы! Не шутка вѣдь состоять въ званіи камеръ-юнкера!..

Безспорно деньги его во дворянство вывели... А возможно ли быть вульгарнѣе его?

И почему-то княжнѣ Ладомирской стало еще противнѣе воспоминаніе объ этомъ человѣкѣ, котораго ея семья ей прочила въ мужья.

Вдругъ она вскочила съ мѣста въ тревогѣ, вспомнивъ, что назвалась его именемъ.

"И зачѣмъ, зачѣмъ я сдѣлала эту глупость? Это надо исправить. Надо сказать ему, что это глупая шутка..."

Свистъ локомотива прервалъ ея размышленія. "Это вѣрно послѣдній поѣздъ. Если онъ уйдетъ прежде, чѣмъ этотъ... Юріардани окончитъ путь – всякое сообщеніе прервется съ городомъ до утра..."

– Маша! – позвала она испуганно – слышишь?.. Послѣдній поѣздъ идетъ!

– Ничего-сь! – отвѣчала дѣвушка, тотчасъ появляясь изъ-за выступа почвы. – У нихъ сейчасъ готово!.. Такія ступеньки сдѣлали, что лучше прежнихъ. Ну, ужъ и баринъ, молодецъ!.. Дай Богъ имъ здоровья! Что бы теперь мы сдѣлали безъ нихъ?

– Да, Машенька! Ужъ правда, что попались бы мы съ тобой. Съ голоду, пожалуй, умерли бы, пока бы насъ увидали и вытащили изъ этой ямы. Да и старушка бѣдная! Какъ бы она вышла отсюда завтра утромъ?

– Ужъ и то! Она ихъ такъ благодаритъ, просто руки цѣлуетъ... "Пропала бы моя головушка, говоритъ. Сколько лѣтъ безъ бѣды жила, а тутъ вдругъ такая напасть!.." А они, баринъ-то, смѣются, ее успокоиваютъ. "Я, говорятъ, завтра пришлю тебѣ настоящихъ рабочихъ, чтобы они тебѣ проложили прочную дорожку, отъ грѣха. Будь, говорятъ, спокойна!.." Славный баринъ такой! Веселый. И видать, что хоть умѣютъ топоромъ работать, а изъ хорошихъ господъ.

– Ну еще бы! – съ улыбкой согласилась княжна.

А сама подумала:

"Юріардани!.. Что за несообразная фамилія!.."

– Это намъ съ тобой наука, Маша, впередъ не пускаться въ такія прогулки однѣмъ... Слава Богу, что такъ вышло!.. Только бы на поѣздъ не опоздать.

– Нѣту-съ! Вѣдь онъ это еще туда, – на Большой фонтанъ пошелъ. Пока назадъ вернется, ужъ мы тамъ будемъ.

Будто въ подтвержденіе ея словъ, въ эту самую минуту въ нѣсколькихъ шагахъ, скрытый отъ нихъ горою, Арданинъ бросилъ топоръ и кирку, разъ и другой прошелся по вновь проложенному имъ пути и весело воскликнулъ:

– Ну, бабуся! Давай мнѣ теперь скорѣе руки помыть и одѣться. Надо спѣшить, чтобы бѣдная барышня въ городъ не опоздала.

Черезъ пять минутъ онъ возвѣстилъ Вѣрѣ Аркадьевнѣ, что все готово.

Опасный переходъ надъ морскими пучинами совершился не безъ замиранія сердца, но благополучно, при помощи двухъ сильныхъ молодыхъ рукъ, готовыхъ, при малѣйшемъ невѣрномъ шагѣ, удержать въ своихъ объятіяхъ княжну Ладомирскую... то есть М-Пе Звенигородову...

Несмотря на рѣшимость княжны признаться Арданину въ своемъ обманѣ, она, еще нѣкоторое время, должна была носить въ его мысляхъ эту ненавистную ей фамилію. Точно также какъ самъ онъ, благодаря грому и своей шуткѣ по поводу "одесситства", долженъ былъ, въ ея воспоминаніи, пребывать полуиностранцемъ, съ странной кличкой Юріардани.

Она, сама не зная почему, была увѣрена, что онъ тоже поѣдетъ въ городъ, что ей еще будетъ время повиниться въ своемъ прегрѣшеніи. Оказалось, что она ошиблась.

Молодой человѣкъ довелъ ихъ какъ разъ вовремя; усадилъ въ вагонъ и почтительно раскланялся какъ разъ въ ту минуту, какъ раздался послѣдній свистокъ.

– Какъ?.. А вы?.. Развѣ вы не поѣдете? – спросила она, удивленная.

– Если вы прикажете васъ проводить!

– Меня? О, нѣтъ!.. Благодарю васъ!.. Я ужъ и такъ не знаю, какъ васъ благодарить. Но я думала, что вы сами живете въ городѣ.

– Нѣтъ. Пока я здѣсь на дачѣ... Поѣздъ двинулся.

– Желаю вамъ счастливаго пути въ Одессу и дальше, куда бы вы ни отправлялись.

Онъ стоялъ передъ ней улыбаясь, приподнявъ шляпу... Секунда нерѣшимости, и она протянула ему

руку.

– Я никогда не забуду вашей услуги... Еще разъ благодарю васъ!

– Не за что!.. Я тоже никогда не забуду нашей встрѣчи!

Арданинъ соскочилъ со ступеньки вагона въ траву, и пока поѣздъ былъ въ виду, стоялъ съ непокрытой головою, весь освѣщенный луннымъ свѣтомъ, глядя вслѣдъ незнакомкѣ, такъ оригинально вырученной имъ изъ бѣды.

"Хорошенькая дѣвушка!" – думалъ онъ, возвращаясь на свою дачу среди благоуханія сирени, блеска росы и дружнаго сіянья неба, моря и земли.

Ему долго не спалось въ эту бѣлую, чудную ночь.

А ей?.. Ей тоже не скоро удалось заснуть. Пока пары уносили ее вдоль цвѣтущихъ аллей по блестѣвшимъ росою полямъ, чувства и мысли въ ней чередовались съ такой быстротою, били такимъ живымъ ключемъ, что она и не опомнилась, какъ пріѣхала въ городъ.

Миссъ Джервисъ уже съ часъ какъ ожидала ее въ Лондонской гостиницѣ, въ недоумѣніи и безпокойствѣ.

— Сестра еще не пріѣхала? — было первымъ ея словомъ.

— Нѣтъ, но вотъ телеграмма. Они выѣхали изъ деревни и завтра будетъ здѣсь... Но... что это?.. Какъ ужасно испорчено ваше платье!.. Вы гуляли подъ дождемъ?!.

Англичанка смотрѣла въ ужасѣ, не вѣря своимъ глазамъ, на измятый, перепачканый глиной и грязью, туалетъ княжны Ладомирской.

Она разсмѣялась.

— О! Не обращайте вниманія. Я отлично прогулялась и теперь засну на славу!

И она прошла въ свой номеръ, приказавъ подать себѣ чашку чаю и больше себя не безпокоить.

— Ничего не разсказывай никому! — приказала она Машѣ.

Глаза ея, прекрасные темно-каріе глаза, не нуждались въ этотъ вечеръ въ оживленіи и блескѣ; а румянецъ, разлитый по обычно-блѣдному лицу, оживилъ его до красоты.

Но она не тотчасъ легла, какъ сказала. Ужъ мѣсяцъ склонялся къ западу, алое зарево появилось на востокѣ и стаи бѣлыхъ чаекъ проснулись и летали надъ гладью морскою, ища въ ней утренней добычи, — а Вѣра все еще сидѣла у открытаго окна. Она смотрѣла на море, на поблѣднѣвшіе огни судовъ, на красную точку маяка, отражавшуюся восклицательнымъ знакомъ въ тихомъ, какъ зеркало, морѣ, и думала, припоминала и мечтала, то вздыхая, то улыбаясь своимъ воспоминаньямъ и мечтамъ.

Занималось розовое утро, когда она закрыла наконецъ окно, опустила занавѣси и легла. Но и тутъ не сразу заснула: ей мѣшалъ щебетъ ласточекъ подъ окномъ, казалось ей; но главной помѣхой все же не былъ ли щебетъ ея собственныхъ мыслей, заключившійся ужъ въ полуснѣ, образомъ темноволосаго, стройнаго молодаго человѣка со шляпой, поднятой въ рукѣ, надъ головою, съ привѣтной улыбкой на красивомъ лицѣ, освѣщенномъ луннымъ сіяньемъ...

"Юріардани! какъ жаль!" — вздохнула Вѣра. И воспоминаніе окончательно превратилось въ сонъ.


# IV


Прошло болѣе четырехъ мѣсяцевъ. Пронеслось лѣто и подходила осень. Но на благословенномъ югѣ все еще стояли ясные лѣтніе дни.

Въ окрестностяхъ Одессы все уже не цвѣло вольнымъ, пышнымъ цвѣтомъ, какъ весною: придорожная зелень сильно поблекла отъ безжалостной пыли, но клумбы и гряды все еще благоухали и красовались на дачахъ и городъ еще былъ на половину пустъ.

За то отели были переполнены. Пользовавшіеся морскимъ и лиманнымъ купаньемъ еще не разъѣхались, а виноградное леченье привлекло множество посѣтителей въ Крымъ, да къ тому же начинался обратный полетъ русскихъ золотокрылыхъ птицъ изъ-за границы, со всевозможныхъ водъ домой, на сѣверъ.

Княжна Ладомирская тоже возвращалась изъ Карлсбада, и Тироля, и многихъ другихъ мѣстъ въ Одессу, гдѣ, на перепутьи, ее ожидали отецъ и зять ея, баронъ Крамфельдъ. Оба оттуда ѣхали въ Крымъ, гдѣ у барона была своя дача въ Ялтѣ. Они предполагали также осенью лечиться виноградомъ, живя вмѣстѣ, одной семьею, до самой зимы. Такъ Ладомирскіе и Крамфельдъ ежегодно заканчивали свои европейскія странствованія. И теперь княжна возвращалась со своей сестрой, Лидіей Аркадьевной Крамфельдъ, ея дѣтьми, ихъ гуверинаткой и своей собственной компаньонкой.

Нельзя сказать, чтобъ пребываніе за границей послужило къ особой пользѣ Вѣрѣ Аркадьевнѣ. Не то, чтобъ она была больна, но утомилась и наскучалась вдоволь. Знала она съ дѣтства всѣ закоулки Европы Да и условія жизни ея вообще, а пребыванія въ семьѣ сестры, въ особенности, не были особенно легки и пріятны.

Баронесса не отличалась ровностью характера. Частые недуги, матерьяльныя заботы, гораздо большія, чѣмъ она ожидала встрѣтить въ жизни, сдѣлали изъ Лидіи Аркадьевны раздражительную и довольно непріятную особу.

Ко всѣмъ общимъ мелочамъ ихъ жизни, у Вѣры еще было свое, тяжелое горе. Она почти рѣшилась выйти замужъ за камеръ-юнкера Звенигородова, солиднаго капиталиста и свѣже-испеченнаго аристократа, крайне ей антипатичнаго... Что было дѣлать? Онъ сватался въ третій разъ. Отецъ писалъ отчаянныя письма: что онъ разоренъ, что ему придется закабалиться съ дочерью въ своемъ степномъ хуторѣ; что отнынѣ имъ предстоитъ такая ужасная жизнь, что онъ готовъ застрѣлиться, если Вѣрочка не поправитъ ихъ обстоятельствъ хорошей партіей... Хорошая, даже прекрасная партія для стараго князя олицетворялась въ лицѣ расплывшагося раньше времени, бѣлесоватаго и болѣе чѣмъ недалекаго избранника фортуны, въ представителѣ многихъ копей, пріисковъ, заводовъ и фабрикъ, "милѣйшемъ Викторѣ Наумовичѣ"...

Вѣра жалѣла своего безалаберного, но добраго отца. Она очень хорошо знала, что дѣла ихъ дѣйствительно плохи и что ей самой немыслимо жить, какъ живутъ "тысячи другихъ", терпѣть недостатки, лишенія. Она сокрушалась надъ своимъ тщеславіемъ, мелочностью, непрактичностью!.. Она и рада была бы имѣть болѣе характера, болѣе умѣлости, да гдѣ-жъ ихъ было взять?..

Ей, впрочемъ, казалось, что она не требуетъ отъ жизни многаго, что она легко могла-бы обойтись скромными средствами... Такъ тысячъ въ двадцать, тридцать годоваго дохода, – "le juste necessaire" ихъ среды... Но нуждаться, нѣтъ! Ужъ лучше все, только не постыдная нужда, долги, униженія!.. Нѣтъ!.. Отецъ ея правъ: она должна предпочесть Звенигородова!..

Даже Звенигородова!

Она вполнѣ вѣрила, что отецъ ея отчаивается за ея будущность

21

больше, чѣмъ за свою разбитую старость… Но рѣшиться все же было трудно!..

Сидя въ купе перваго класса, напротивъ спавшей сестры, княжна всю послѣднюю ночь подъ Одессой продумала объ этомъ.

"Ужъ Богъ съ ней, съ любовью! съ мечтами о счастіи, – не всѣмъ онѣ суждены!.. Живутъ люди и безъ нихъ. Лишь бы не чувствовать отвращенія, выходя замужъ, не презирать своего мужа… Это было бы тяжело! Невыносимо тяжело"!..

Разумѣется, былъ-бы случай выйти за человѣка порядочнаго, человѣка съ десятой долей состоянія Звенигородова, она не задумалась бы отказать ему; да только не было такого случая!.. Никто не сватался за нее такой, да и ей самой никто не нравился… Да! Она таки просто какая-то безчувственная. Какъ же! Дожила чуть не до двадцати-трехъ лѣтъ и никогда не бывала влюблена. Вѣдь это удивительно! И даже никто ей не нравился… Вдругъ она вспомнила одно лицо и подумала, съ улыбкой: "Да, разъ, тогда… Только разъ въ жизни я нѣсколько дней продумала объ этомъ… встрѣчномъ! У него хорошее, симпатичное лицо!.." Вѣра вздохнула и теперь при воспоминаніи объ этомъ неизвѣстномъ или почти неизвѣстномъ ей человѣкѣ. Вздохнула и улыбнулась!.. Да! Она тогда довольно долго продумала о немъ. Какой вздоръ!..

Промелькнуло, прошло и ужъ, конечно, не возобновится. А странно! Мало-ль она знала людей и никто ей не казался такъ симпатиченъ… А вѣдь черезъ нѣсколько часовъ она опять будетъ въ Одессѣ… Что если они встрѣтятся?.. Ну, что за вздоръ въ голову лѣзетъ?!. Вотъ пустяки!.. Нѣтъ, не бывать ничему такому: это только въ романахъ случается… А ей видно судьба быть за тѣмъ милліонеромъ…

Раздавшійся свистокъ паровоза окончательно вернулъ ее къ дѣйствительности, къ печальной будущности, предстоявшей ей.

"Ну, такъ ужъ по крайней мѣрѣ поживу на славу, ни въ чемъ себѣ не отказывая!" – подумала она, вставая и привычнымъ движеніемъ откидывая назадъ натурально вившіеся волосы. "Это, вѣроятно, рѣшится скоро, на-дняхъ. Отецъ пишетъ, что Звенигородовъ тоже въ Одессѣ по дѣламъ… Что они неразлучны… "Викторъ Наумовичъ со мной такъ добръ, такъ внимателенъ, какъ сынъ родной… Я привязался къ нему сердечно!" фраза эта изъ послѣдняго письма ея отца промелькнула въ мысляхъ ея цѣликомъ.

"Что-жъ! Чему быть – того не миновать!" рѣшила она и встала.

Паровозъ свисталъ отчаянно, возвѣщая близость станціи. Княжнѣ было душно и хотѣлось пить. Сестра не позволяла открыть окна, боясь простуды… "Простуды, въ такую теплую ночь?" – недоумѣвала Вѣра Аркадьевна, не зная, куда дѣваться отъ духоты.

Поѣздъ шелъ медленнѣе, очевидно останавливаясь. Она вынула часы. А!.. Три часа! Бирзула!.. Тутъ простоятъ долго. Хорошо бы напиться чаю или хоть воды.

Она вышла изъ купе, не разбудивъ сестры, и прошла къ выходу между спавшими гувернантками и дѣтьми. Въ этомъ отдѣленіи вагона никого кромѣ ихъ семьи не было.

Поѣздъ остановился.

Передъ ней была ярко освѣщенная платформа станціи. Въ открытыя двери и въ окна видны были накрытые столы, возлѣ которыхъ, впрочемъ, было немного народу, по ночному времени. За то по всей платформѣ бѣгало и суетилось множество людей. Здѣсь была пересадка; къ заграничному поѣзду присоединялись другіе, изъ Кіева, Елизаветграда.

Княжнѣ Ладомирской не хотѣлось ночью вмѣшиваться въ эту толпу, а между тѣмъ ее томила жажда. Она стояла на ступенькѣ вагона и глазами искала кондуктора или какого нибудь служителя. Но всѣ были страшно заняты.

Вдругъ мимо нея быстро прошелъ господинъ съ небольшимъ изящнымъ сакомъ въ рукахъ. Свѣтъ фонаря упалъ на лицо его...

Вѣру Аркадьевну что-то кольнуло въ сердце, она вспыхнула и отшатнулась въ тѣнь.

Господинъ, не замѣчая ея, влѣзалъ въ вагонъ.

– Pardon! – сказалъ онъ, наткнувшись на нее за дверью.

– Извините!..

Дѣлать было нечего: пришлось выступить изъ-за дверей, на свѣтъ.

И вдругъ этотъ господинъ, этотъ незнакомый знакомецъ, о которомъ она только что вспомнила, какъ о личности навѣки для нея потерянной, этотъ симпатичный ей человѣкъ, промелькнувшій разъ, въ мимолетной, думала она, встрѣчѣ и вдругъ снова выросшій теперь предъ ней, какъ изъ-подъ земли, сдѣлалъ самую изумительную для нея вещь.

Онъ отступилъ, самъ радостно изумленный, и назвалъ ее по имени.

Не тѣмъ измышленнымъ ею, ненавистнымъ ей именемъ, которое подвернулось ей тогда обманно на языкъ, а ея настоящимъ, полнымъ именемъ.

– Княжна Ладомирская! – сказалъ онъ. – Извините, Бога ради!.. Кажется я толкнулъ васъ?

Она такъ удивилась и такъ поддалась силѣ инаго еще, какого-то ей невѣдомаго чувства, что ничего не могла сказать. Она только улыбалась и чувствовала, что блѣднѣетъ.

– Никакъ не могу пріютиться въ этомъ негостепріимномъ поѣздѣ! – продолжалъ онъ, Все такъ переполнено!.. Нѣтъ-ли мѣстечка въ вашемъ вагонѣ?

Княжна сдѣлала надъ собой усиліе, чувствуя всю неловкость своего молчанія, и отвѣчала съ трудомъ:

– Здѣсь, въ первомъ отдѣленіи, семья моей сестры... Но дальше, кажется, есть мѣста.

Голосъ ея звучалъ такъ натянуто, что Арданинъ взглянулъ на нее внимательнѣе.

– Вы нездоровы? – воскликнулъ онъ.

– Я?.. Нисколько...

– Извините. Но вы мнѣ показались такъ блѣдны...

— О, нѣтъ! Это... освѣщеніе.

— Боже мой!.. Но... вѣдь вы едва говорите!

— Мнѣ страшно хочется пить! — только и смогла она выговорить, стараясь улыбнуться.

Но губы ее не слушались, а сердце такъ стучало, что ей казалось, что онъ и всѣ должны слышать его біенья..

Не говоря ни слова, Арданинъ поставилъ свой чемоданъ на балкончикъ и исчезъ.

Черезъ минуту онъ вернулся съ лакеемъ, который несъ воду на подносѣ и подалъ ей. Она выпила стаканъ, не отрываясь.

— Еще? — спросилъ онъ, улыбаясь.

— Нѣтъ, благодарю васъ! Онъ отдалъ стаканъ и графинъ человѣку. Княжна, наконецъ, оправилась и произнесла, глядя на него съ улыбкой:

— Второй разъ вы выручаете меня. Я умирала отъ жажды!

— Да?.. — весело вскричалъ онъ. — Вотъ видите какія разнообразныя услуги Богъ помогаетъ мнѣ вамъ оказывать. Тогда я спасъ васъ отъ воды, а теперь – спасъ водою!

— Это правда. Но... какъ вы... Впрочемъ, я васъ задерживаю.

— О! Нѣтъ. Вѣдь поѣздъ здѣсь стоитъ чуть не часъ... Я еще разсчитываю здѣсь выпить стаканъ чаю... Что вамъ угодно спросить?

— Нѣтъ, все равно... Услуга за услугу: идите пить чай, а я сберегу вашъ багажъ.

— Помилуйте!.. Я сейчасъ его устрою и... знаете что, княжна? Не пройдетесь-ли и вы въ залу?.. Чай несравненно лучше воды утоляютъ жажду. Я не буду тревожить здѣсь баронессы, а въ минуту буду къ вашимъ услугамъ.

И, схвативъ свой сакъ, Арданинъ прошелъ поспѣшно въ вагонъ съ другой его стороны и тотчасъ же вернулся.

Вѣра Аркадьевна не успѣла одуматься, не успѣла сообразить, откуда онъ знаетъ, что сестра ея баронесса и какъ странно приходилось ей изъ-за этого человѣка дѣлать вещи самыя неподходящія подъ рубрику, именуемыхъ въ каталогѣ ихъ общежитья, "приличными", какъ они уже сидѣли у стола и пили чай, дружески бесѣдуя.

Именно дружески. Она сама не понимала, какъ могло такъ статься, но она чувствовала себя, съ этимъ ей совершенно постороннимъ, вѣроятно совсѣмъ не ихъ общества, человѣкомъ, будто съ близкимъ ей, давнимъ другомъ.

Порою, правда, ею овладѣвала маленькая неловкость, но его утонченная вѣжливость и вмѣстѣ совершенная простота его обращенія, тотчасъ-же разсѣивала ея опасенія.

"Нѣтъ! Онъ положительно человѣкъ хорошо воспитанный!" – мелькала у нея, по временамъ, успокоительная мысль.

Ей ужасно хотѣлось спросить, откуда онъ узналъ, кто она такая. Но она все забывала: матерьялу для разговора было такъ много!..

Долго-ли прожилъ онъ на Среднемъ Фонтанѣ? Часто-ли видался съ хозяйкой пещеры? Что подѣлываетъ, здорова-ли она?.. А княжна, гдѣ побывала въ это время? Весело-ли провела время за границей?.. А сколько общихъ воспоминаній о грозѣ, о страшномъ переходѣ, о чудной той, майской ночи!.. О, Боже мой! И половины ихъ помянуть не успѣли, какъ раздался первый звонокъ.

— Не спѣшите, Вѣра Аркадьевна. Успѣемъ!..

— Нѣтъ, ужъ пора. Сестра можетъ проснуться и испугаться, что меня нѣтъ.

— А что, какъ теперь здоровье Лидіи Аркадьевны?.. А баронъ уже въ Ялтѣ или ждетъ васъ въ Одессѣ?.. Мнѣ бы надо съ нимъ повидаться...

На сей разъ такое глубокое изумленіе изобразилось на лицѣ ея, что онъ самъ сообразилъ въ чемъ дѣло.

— Вы удивляетесь, что я знаю всѣ эти обстоятельства – добродушно усмѣхнулся онъ. – Да вѣдь я сосѣдъ барона Александра Карловича, по имѣнью... Я даже крестный отецъ Аркаши, вашего меньшаго племянника.

— Какъ?!.

"Онъ?.. Юріардани... крестный отецъ Аркаши Крамфельда?!."

Княжна онѣмѣла отъ изумленія.

— Но... вѣдь вы... они... Я никогда не слыхала вашей фамиліи...

Она подразумѣвала "отъ нихъ, отъ сестры"; но онъ не далъ ей договоригь и назвалъ себя:

— Арданинъ. Вы забыли?.. Я же назвалъ себя вамъ, въ тотъ памятный вечеръ, въ пещерѣ... Юрій Алексѣевичъ Арданинъ.

Она ни слова не отвѣчала, только горячій румянецъ разлился по ея лицу. Раздался второй звонокъ..

— Ну, теперь пойдемте, пора. Не странно-ли?

Вотъ опять я долженъ васъ усаживать въ вагонъ!

Онъ довелъ ее, помогъ взойти наступени и,

пожавъ безсознательно протянутую ему руку, сказалъ:

— До свиданія, княжна. Я надѣюсь васъ встрѣтить въ Одессѣ.

И Арданинъ пошелъ было къ другому концу вагона, но вдругъ, словно что-то вспомнилъ и, тихо разсмѣявшись, прибавилъ:

— А вѣдь я вашъ должникъ, Вѣра Аркадьевна.

Впрочемъ не вашъ, - а той m-Пе Звенигородовой,

которая въ суматохѣ испуга обронила въ старушкиной пещерѣ десять рублей, носовой платокъ и книжечку слоновой кости, съ не принадлежавшими ей визитными карточками...

Онъ глядѣлъ въ ея снова зардѣвшееся лицо смѣющимися глазами.

— Неужели?.. А я думала, что раньше ее потеряла, гуляя. И такъ жалѣла!

— Въ самомъ дѣлѣ?.. Очень радъ, что могу ее вамъ вернуть въ цѣлости. Книжечку и платокъ.

Деньги я, на свой страхъ, разрѣшилъ старухѣ взять себѣ...

— Боже мой! Да я для нея-же ихъ положила!

— Я такъ и думалъ. А платокъ и карточки княжны Вѣры Аркадьевны Ладомирской я осмѣлился сохранить у себя, съ тѣмъ, чтобы вернуть ихъ по принадлежности, еслибы привелъ Богъ встрѣтиться съ m-Пе Звенигородовой.

— Ахъ! Не называйте меня такъ, Бога ради!.. Да!.. Такъ вотъ откуда вы узнали мое имя!

— А вы удивлялись моему всезнайству?.. Онъ снова, смѣясь, пожалъ ей руку, спрыгнулъ со ступеньки и едва успѣлъ войти въ вагонъ, какъ поѣздъ двинулся.

Вѣра тоже вошла въ свое душное купе и сѣла противъ невозмутимо покоившейся сестры.

Улыбка, въ которой было недоумѣніе, но еще больше радости, не сходила съ ея оживленнаго лица и теперь она уже не замѣчала ни духоты, ни скуки этой второй ночи, проведенной безъ сна изъ-за второй же встрѣчи съ Арданинымъ.

Какъ и въ ту ночь, неугомонныя чувства и мысли, не дали ей сомкнуть глазъ до солнечнаго восхода; но когда она, подъ городомъ, проснулась — ей показалось, что она прекрасно отдохнула и, что надъ Одессой царитъ все та-же свѣтлая, чудесная весна, которую она въ ней видѣла четыре мѣсяца тому назадъ. Розовое расположеніе ея духа еще усилилось тѣмъ, что, на послѣдней остановкѣ, подъ городомъ, сестра ея, при встрѣчѣ съ Арданинымъ, поздоровалась съ нимъ и разговаривала, какъ со старымъ знакомымъ, а дѣти, особенно четырехлѣтній Аркаша, ему обрадовались. Оно ни мало не разстроилось и тѣмъ, что оставшись съ ней наединѣ, баронесса состроила полунедовольное, полунасмѣшливое лицо и, небрежно заявила, что хотя мужъ ея очень хорошъ съ Арданинымъ и восхваляетъ его образцовое хозяйство, но что ей, лично, онъ не симпатиченъ: "вульгаренъ и немножко изъ этихъ новыхъ...".

— Такъ чтожъ?.. Это хорошо отчасти, — возразила ей Вѣра, съ такой улыбкой, какой баронесса давно не видала на лицѣ ея.

— О, да!.. Это по вашему. Ты вѣдь такая!.. — кисло срѣзала она ее.

Въ Одессѣ, на вокзалѣ, пока люди и гувернантки разбирались въ вещахъ, дѣти здоровались съ отцомъ, явившимся на встрѣчу семьѣ, жена барона уже съ нимъ ссорилась за что-то, княжна стояла въ сторонѣ, взявъ подъ свое покровительство Аркашу и меньшихъ дѣтей, и успѣла переброситься двумя словами съ Арданинымъ, подошедшимъ проститься.

— Когда же вы передадите мнѣ книжечку? — спросила она.

— Вѣроятно сегодня-же. Я долженъ буду побывать у барона... переговорить о нашихъ хозяйскихъ дѣлахъ.

— Въ самомъ дѣлѣ?.. Тѣмъ лучше!

— Вѣдь вы пробудете нѣсколько дней здѣсь?

— Не знаю право. Это зависитъ отъ папа и отъ Александра Карловича. Но я бы хотѣла... Одесса мнѣ очень нравится!

— Въ самомъ дѣлѣ?.. Тѣмъ лучше! — не безъ намѣренія повторилъ онъ ея слова. — Такъ до свиданія!

26

# V

Князь Ладомирскій, бодрый, высокій старикъ, чистокровный аристократъ, воспитанный на англійскій ладъ, съ примѣсью французскаго, всталъ съ кресла, когда ему доложили о пріѣздѣ семьи.

Онъ не спѣша, докончилъ свой туалетъ и вышелъ въ ихъ общую столовую вполнѣ джентльменомъ.

Князь былъ очень нѣжный отецъ, въ особенности, когда желалъ добиться чего отъ своихъ дочерей. Онъ расцѣловалъ внуковъ; пособолѣзновалъ вѣчной мигрени баронессы, посовѣтовавъ и ей тоже обратиться къ виноградному леченью; размашисто пожалъ руку миссъ Джервисъ и, мимоходомъ, ущипнулъ за щеку молоденькую швейцарку, освѣдомившись, гдѣ покупаетъ она такія яркія румяна?.. И тогда только, оглянувшись, спросилъ:

– А гдѣ-же Вѣрочка?

– Miss Vera только что здѣсь была. Она, вѣроятно, въ своей комнатѣ... Я сейчасъ позову ее! – отвѣчала компаньонка.

– Не трудитесь, миссъ Джервисъ: вотъ она! – сказалъ князь и привѣтливо протянулъ обѣ руки на встрѣчу входившей дочери.

Княжна не замѣтила никакой афектаціи въ движеніи отца. Она обняла его горячо. Ея радужное расположеніе духа все еще продолжалось; о Звенигородовѣ она забыла и думать. Тѣмъ непріятнѣй ее поразили слова ея отца, когда всѣ они сѣли къ чайному столу.

– Надѣюсь, мои милыя, что вы не слишкомъ устали?.. Дѣло въ томъ, что я обѣщалъ Виктору Наумычу, за себя и за васъ, пообѣдать съ нимъ сегодня, въ Сѣверной гостиницѣ. Тамъ прехорошенькій садикъ... Надѣюсь, что вы не откажете?.. И, склонившись конфиденціально къ меньшой дочери, онъ продолжалъ, понизивъ голосъ:

– Онъ въ восторгѣ отъ надежды, которую, послѣ твоего послѣдняго письма, я счелъ себя въ правѣ ему подать. Il veut feter le retour de ses belles esperances, le cher homme!

Вѣра смотрѣла сначала такъ, какъ будто ничего не понимала. Потомъ она вспыхнула и отняла руку изъ рукъ князя, ласково завладѣвшаго ею.

– Надѣюсь, дитя мое, что ты долѣе не будешь медлить?.. Ты позволишь покончить это дѣло, для нашего общаго счастія?..

– Papa!.. Pardon... Здѣсь, право, не мѣсто и не
время.

– Время это вообще чѣмъ нибудь кончить! – недовольнымъ тономъ произнесла баронесса.

– И я нахожу, что всего лучше по военному! – прибавилъ баронъ, крутя роскошные усы. Разъ! Два! Три! – и дѣло въ шляпѣ!

Крамфельдъ еще не такъ давно командовалъ полкомъ и очень любилъ рисоваться военной выправкой.

Обѣ гувернатки дѣлали видъ, что у нихъ уши золотомъ завѣшаны. Англичанка занималась чайнымъ хозяйствомъ; швейцарка была предана заботамъ о своихъ питомцахъ.

– Eh bien! Laissons! – съ готовностью согласился князь. Мы можемъ повременить.

И онъ заговорилъ о чужихъ краяхъ, о Южномъ берегѣ, съ большимъ оживленіемъ.

Едва окончился завтракъ, лакей внесъ два прелестныхъ, очень дорогихъ букета, для баронессы и княжны, съ карточкой, на которой красовалось имя Виктора Наумовича Звенигородова, его огромный гербъ, его придворное званіе, а на оборотѣ некрасивымъ почеркомъ начертано: "Добро пожаловать"!

– Mais c'est charmant! N'est ce has?.. Какое милое вниманіе! – умилился князь, переводя вопросительно- сочувственный взглядъ съ одной дочери на другую.

– Поблагодарите г. Звенигородова! – процѣдила баронесса, не вставая съ кушетки, и повернулась къ мужу. Alexandre!.. Donnez un pourboire au porteur. Et... point de mesguinerie, je vous prie!..

– Г-мъ! Кх-мъ!.. крякнулъ мужъ и направился къ дверямъ, безъ дальнѣйшихъ комментарій.

– Посмотри, какія чудныя розы, Вѣрочка! – настаивалъ князь, протягивая къ ней одинъ изъ букетовъ.

Миссъ Джервисъ съ готовностью встала и передала его молодой дѣвушкѣ, восклицая:

– Oh! What lovely flowers!.. Beautiful, indeed!..

– Если они вамъ кажутся такъ прекрасны – можете взять ихъ себѣ – холодно сказала княжна, не прикасаясь къ букету. Я терпѣть не могу запаха розъ... Такой вульгарный цвѣтокъ!

Она встала и ушла въ свою комнату, не обративъ вниманія ни на отчаянно вопросительный взглядъ, который отецъ ея метнулъ на баронессу, ни на пожатія плечь, которымъ та ему отвѣчала.

Она вошла въ свой отдѣльный нумеръ, бросилась тамъ въ кресло и, отчаянно сжавъ голову обѣими руками, горько заплакала, мысленно воскликнувъ:

"О! лучше умереть, чѣмъ выйти за этого человѣка!.."

Но ей не дали долго горевать на свободѣ. Три удара въ двери, и въ нихъ появилась англичанка. Она пришла сказать, что князь желаетъ ее видѣть и вмѣстѣ освѣдомиться: можетъ-ли она отправиться навѣстить свою одесскую пріятельницу?.. Княжна разрѣшила ей идти, куда угодно и не стѣсняясь пользоваться временемъ; отцу же просила передать, что у нея очень болитъ голова, что она желала бы, если возможно, теперь немного отдохнуть, а придетъ часа черезъ два. Ей было ясно, что отецъ ея хочетъ, во что бы то ни стало, не откладывая, тутъ же, на перепутьи, сейчасъ все покончить, вынудивъ ея согласіе. Бѣдняжка старалась оттянуть рѣшительную минуту, сама не зная, чего выжидая. Она прекрасно понимала, что у нея не хватитъ рѣшимости, ни даже опредѣленнаго желанія, самой, окончательно отказаться отъ такой "озлащенной" партіи; а между тѣмъ боялась произнесть послѣднее слово, выжидая, не спасетъ ли ее судьба, помимо собственныхъ заслугъ ея?.. Звенигородовъ теперь казался ей противнѣе, чѣмъ когда нибудь.

Однако она этого не выразила прямо въ объясненіи, которое въ тотъ же день имѣла со своимъ отцомъ. Она сказала ему только, что желаетъ отложить рѣшительный отвѣтъ до зимы, до возврашенія въ Петербургъ. Но тутъ князь возсталъ всей силой своего авторитета! Звенигородовъ ждать долѣе не хочетъ и не станетъ! Она и то водила его больше году... Или теперь, или никогда! Онъ ждетъ и требуетъ рѣшительнаго отвѣта.

Пусть Вѣра выбираетъ: или милліонное состояніе и спокойствіе его старости; или – нищета и его смерть и позоръ!

Да, позоръ!.. Потому что онъ кругомъ въ долгахъ и долженъ ей признаться, что могъ бы поправиться лишь въ случаѣ, еслибъ она вышла замужъ за человѣка, который не нуждался бы и не требовалъ приданаго.

Тогда бѣдная дѣвушка вымолила себѣ отсрочку, хоть нѣсколько дней.

– Оставьте меня въ покоѣ здѣсь, въ Одессѣ. Ну какія сватовства на перепутьи?.. Вотъ уѣдемъ на всю осень въ Крымъ; тамъ я обѣщаю вамъ болѣе не медлить.

– Но пока будь съ нимъ, по крайней мѣрѣ, привѣтлива, mon ange!.. Ну, хоть на столько любезна, чтобъ онъ не принялъ твоего новаго каприза за отказъ. Надѣюсь, что ты будешь сегодня съ нимъ ласкова за обѣдомъ?.. Бѣдняга надѣялся, что этотъ обѣдъ для него будетъ обручальнымъ пиромъ!

– Какъ?.. Въ гостиницѣ?.. – блеснула княжнѣ спасительная уловка. – Y pensez vous, mon pere?.. Какъ на гостинодворскихъ сватовствахъ!.. Развѣ г. Звенигородовъ принимаетъ насъ за своихъ родичей изъ перинной линіи?.. – не воздержалась она отъ горькой усмѣшки.

– Ah! Mon enfant, ma chere enfant! – вскричалъ эффектно Ладомирскій. – Когда человѣкъ можетъ вымостить золотыми всю свою житейскую дорогу, благоразуміе, въ нашъ практическій вѣкъ, повелѣваетъ забыть все это!

– Я согласна. Но пусть не забываетъ и нашего. Въ его разсчеты входитъ стараться себя возвысить до насъ, а не ронять, вводя какія-то обрученія съ шампанскимъ въ трактирныхъ залахъ.

– Tu as raison, mon ange! – согласился со вздохомъ князь: дочь не даромъ въ немъ затронула аристократическую жилку. – Да!.. Я убѣжденъ, что онъ самъ пойметъ это... Au fait, – вѣдь ждать не долго! Дня черезъ два-три мы будемъ въ Ялтѣ, на своей дачѣ и тогда... Я такъ и скажу ему. Онъ, навѣрное, самъ сейчасъ явится къ намъ, съ приглашеніемъ... C'est son dada, ce diner d'aujourd'hui, parole d'honneur!.. Вотъ ужъ три дня я только отъ него и слышу, какой обѣдъ онъ намъ готовить. Ье cher gar?on!.. Онъ такъ влюбленъ въ тебя, дитя мое!.. О!.. Ты изъ него будешь веревки вить, увѣряю тебя... Ты будешь съ нимъ любезна, не правда-ли?

– Ну еще бы! Разумѣется.

О, какъ охотно Вѣра отказалась бы отъ этого обѣда! Но это было невозможно. Помимо того, что это значило поссориться съ отцомъ, –

29

на это было единственное средство – сказаться больной. А въ разсчеты ея совсѣмъ не входило просидѣть эти дни взаперти.

Вся семья кончала второй завтракъ, когда лакей возвѣстилъ:

– Г. Звенигородовъ и г. Арданинъ. Сердце Вѣры упало. Она вспыхнула и тотчасъ же поблѣднѣла. Вмѣстѣ?!

Она этого никакъ не ожидала.

– Г. Арданинъ? – вопросительно оглядѣлъ всѣхъ князь Аркадій Валерьяновичъ. – Qu'est-ce gue c'est?..

– Ахъ! Это сосѣдъ мой по имѣнью. Прекрасный, очень богатый и дѣльный человѣкъ, – сообщилъ баронъ. – Просите!

– Арданинъ ѣхалъ съ нами послѣднія станціи. Онъ, кажется, изъ деревни, – прибавила его жена.

– Ну да!.. Онъ долженъ мнѣ сообщить кое-что. Баронъ Крамфельдъ всталъ, направляясь къ гостямъ на встрѣчу, и всѣ перешли, вслѣдъ за нимъ, изъ столовой въ гостиную.

Замедлила одна Вѣра Аркадьевна...

– А!.. Юрій Алексѣичъ! Очень радъ!..

– Здравствуйте, Викторъ Наумовичъ! – тотчасъ же раздались восклицанія.

– Князь! Позвольте мнѣ вамъ представить моего добраго сосѣда... – заговорилъ было баронъ. Но его тотчасъ же прервалъ громкій голосъ, который заставилъ княжну, въ другой комнатѣ, съёжиться, будто кто нибудь тронулъ ея болѣзненный нервъ.

– Да, да, да! Юшу Арданина, князь!.. Позвольте отрекомендовать вамъ моего пріятеля!.. Какъ же! Славный малый!.. Мы съ нимъ подружились за границей. Смотрю, сегодня, вваливается съ багажемъ въ Сѣверную... Я его сейчасъ: цапъ-царапъ!.. Откуда, говорю, куда?.. Никакихъ! Со мной сегодня пообѣдаешь и баста!.. Барона, говоритъ, нужно, повидать...

Ну, вотъ и распрекрасно! Захватилъ его – и предоставилъ!

– Очень радъ! – произнесъ князь Ладомирскій, пожимая руку новому знакомцу; но Вѣра не слыхала отцовскаго голоса за постороннимъ громкимъ смѣхомъ, который возбуждалъ въ ней желаніе уйти и запереться въ своей комнатѣ.

Она, однако, превозмогла себя и вышла въ гостиную. Она даже – о, плоды воспитанія миссъ Джервисъ! – она заставила себя одинаково спокойно и любезно поклониться обоимъ гостямъ, и надо было быть очень тонкимъ наблюдателемъ, чтобы замѣтить разницу во взглядѣ ея и поклонѣ.

Замѣтилъ-ли Арданинъ?.. Очень вѣроятно. Онъ вообще былъ наблюдателенъ и вещи понималъ тонко... Этимъ объясняется разсѣянное, почти печальное расположеніе духа, въ которое онъ впалъ въ этотъ самый день, къ вечеру, послѣ обѣда, въ саду Сѣверной гостиницы. Обѣдъ, за которомъ, по выраженію Звенигородова, "только развѣ птичьяго молока не было", сошелъ благополучно.

Улучивъ минутку, когда княжна вышла изъ-подъ навѣса подышать чистымъ воздухомъ въ цвѣтникѣ, оставивъ всѣхъ своихъ еще за ликерами, кофе и сигарами, въ застольной бесѣдѣ съ радушнымъ хозяиномъ, Юрій Алексѣичъ подошелъ къ ней и тихо сказалъ:

— Я принесъ ваши вещи... Прикажете передать княжнѣ Ладомирской карточки, потерянныя Звенигородовой?

Она вздрогнула, какъ отъ холода.

— Какая вамъ охота? — печально отвѣтила она. Я вѣдь просила васъ простить мою глупую ложь и забыть ее!

— Ложь? — повторилъ онъ, не совсѣмъ весело улыбаясь. Ложь-ли?.. Быть можетъ...

— Что?

— Не знаю... смѣю-ли я?

— Ахъ, смѣйте! Мнѣ все равно — раздражительно засмѣялась она. Что же, быть можетъ, по-вашему?..

— Не по-моему, княжна, а по-вашему...

— Что-жь наконецъ такое?

— Быть можетъ вы тогда, принявъ эту фамилію, не солгали, а только предупредили неизбѣжное событіе?..

Она нервно разсмѣялесь и сказала:

— Дайте мои карточки!

Арданинъ передалъ ей платокъ и книжечку. Вѣра открыла ее, взяла одну изъ своихъ карточекъ и при свѣтѣ мѣсяца и газовыхъ рожковъ сдѣлала видъ, что читаетъ свое имя.

— Вы ничего не отвѣчаете, княжна?

— Что-жь отвѣчать мнѣ?.. — еще раздражительнѣе засмѣялась она. Развѣ пропѣть вамъ арію князя Наташѣ въ оперѣ "Русалка"?.. Замѣнивъ два слова... "Вотъ видишь-ли, княжны, не вольны мужей себѣ по сердцу брать"... Ахъ! Боже мой! Что это?.. И я стала забывать приличія?.. — прервала она, грустно разсмѣявшись на свой чуть слышный напѣвъ. Видите, Юрій Алексѣичъ, какъ заразительно дурное общество!.. Тамъ господинъ Звенигородовъ чуть не поетъ круговыхъ пѣсенъ за чашей зелена-вина; а тутъ я начала ему вторить... раньше времени!

Въ голосъ ея слышалось раздраженіе, чуть не слезы.

Арданинъ посмотрѣлъ на нее внимательнѣе и всѣ шутливыя рѣчи, и даже всѣ эгоистическіе помыслы его разлетѣлись. Онъ самъ не опомнился, какъ у него сорвалось съ языка:

— Успокойтесь, Господь съ вами!.. Какая вамъ крайность?..

— Какая?! — громче чѣмъ она хотѣла, вырвалось и у нея слово прямо изъ наболѣвшаго сердца. — Бываетъ!.. Не все по цвѣтамъ да муравѣ гулять...

Приходится и по терніямъ!.. Впрочемъ, что это я, въ самомъ дѣлѣ?.. Извините, пожалуйста!.. На меня напала сентиментальность... Сентиментальность или сумасшествіе? Сама не знаю!.. Блажь какая-то...

Она шла быстрыми шагами вдоль дорожки и онъ за ней машинально слѣдовалъ.

Чувство искренняго горя защемило ему сердце и мысли вихремъ

чередовались въ головѣ. Вдругъ она остановилась и, поднявъ на него свои глубокіе, темные глаза, тихо сказала, прерывая безпрестанно свою нерѣшительную рѣчь:

— Вотъ, только одно. Мнѣ все равно, что подумаютъ другіе... Но вы, Юрій Алексѣичъ... съ вами мы какъ-то и сошлись иначе и... вы не такой, какъ всѣ... какъ большинство. Словомъ, я бы хотѣла, чтобы вы знали, если... если быть тому, — что, въ тотъ день, когда это имя станетъ моимъ, мнѣ легче было-бы, еслибъ меня самое... еслибъ со мною – вотъ что сдѣлали!

И она порвала на мелкіе куски свою визитную карточку, бросила клочки себѣ подъ ноги и, растоптавъ ихъ въ пескѣ, прибавила:

— Въ этотъ день, если онъ когда нибудь настанетъ, — вотъ что случится съ княжной Вѣрой Ладомирской!

И засмѣявшись, она пошла не оглядываясь къ столу.

— Прошлась по цвѣтнику, дитя мое? — нѣжно спросилъ ее отецъ.

— Да! Славный вечеръ.

— Ахъ, я дуракъ! — откровенно заявилъ камеръ-юнкеръ, хлопнувъ себя ладонью по лбу. Вѣдь у меня же взяты ложи!.. Куда угодно, княжна?.. Въ оперу? Въ русскій театръ?.. Въ циркъ?..

— О, Богъ мой! Никуда!.. Совершенно никуда, кромѣ своего номера въ Лондонскомъ отелѣ. Я еще не опомнилась отъ дороги.

— Ну, какъ-же такъ?.. Помилуйте!.. А я приказалъ, чтобы вездѣ... Опера, говорятъ, не дурна... Не угодно-ли хоть вамъ, баронесса.

— Ахъ, нѣтъ! Благодарю васъ. Я слишкомъ утомлена! — процѣдила баронесса и тихо прибавила, обратившись къ одному барону: Это хоть est charmant!..

— Господа! — не унимался Звенигородовъ. Такъ хоть мы, что-ли?.. Махнемте, ваше сіятельство! Баронъ... Пожалуйста!

— Чтожъ, пожалуй... Pour avoir une idee de la musique locale...

— Вотъ именно: локаль! — подхватилъ добродушно милліонеръ. Проводимъ дамъ, когда имъ будетъ угодно, а сами махнемъ. Ты поѣдешь, Арданинъ?

— Нѣтъ, спасибо. У меня завтра рано дѣла, а ты вѣдь любишь полунощничать.

Звенигородовъ шумно расхохотался.

— Ну да! Да!.. Еще помнишь парижскія ночки?.. Славно жилось у французишекъ, право!

Баронесса поднялась въ тревогѣ, что онъ еще пожалуй скажетъ...

— Пора, Александръ Карловичъ, — замѣтила она мужу. Поѣдемъ... Благодарю васъ, Викторъ Наумовичъ.

— Не за что! Помилуйте-съ!.. Позвольте вамъ нижайше кланяться за компанію...

— Ну да! — перебила его княжна, очень неестественно засмѣявшись. Мы васъ, Викторъ Наумовичъ, благодаримъ "за угощеніе", а вы насъ – "за посѣщеніе!.." Папа! Такъ кажется у Островскаго, гдѣ-то...

— Не помню, душа моя... Я вѣдь Островскаго не люблю, — сухо отозвался князь...

— А-а нѣтъ! Я несогласенъ съ вами, Аркадій Валерьяновичъ, — находчиво вмѣшался баронъ, любившій руссофильствовать. У него этотъ бытъ, купеческій, очень вѣрно схваченъ.

Всѣ шли, медленно подвигаясь къ выходу.

— Да! Вотъ что, Mesdames! — громко возгласилъ Звенигородовъ. Завтра здѣсь, на Маломъ фонтанѣ, большое торжество: праздникъ съ разными увеселеніями, съ фейерверкомъ, электричествомъ, съ разными увеселительными комедіями... Вы видали афиши?

— Нѣтъ, не видали, — томно отвѣчала Лидія Аркадьевна.

— Какъ-же-съ! На всѣхъ стѣнкахъ, на всѣхъ столбахъ расклеены... Ежели угодно будетъ вамъ? Дѣткамъ вашимъ, баронесса?.. У меня взято три коляски къ вашимъ услугамъ.

— Очень благодарны, но зачѣмъ вы это дѣлаете, Викторъ Наумовичъ?.. Я своихъ дѣтей никогда не пускаю на такія гулянья.

— Отчего-же-съ?.. А не то можно на пароходѣ. Туда съ утра пароходы будутъ ходить, съ музыкой, съ пѣсенниками!..

— А качели тамъ будутъ? — коварно освѣдомилась княжна. Такія качели, какъ на площади, въ Петербургѣ, на масляницѣ?

— Не знаю-съ, Вѣра Аркадьевна!.. Думаю, что всякое тамъ будетъ настроено, потому народный праздникъ, въ пользу благотворительныхъ школъ.

— Ну, такъ и качели будутъ навѣрное! — улыбаясь сказалъ Арданинъ. Школьникамъ какое-же веселье безъ качелей?

— Вы покачаетесь, м-сье Арданинъ?

— Нѣтъ, княжна. У меня легко голова кружится. Князь Ладомирскій давно ужъ неловко пожимался. Онъ, какъ ни былъ слѣпъ къ недостаткамъ своего желаннаго зятя, не могъ не замѣчать, что онъ, въ этотъ вечеръ, тривіальнѣе чѣмъ когда-либо, и что Вѣра не можетъ надъ нимъ не смѣяться.

— L'idee de parler ainsi! — тихо произнесъ онъ, обратившись къ дочери и пожимая плечами.

— Такъ извольте приказывать, княжна! — обратился къ ней Звенигородовъ. Какъ и когда угодно вамъ будетъ ѣхать?.. Посмотрѣть право стоитъ...

— Очень вѣроятно. Но мнѣ совсѣмъ не угодно туда ѣхать, Викторъ Наумовичъ... Я, впрочемъ, не знаю, почему вы желаете сообразоваться именно съ моими желаніями?..

— Это очень любезно! — поспѣшно перебилъ князь. Въ самомъ дѣлѣ, въ такіе чудные вечера жаль сидѣть дома!

— Однако я согласна съ сестрой, — замѣтила баронесса: въ такую толпу, какая, вѣроятно, будетъ тамъ завтра, ѣхать невозможно.

— Почему-же-съ?.. Тамъ, однако, распорядительницами все дамы высшаго круга... Сама генералъ-губернаторша!

— Я понимаю хорошо, что обязанность этихъ дамъ присутствовать на благотворительномъ праздникѣ, — сказала баронесса своимъ французско-русскимъ нарѣчіемъ; но мы не здѣшнія, у насъ нѣтъ никакой обязанности... Nous pouvons nous en dispenser.

– Завтра никого не будетъ на бульварѣ, – вполголоса замѣтилъ Арданинъ; а бульваръ чудо какъ хорошъ въ такія лунныя ночи.

Вѣра только подняла на него глаза, въ отвѣтъ на это замѣчаніе... Какъ много сказалъ этотъ взглядъ и какъ долго видѣлъ его передъ собою въ ту ночь Арданинъ, большими шагами перекрещивая свой номеръ въ Сѣверной гостиницѣ.

## VI

Несмотря на праздникъ-монстръ, привлекшій на слѣдующій день множество народа на Малый Фонтанъ, на Одесскомъ бульварѣ тоже было не мало гуляющихъ.

Луна лила потоки свѣта; внизу пристань была разукрашена цвѣтными фонарями, а небольшіе пароходы, въ праздничныхъ уборахъ, то и дѣло бороздили зеркальную поверхность моря, гремя кадрили и вальсы, перевозя публику на гулянье и обратно, соблазняя и привлекая ее своимъ наряднымъ видомъ и музыкой.

На это зрѣлище сверху бульвара и громадной каменной лѣстницы, что спускается на пристань, любовались многіе зрители, не пожелавшіе ѣхать на самое мѣсто гульбища, куда съ утра стремилось, сушей и моремъ, все населеніе города.

Къ числу ихъ принадлежало и избранное общество проѣзжихъ, остановившихся на перепутьи въ Одессѣ. Князь Ладомирскій, со своей семьею, проводилъ этотъ прекрасный вечеръ подъ навѣсомъ платформы Замбрини, любуясь серебряной ночью и развлекаясь болѣе или менѣе пріятными разговорами, мороженымъ и чаемъ.

Въ этотъ день утромъ у князя, а потомъ и у баронессы Крамфельдъ, было долгое объясненіе съ Вѣрой. Оба, отецъ и старшая сестра, не могли не согласиться съ нею въ томъ, что Звенигородову несравненно было бы приличнѣй, по уровню его образованія и по манерамъ, быть сидѣльцемъ въ одномъ изъ магазиновъ, которые снабжались мануфактурными произведеніями его фабрикъ, чѣмъ носить званіе камеръ-юнкера; но оба также находили, что его можно отшлифовать, а что милліоны его заслуживали гораздо большаго вниманья, чѣмъ его недостатки.

Баронесса безусловно осуждала вчерашнее обращеніе сестры съ безобиднымъ женихомъ, ей предназначаемымъ. Аркадій Валерьяновичъ изумлялся "силѣ любви этого добрѣйшаго малаго" къ его дочери... Онъ находилъ, что одна безмѣрная нѣжность чувствъ дѣлала его глухимъ и слѣпымъ къ ея недобротѣ и насмѣшкамъ.

– А я нахожу, что онъ глухъ и слѣпъ отъ природы, потому что глупъ непроходимо! – рѣзко возразила имъ княжна. Что касается любви его, папа, то я ей положительно не вѣрю.

34

– Ты удивляешь меня, chere amie?.. Человѣкъ третій разъ дѣлаетъ тебѣ предложеніе, слѣдуетъ за тобой, какъ тѣнь! ждетъ годы!..

– Сдѣлаетъ предложеніе и на четвертый и на десятый, если въ это время не найдетъ лучшей партіи! – горячо возразила княжна. Ему лестно жениться на княжнѣ Ладомирской, породниться и войти чрезъ насъ въ лучшее общество, вотъ и все. Самъ по себѣ онъ навѣрное предпочелъ бы мнѣ каждую дородную купеческую дочку!..

– О, дитя мое! Можешь-ли ты такъ думать? – сокрушенно вскричалъ старый князь.

– И что за выраженія, Vera! – прибавила баронесса!

– Мнѣ не время выбирать выраженія! – горячо возразила ей сестра. Что касается до стараній вашихъ убѣдить меня въ любви господина Звенигородова, то прошу васъ оставить ихъ! Вы не увѣрите меня!.. Я знаю, что мнѣ, вѣроятно, придется принесть себя въ жертву этому золотому тельцу; но пусть же онъ знаетъ, по крайней мѣрѣ, что я его не обманывала. Ни любви, ни уваженія, я не могу къ нему чувствовать. И выказывать ничего подобнаго не стану!.. Затѣмъ, если несмотря ни на что, онъ захочетъ быть мужемъ княжны Ладомирской, не обманываясь на счетъ моихъ къ нему чувствъ, – да будетъ такъ!

– Но изъ уваженія къ самой себѣ ты должна быть къ нему снисходительнѣй – протестовалъ отецъ.

– Одно изъ двухъ, Вѣра: или откажи ему окончательно, или щади въ немъ достоинство своего будущаго мужа! – резонно доказывала сестра.

Съ этимъ послѣднимъ доводомъ княжна не могла внутренно не согласиться. Зато она горячо оспаривала панегирики нравственнымъ достоинствамъ "добрѣйшаго Виктора Наумовича", которые князь ему расточалъ. Она даже прямо выражала убѣжденіе въ противномъ. По ея мнѣнію, никакой ровно доброты, благородныхъ стремленій, а тѣмъ менѣе великодушныхъ чувствъ за нимъ не водилось. Она была увѣрена, что время докажетъ отцу его заблужденія...

– Но не въ томъ вопросъ! – закончила она. Дѣло въ томъ, что я сознаю не менѣе васъ печальную необходимость самой выйти изъ тяжелаго, чуть не отчаяннаго положенія и васъ вывести изъ бѣды... Повторяю: я не отказываюсь выйти за Звенигородова, со временемъ... если не случится чего нибудь непредвидѣннаго... Но я желала бы, я прошу, чтобъ здѣсь, пока я не окончательно связана съ нимъ словомъ, меня оставили въ покоѣ, не вынуждая обращаться съ нимъ, какъ съ объявленнымъ женихомъ. Этого пока нѣтъ и я хочу пользоваться эти послѣдніе дни свободой.

Ультиматумъ былъ принятъ. На него по неволѣ приходилось сдаться изъ боязни худшаго.

Цѣлый день Вѣра Аркадьевна была печальна; очень сдержана и молчалива съ Звенигородовымъ, но не относилась ужъ къ нему такъ, какъ наканунѣ.

Онъ опять прислалъ ей букетъ; привезъ цѣлый транспортъ конфектъ дѣтямъ барона, казалось ничего не замѣчалъ и былъ вполнѣ доволенъ въ ожиданіи еще бо́льшихъ будущихъ благъ. Онъ ожидалъ большаго и на сей день! Онъ было даже привезъ въ кармарахъ футляры съ гораздо бо́лѣе цѣнными подарками той, которую считалъ уже своей невѣстой; но въ пору проговорился ея отцу и тотъ остановилъ его.

Это маленькое разочарованіе, однако, не испортило его расположенія духа.

"Финтить дѣвчонка!" – подумалъ онъ, съ своимъ характернымъ способомъ выраженія. "Хочеть, чтобъ думали, что ей все равно, выйти за меня аль нѣтъ! Что у нея нашего брата, жениховъ съ непустыми карманами, куры не клюютъ!.. Шалишь, голубушка!.. Знаю я, преотлично знаю, что ты въ меня не влюблена, – да и не нуждаюсь!.. По этой части – другихъ найдемъ. А отказать ты мнѣ не откажешь. Такимъ, какъ я, женихамъ не отказываютъ!.. Ты мнѣ, ваше сіятельство, для представительности нужна; а я тебѣ – еще нужнѣй! Потому всѣ вы, князья, къ медовымъ пряникамъ по- привыкали; а у васъ, нонѣ, поди, и на ситничекъ не хватаетъ!.. "

Звенигородовъ не заблуждался и шелъ къ своей цѣли разсчитанно и неуклонно, безъ тревогъ и сомнѣній.

Пообѣдавъ, всѣ отправились на бульваръ и тот- часъ-же расположились въ виду моря; но княжнѣ не сидѣлось. Она встала, говоря, что не стоило сюда приходить затѣмъ, чтобъ сейчасъ же снова сѣсть – и пошла пройтись по аллеямъ въ сопровожденіи своей компаньонки, изъявивъ желаніе никого болѣе не безпокоить...

Едва онѣ сдѣлали нѣсколько шаговъ вдоль приморской аллеи, какъ къ нимъ подошелъ Арданинъ, давно ждавшій этой встрѣчи. Прошло около часу прежде, чѣмъ Вѣра Аркадьевна нашла, что она достаточно нагулялась и что пора присоединиться къ остальному обществу. Въ самомъ дѣлѣ было ужъ довольно поздно, но ночь такъ была хороша, не хотѣлось уходить!

Когда они вошли на платформу, Звенигородовъ дружески привѣтствовалъ Юрія Алексѣича.

– А! И ты появился, отшельникъ! – вскричалъ онъ. Откуда это вы добыли его, княжна?.. Представьте себѣ: со вчерашняго дня заперся въ своемъ номерѣ: ходить, шагаетъ въ немъ вдоль и поперекъ и никуда!.. И къ себѣ никого не пускаетъ. Я было утромъ навѣдался, – звалъ его яхту попробовать, купить хочу. Такъ не впустилъ, прогналъ! Дѣлами, говоритъ, занятъ. А какое дѣлами? Я же слышу, что въ меланхоліи прогуливается.

– Напрасно вообразилъ! – отвѣчалъ Арданинъ. Меланхолія не въ моихъ привычкахъ. Я утромъ много ѣздилъ по дѣламъ, ждалъ къ себѣ повѣреннаго, а ты тутъ съ яхтой!.. Да еще въ самую жару! Я удивлялся твоей охотѣ.

– А зачѣмъ вамъ яхта понадобилась? – спросилъ баронъ. Вѣдь вы здѣсь не живете.

– А что-жъ такое?.. Пусть будетъ на всякій случай... Вотъ можетъ быть дамы захотятъ покататься, пока мы здѣсь. А можетъ опять осенью мнѣ здѣсь побывать придется. Дешево продавали, для чего не купить?.. Пущай себѣ стоитъ... Вѣдь она ѣсть не проситъ.

— А я боюсь этихъ катаній въ яхтахъ: онѣ валки! — сказала баронесса. Разъ въ Гельсингфорсѣ, насъ чуть было не опрокинули...

— Чуть-чуть не въ счетъ, баронесса! — игриво осклабился Звенигородовъ.

— Какъ?.. — не поняла его Лидія Аркадьевна.

— Викторъ Наумовичъ желаетъ сказать, что такъ какъ этого не случилось, то ты собственно не имѣешь причины бояться катаній на яхтѣ, услужливо объяснилъ князь.

— Однако, никто не можетъ сказать, чтобы катанья по морю были безопасны, — настаивала баронесса.

— Въ яхтахъ — можетъ быть! Но я-бы очень желала въ такую ночь проѣхаться по морю вотъ такъ!

И княжна указала на весело бѣжавшій мимо пароходъ. Весь онъ сіялъ, разукрашенный пестрыми фонарями и флагами, а звуки военной музыки далеко разлетались съ него въ ночной тиши.

— А кто-же намъ помѣшаетъ? — вскричалъ Звенигородовъ. Поѣдемте!.. Прокатиться по такому морю пріятно.

— О, нѣтъ! Такъ поздно!.. Богъ съ нимъ, съ моремъ! Я его люблю только издали! Я пойду домой, — сказала баронесса.

— Ну, что-жъ, ты можешь вернуться. Александръ Карловичъ тебя проводитъ и возвратится... Да и всѣ мы тебя проводимъ до отеля, а сами отправимся, — оживленно заговорила Вѣра. Папа! Поѣдемте?.. Мнѣ очень хочется!

— Я не прочь доставить тебѣ удовольствіе, дитя мое! — заявилъ Аркадій Валерьяновичъ, съ похвальнымъ желаніемъ поблажать во всемъ своей меньшой дочкѣ, лишь-бы добиться отъ нея лакомой подачки.

— Вотъ и прекрасно! У меня, кстати, четырех- мѣстная коляска. ѣдемте на пристань, чтобъ не опоздать къ слѣдующему пароходу. Князь!.. Баронъ!.. Милости просимъ.

— Нѣтъ, ужъ насъ простите, Викторъ Наумовичъ, — отозвалась баронесса. Alexandre? Я надѣюсь, что ты не захочешь рисковать своимъ ревматизмомъ?

— А-гмъ — крякнулъ баронъ. Ночь довольно теплая, кажется...

— Теплая?.. А твоя послѣдняя простуда, въ самый разгаръ жары, не достаточно еще тебѣ доказала, что простужаются не одной зимою? — пробрюзжала жена его. Дѣлай какъ хочешь... но ночью!.. на водѣ!.. По моему это безуміе!

— Да, конечно, конечно!.. Ты права, мой ангелъ. Я не буду рисковать.

И баронъ дисциплинировано подалъ руку баронессѣ. Остальное общество размѣстилось въ коляскѣ, — князь, Вѣра, Звенигородовъ и по приглашенію его, рядомъ съ нимъ Арданинъ.

Рѣшено было только прокатиться по морю, но на Фонтанѣ не сходить, а возвратиться на томъ-же самомъ пароходѣ.

Народъ, веселыми группами, смѣясь и разговаривая, возвращался съ вновь прибывшаго парохода по Приморской улицѣ къ бульварной лѣстницѣ, когда они подъѣхали къ пристани. Было такъ поздно, что на гулянье ужъ никто не ѣхалъ, а только возвращались оттуда толпами.

Гулъ музыки встрѣтилъ вновь прибывшихъ на пароходъ "Дядю" и сопровождалъ ихъ отплытіе. Ночь дѣлалась все прекраснѣй. Полная луна брилльянтовымъ столпомъ ложились на неподвижную пелену моря; живописные берега бѣжали мимо, отражаясь въ немъ, какъ въ стеклѣ. Цвѣтные огни набережной, фонари, маяки и окна освѣщенныхъ зданій превратили зеркальную поверхность въ яркій калейдоскопъ, котораго игру еще увеличивало движеніе пароходовъ, лодокъ, паровыхъ катеровъ и яхтъ, красиво расцвѣченныхъ огнями и флагами. При встрѣчахъ пароходовъ музыка въ нихъ смолкала; они салютовали другъ друга ракетами и громкимъ "ура" – и снова гремѣли вальсы и польки, вспугивая стаи чаекъ, дремавшихъ, мѣрно покачиваясь, на водѣ.

Хороша была эта прогулка и осталась на вѣки памятной княжнѣ Вѣрѣ и Арданину; но, въ началѣ ея, она бы выиграла много, если-бъ они были одни!.. Сказать по правдѣ, двое спутниковъ ихъ мало мѣшали ихъ бесѣдѣ. Они повстрѣчались съ какимъ-то денежнымъ аферистомъ, знакомымъ Звенигородова; онъ его тотчасъ представилъ князю, какъ человѣка, готоваго принять участіе и помочь ему въ какой-то спекуляціи, въ которой будущій тесть его замыслилъ рискнуть нѣсколькими послѣдними крохами своего родоваго достоянія. Всѣ трое пустились въ горячія обсужденія этого вопроса, что позволило двумъ лицамъ, не интересовавшимся дѣловымъ разговоромъ, нѣсколько отдалиться и вести бесѣду a parte.

Нельзя сказать, чтобъ Викторъ Наумовичъ не замѣчалъ, что его названный пріятель что-то слишкомъ горячо и конфиденціально разговариваетъ съ его будущей нареченной; но онъ не боялся его соперничества. Онъ ограничивался

полунасмѣшливыми, полудосадливыми помыслами, затаенными въ глубинѣ души.

"Распрекрасно, де дружище: напѣвай ей тамъ турусы на колесахъ, до поры до времени!.. Не тебя тамъ нужно!.. Чай барышня сама знаетъ, съ кѣмъ ей дальше уѣхать можно... Да не по простой, а по золоченой дорожкѣ!.. У нея тоже губа-то не дура, языкъ не лопатка, – знаетъ что сладко, не бойсь!.. Ну, а какъ наша-то возьметъ, – чуть что, друга-то-пріятеля вѣдь и по шапкѣ можно. Знай, де, каждый свое мѣсто".

Такою рѣчью можно было-бы резюмировать его размышленія въ то время, какъ пещерные друзья, – такъ только что передъ этимъ, на бульварѣ, Арданинъ окрестилъ ихъ отношенія, – вели гораздо опаснѣйшіе для его плановъ разговоры, чѣмъ онъ предполагалъ.

– Если только это не преувеличеніе, княжна, если вчерашнее движеніе ваше съ карточкой искренно и вѣрно передаетъ ваши чувства къ этому человѣку, то рѣшимость ваша все-таки за него выйти – просто преступна!.. Мало этого! Извините меня: она безумна! Да?.. Казните меня, какъ вамъ угодно, но вы сами обратились ко мнѣ и я обязанъ сказать вамъ правду и говорю ее. Помилуйте! Ужъ не будемъ разсуждать о томъ, честно-ли это? Достойно-ли васъ, княжна? Имѣете-ли вы, наконецъ, право жертвовать не только собою, всей своей жизнью, но и счастіемъ этого, въ сущности ни въ чемъ предъ вами неповиннаго человѣка?.. Мы оставимъ всѣ эти вопросы, – вопросы капитальной важности, но болѣе отвлеченные, – въ сторонѣ. Поставимъ прямо и просто главный вопросъ; надѣетесь-ли вы превозмочь свое отвращеніе къ нему, обвѣнчавшись съ нимъ?

Они стояли у самыхъ перилъ. Она, облокотясь на нихъ, смотрѣла на бѣлоснѣжную пѣну, бившую изъ подъ колесъ, на подвижные узоры тончайшаго серебрянаго кружева, разстилавшагося далеко за ними. Онъ смотрѣлъ только на нее, на ея нѣжный профиль, озаренный луною, и воодушевлялся все горячѣй. Не слыша отвѣта онъ повторилъ:

– Увѣрены-ли вы, что бракъ поможетъ вамъ примириться съ собственной участью? Полюбить человѣка, за котораго вы рѣшаетесь выйти, или хотя бы только терпѣливо нести обязанности его жены?

– Не... не знаю! – прошептала Вѣра. Я буду... Я желала бы, чтобъ это было возможно.

– Вотъ видите! Вы хотѣли сказать, что будете къ этому стремиться? Стараться объ этомъ, – не такъ-ли?.. И тутъ, теперь ужъ, въ разговорѣ со мною, вы не съумѣли ни солгать, ни схитрить! Куда же вамъ брать на себя обязательство вѣчнаго притворства и обмана?.. Нѣтъ, княжна! Вы, слава Богу, не изъ тѣхъ женщинъ, которымъ ложь и лицемѣріе возможны. Желать и стараться достигнуть счастія или хотя бы спокойствія посредствомъ вѣчнаго притворства, вы можете, сколько хотите, – да и то лишь въ теоріи! Но достигнуть этого – никогда!.. И что-жъ тогда? Адъ или позоръ... Разрушеніе всѣхъ вашихъ надеждъ, всѣхъ разсчетовъ на будущее, на достиженіе хотя-бы матерьяльнаго благосостоянія посредствомъ этого самопожертвованія!

Положимъ, что вы не захотите развода, скандала; что вы будете имѣть достаточно гордости, чтобъ заморить себя, терпѣливо снося свой крестъ. Но вѣдь онъ тоже человѣкъ! И вѣроятно человѣкъ далеко не совершенный... Что вамъ порукой въ его терпѣніи?.. Въ его охотѣ сносить положеніе далеко не лестное и не пріятное?.. Врядъ-ли онъ способенъ на такое великодушіе, которое многіе даже назовутъ иначе...

Какая-жъ и кому тогда польза отъ вашего самопожертвованія?..

– Какъ кому? А моему отцу!.. Если-бъ только я могла переломить себя, свыкнуться!.. Онъ былъ бы доволенъ и спокоенъ...

– Да, но свыкнуться вамъ невозможно, а потому... вы меня изумляете! Я понимаю, что батюшка вашъ такъ ослѣпленъ богатствомъ Звенигородова, желаніемъ, чтобъ его милліоны достались вамъ, что онъ обманываетъ себя пріятной надеждой:

стерпится де – слюбится, а перемелется – мука будетъ. Но вѣдь вы сами-же убѣждены, что этого быть не можетъ! Вы знаете, какъ ужасно обманулся бы вашъ отецъ и поплатился бы въ васъ за свою слѣпоту. Зачѣмъ-же вы его подвергаете такой ошибкѣ? Такому непоправимому преступленію и горю?.. Не ваша-ли обязанность вразумить его, сказавъ ему твердо всю правду?.. Вы не заблуждаетесь, какъ онъ – и на вашей обязанности лежитъ спасти его и себя!

– Да онъ не повѣритъ мнѣ!.. Онъ знаетъ, что я не люблю, что я презираю этого человѣка, а между тѣмъ... Она захлебнулась, сдерживая волненіе.

Подъ вліяніемъ его прямыхъ, рѣзкихъ рѣчей, она начинала самой себѣ представляться такимъ чудовищемъ корысти и нечестности, что ей казалось, что Арданинъ долженъ навѣрное, въ душѣ, ее презирать.

– Что же – между тѣмъ? – спросилъ онъ, напрасно выждавъ продолженія ея словъ. Между тѣмъ князь продолжаетъ настаивать на своемъ несчастномъ заблужденіи? Вы это хотѣли сказать, не правда-ли?.. Но, княжна! Вѣдь онъ это дѣлаетъ, думая, что дочь его такая-жъ безсердечная и пустая женщина, какъ сотни, какъ тысячи другихъ, которымъ только и нужно одно богатсгво!.. Потому что не воздаетъ вамъ должной справедливости, не сознавая, что вы не таковы! Что вы – исключеніе!

Голосъ его звучалъ такъ мягко, такъ горячо, такъ убѣжденно, когда онъ этими словами опровергалъ ея едва сознанныя опасенія, что всѣ лучшія силы сердца дрогнули въ ней благодарной радостью и она, сама не успѣвъ опомниться, протянула ему свою руку и крѣпко пожала его.

– Спасибо вамъ, Юрій Алексѣевичъ! – сказала она со слезами, блеснувшими въ поднятыхъ на него большихъ темныхъ глазахъ. Вы цѣните меня не по заслугамъ, но этимъ вы открыли мнѣ глаза. Спасибо вамъ!.. Я теперь ясно вижу, что должна сдѣлать. Онъ задержалъ ея руку въ своихъ на минуту и, самъ глубоко волнуясь, спросилъ ее:

– Вы скажете князю всю правду?.. Вы откажете Звенигородову?

– Да. Завтра-же! Мнѣ жаль отца... но пусть будетъ, что будетъ!.. А сознательнаго преступленія я не могу на себя взять.

– Будетъ лучше, чѣмъ вы думаете. Я убѣжденъ въ томъ!.. Правда и долгъ честно исполненный – сами въ себѣ ужъ заключаютъ для честнаго человѣка счастіе и награду.

– Дай Богъ! – вздохнула Вѣра.

– Ей стало немножко грустно отъ предсказанія такого, – только такого счастія.

# VII

– Издали уже блистало новое сіянье, – сіянье всевозможныхъ увеселительныхъ огней. Это подходили къ Малому Фонтану.

Надъ пестрой береговой иллюминаціей, горѣло, на горѣ, громадное электрическое солнце, переливавшееся голубымъ и розовымъ свѣтомъ. Обливая море, зелень и берега, покрытые движущейся массой людей, этотъ перемежавшійся свѣтъ придавалъ всей картинѣ истинно волшебный видъ... Только что они подошли, начался фейерверкъ.

Крутящіяся колеса, снопы и букеты разноцвѣтныхъ шаровъ, звѣздъ и ракетъ, все отражалось въ морѣ, сіяло въ немъ и повторялось двойной красотою. Но надъ всѣмъ этимъ земнымъ огнемъ, неизмѣримо выше, ярче и величественнѣе, сіяла небесная красавица, луна, заливая небо, море и землю такимъ брильянтовымъ свѣтомъ, предъ которымъ меркли всѣ ухищренія людей.

Пока князь Ладомирскій со своимъ обществомъ любовался картиной съ верхней рубки, куда капитанъ парохода самъ попросилъ ихъ взойти, въ виду толкотни, которая должна была сейчасъ произойти на палубѣ, стеченіе публики, возвращавшейся въ городъ, уже началось. И благо было имъ, что они пріютились на рубку? Послѣ фейерверка народу на пристани то и дѣло прибавлялось, и едва наложили мостки, толпа заволновалась и начала неудержимо изливаться на маленькаго "Дядю". Сходни трещали подъ напоромъ. Послышались возгласы и увѣщанія распорядителей и начальства:

– Тише, тише!.. Куда спѣшите? Успѣете. Не напирайте! Довольно!.. Нѣтъ больше мѣстъ!.. Вотъ идетъ другой пароходъ... Подождите!..

Но всѣ убѣжденія оказывались тщетными, народъ валилъ съ берега, будто спасаясь отъ пожара.

– Это ужасно! Настоящее стадо барановъ! – разговаривали на рубкѣ.

– Да! Пароходъ значительно осѣлъ! – замѣтилъ Арданинъ.

– Капитанъ! Вы не боитесь, что пароходъ не снесетъ такого груза? – обратился Звенигородовъ къ капитану.

– Снесетъ-то снесетъ, положимъ, но они передавятъ другъ друга. Нѣтъ возможности снять сходней при такомъ наплывѣ.

И, перевѣсившись за перила рубки, онъ началъ кричать матросамъ.

– Закрыть бортъ! Сымайте мостки!.. Не тутъ-то было! На пароходъ сходили не люди, а сплывала цѣльная масса, словно потокъ лавы.

Въ толпѣ раздавались крики, визгъ, смѣхъ, плачъ дѣтей и оханіе людей, которымъ наступали на ноги, давили ребра. Наконецъ раздалась рѣшительная команда:

– Сцѣпись!.. Никого не пускать!.. Сходни долой!

Была пора. Пароходъ крѣпко осѣлъ, а на палубѣ

не то что сидѣть – стоять было трудно. Народъ проникъ всюду: люки, лѣстницы, борты – все было занято, отъ низу до верху. На вахтѣ даже рулевой подобралъ локти, моля только не заслонять ему компаса.

Капитанъ съ величайшимъ трудомъ старался водворять порядокъ, обезпечить движенія команды.

Князь и его спутники поглядывали не безъ опасенія на это переполненіе утлаго пароходика, въ черной, присмиревшей толпе было что-то зловещее. Онъ искренно раскаявался, что не предвиделъ этого, что допустилъ эту прогулку.

Одна Вера ничего не замечала. Мысли и чувства въ ней кипели, переполняли и голову ея и сердце; но если оно, порой, начинало биться тревожней, – не опасенія и не страхъ были тому причиной...

Теперь всё они сидели рядомъ, на возвышеніи, образованномъ въ виде боковой скамьи, надъ колесомъ. Къ нимъ приблизились или, вернее, притиснуты были две дамы, съ девочкой летъ семи и маленькій гимназистикъ, который, оказалось, былъ затерянъ въ толпе своими заботливыми родителями и возвращался одинъ. Дамы сообщали всемъ и каждому, говоря то по- польски, то по-французски, что оне никогда еще не ездили по морю, что очень его боятся и ни за что бы не избрали такого пути, еслибъ была возможность возвратиться въ городъ по конке. Но сколько оне ни старались попасть въ трамвай, это оказывалось невозможнымъ.

– Mais c'est impossible! On se bat, se bouscule pour la konka?.. Тамъ просто драка и непременно будутъ несчастія!..

– А нельзя-ли тутъ присесть?.. Нетъ-ли здесь местечка? – послышались голоса съ несомненно еврейскимъ произношеніемъ.

И два комерсанта, одинъ тощій, другой толстый, старались притиснуться на скамьи, плотно занятыя женщинами и детьми.

– Сюда нельзя! Сюда публику не пускаютъ! – протестовали моряки.

– А какъ-же не пускаютъ? Здесь очень много народу.

– Это все мои знакомые. Я ихъ сюда просилъ, а другимъ нельзя!.. Идите внизъ? – отозвался капитанъ.

– А когда-же внизу нету места?..

– Да что съ этими нахалами церемонитесь, капитанъ? Прикажите ихъ внизъ головой отсюда спустить? – предложилъ Звенигородовъ.

– Ахъ! Бога ради! – испуганно протестовала княжна.

– Оставьте, Викторъ Наумовичъ! – остановилъ его князь.

Капитанъ былъ слишкомъ занятъ своей обязанностью, чтобъ отвлекаться пустяками, и евреи все-жъ таки приселъ, чуть не на корточки, подъ самыми локтями рулеваго.

Пароходъ заработалъ колесами усиленно, отчаливая, и мерно описывалъ полукругъ...

– O! Que je crais un malheur!.. Какъ я боюсь! – снова заговорила дама полька на двухъ языкахъ разомъ. У меня предчувствіе, что съ нами случится несчастіе!

– Типунъ вамъ на языкъ! – безцеремонно буркнулъ на нее Звенигородовъ; но въ ту-же секунду онъ самъ прикусилъ свой языкъ.

Подъ кормой парохода раздался громкій трескъ и все, что было на немъ народу, покачнулось и вскрикнуло въ испугѣ:

– Что это?.. Что случилось?.. – раздались отчаянные вопросы.

Князь схватилъ дочь свою за руку. Арданинъ, забывшись, едва не сдѣлалъ того же.

Пароходъ отчаянно вертѣлъ свои колеса, пѣнилъ воду, трещалъ, но не двигался съ мѣста. Возгласы, крики и смятеніе усилились.

– О, Боже мой! Да что-жь это?.. – бормоталъ позеленѣвъ отъ ужаса Звенигородовъ. Подводный камень?.. Скала?!. Мы погибаемъ?..

И растерянно поводя глазами, онъ вдругъ остановилъ ихъ на спасительномъ гуттаперчевомъ поясѣ, привязанномъ къ желѣзнымъ периламъ... Онъ ухватился за него обѣими руками.

Между тѣмъ служащіе и пароходная прислуга метались. Капитанъ въ первую минуту растерялся отъ неожиданности; потомъ, опомнившись, сталъ отдавать поспѣшно приказанія внизъ, въ трубу, сообщавшуюся съ машиной, и въ рупоръ. Рулевой, остановившійся было въ недоумѣніи, энергично заработалъ колесомъ, услыхавъ команду:

– Задній ходъ!..

Задній ходъ былъ данъ. Пароходъ нѣсколько секундъ напрасно перебиралъ колесами; наконецъ содрогнулся, двинулся и, раскачиваясь, только что было поплылъ, какъ снова – тр-рахъ!! Второй толчекъ и трескъ сильнѣе перваго...

Все повалилось отъ сотрясенія и одинъ отчаянный вопль раздался въ тиши чудесной ночи. Пронесся и затихъ... Настала минута страшной тишины.

Все смолкло подъ гнетомъ ожиданія, оледенившаго кровь во всѣхъ сердцахъ...

Большинству этой нарядной, за минуту такъ безпечно веселой толпы, несомнѣнно, представилось, что насталъ часъ послѣдняго разсчета, что пароходъ идетъ ко дну... Въ виду залитаго праздничнымъ шумомъ и увеселительными огнями берега, въ нѣсколькихъ саженяхъ отъ веселившагося народа, подъ яркимъ свѣтомъ луны, обратившей морскую бездну въ кротко сіявшую гладь – это мгновеніе было вдвойнѣ ужасно!

И вдругъ, какъ бы для большей еще торжественности, съ берега раздался, заливая собою весь праздничный шумъ и говоръ, величественный гимнъ военнаго оркестра: "Коль славенъ Нашъ Господь въ Сіонѣ"...

Подъ чудные звуки вечерней молитвы, пароходъ, переполненный людьми, медленно накренялся...

Тогда паника охватила всѣхъ. Все бросились, давя другъ друга, на противоположную сторону и раздались отчаянные вопли:

– Помогите!.. Спасите!.. Тонемъ!.. Погибаемъ!..

– Господа! Бога ради не волнуйтесь! Не бойтесь! – кричалъ сверху капитанъ. Ради Господа Бога и собственнаго вашего спасенія, – стойте смирно!.. Ручаюсь вамъ, что все кончится благополучно, если вы будете спокойны.

43

Слова его мало подѣйствовали, хотя ему усердно помогали сверху – Арданинъ, внизу – нѣсколько болѣе мужественныхъ, чѣмъ большинство, людей, увѣщая толпу, убѣждая ее, что теперь спасеніе болѣе всего зависитъ отъ ихъ спокойствія и благоразумія.

Отчаянная свалка и крики нѣсколько поунялись, но многимъ женщинамъ сдѣлалось дурно и многіе слабые духомъ, преимущественно дѣти, да пассажиры несомнѣннаго происхожденія, какъ тѣ двое на рубкѣ, – тонкій и толстый, продолжали голосить и причитывать себѣ и другимъ отходную... На двухъ этихъ евреевъ Арданинъ рѣшительно прикрикнулъ, грозя имъ, именемъ капитана, вышвырнуть ихъ за бортъ, если они не перестанутъ наводить ужасъ своими безтолковыми воплями. Они примолкли, дико озираясь и стуча зубами, какъ въ лихорадкѣ, вторя въ этомъ упражненіи почтеннѣйшему Виктору Наумычу Звенигородову. Онъ, такъ энергично гнавшій ихъ только что изъ своего благороднаго общества, теперь съ ними сравнялся, – даже перещеголялъ ихъ, потому что они еще не приступали къ раздѣванію, а онъ уже снялъ безъ церемоніи сюртукъ, нацѣпилъ на себя спасательный поясъ и въ эту минуту, стоя рядомъ съ княжной Ладомирской, былъ усиленно занятъ стаскиваньемъ съ себя сапоговъ...

О! какъ охотно пугнулъ бы его Арданинъ, сильнѣй еще, чѣмъ сейчасъ припугнулъ трусовъ- евреевъ!.. Съ какимъ отвращеніемъ смотрѣлъ онъ на него и какъ оскорбительно было ему за Вѣру, когда онъ увидалъ гнѣвно-презрительный взглядъ, брошенный ею на человѣка, съ которымъ она только что была готова на вѣки соединить свою жизнь.

Вдругъ блуждавшіе глаза Звенигородова встрѣтились съ удивленнымъ взглядомъ стараго князя.

– Что-жъ это вы? – пробормоталъ онъ. Что-жъ вы стоите?.. Вонъ тамъ еще такой поясъ... Берите скорѣй, пока никто его не захватилъ.

Презрѣніе впервые осилило въ старомъ вельможѣ всѣ разсчеты. Онъ глянулъ свысока въ позеленѣвшее отъ ужаса, растерянное лицо Звенигородова и произнесъ:

– Вы забываете, что кромѣ насъ здѣсь есть женщины и дѣти!

– Что?!. Плевать мнѣ! Своя рубашка къ тѣлу ближе! – откровенно вырвалось у Звенигородова. Князь вспыхнулъ и отвернулся.

– Напрасно хлопочете, г. Звенигородовъ! – презрительно сказалъ Арданинъ; эти спасательные снаряды, съ Божіей помощью, никому не понадобятся.

Княжна взглянула было въ искаженное, пошлое болѣе чѣмъ когда-либо, лицо и тотчасъ же подняла глаза на Арданина. Она сама не замѣтила, какъ и когда оперлась на его руку, держась другою за руку отца.

Возлѣ нихъ одна изъ полекъ бормотала молитвы. Другая обняла свою дѣвочку и страстно шептала:

– Oh, mon enfant! Oh, Marie, ma chere petite!.. Вѣра принялась ее успокоивать.

Между тѣмъ капитанъ въ свой рупоръ, а съ нимъ многіе мужчины, сложивъ у рта руки трубою, во всю силу легкихъ кричали:

– Пароходъ!!. Пароходъ!!! Сюда! Скорѣй!.. Наконецъ съ берега обратили вниманіе на происшествіе. Подлетѣла большая лодка общества пароходства и матросы вмигъ вскарабкались на бортъ. Пароходъ накренился и осѣлъ уже такъ, что вода затопляла одну сторону палубы, но болѣе не погружался. Онъ очевидно застрялъ на подводной скалѣ, которая его поддерживала. Другой, гораздо большій пароходъ "Петръ Великій", шедшій къ пристани Малаго Фонтана, свернулъ съ пути и сначала на всѣхъ парахъ, а потомъ осторожнѣй, изъ опасенія подводныхъ камней, которыхъ у этого берега множество, приближался на выручку своего товарища "Дяди". Арданинъ шепнулъ княжнѣ:

– Не трогайтесь съ мѣста. Тамъ, на палубѣ, долго будутъ возиться со сходнями, а я васъ мигомъ переведу съ колеса на колесо.

"Петръ Великій" причалилъ къ самому борту и тутъ снова едва не случилось послѣдняго, самаго горшаго несчастія: публика такъ стремительно бросилась въ ту сторону, гдѣ клали мостки, что трескъ раздался снова и бѣдный "Дядя" сразу осунулся въ бокъ на полъ-аршина.

Поднялись опять отчаянные крики. Толпа отбросилась отъ воды, рискуя себя погубить.

– Смирно! – неистово рявкнулъ капитанъ. Еще шагъ не во-время – и всё ко дну пойдемъ!..

Моряки съ обоихъ пароходовъ начали дружно работать, переводя людей по одиночкѣ, осторожно. Десятки лодокъ окружили пароходъ съ предложеніемъ услугъ; но едва нѣсколько человѣкъ покусились спрыгнуть въ нихъ, раздалась энергическая команда и всё лодки, кромѣ служебныхъ, были удалены. И хорошо это было сдѣлано, иначе со многими неминуемо произошли бы несчастія.

Едва сошлись вмѣстѣ пароходныя колеса, Арданинъ, ожидавшій этой минуты съ величайшимъ безпокойствомъ, схватилъ заранѣе приготовленный имъ канатъ и перебросилъ конецъ его на "Петра Великаго", крикнувъ туда, чтобъ его захватили. Одинъ изъ офицеровъ на вахтѣ тотчасъ понялъ его намѣреніе и крѣпко натянулъ его, какъ перила. Между покачивавшимися слегка колесами перешагнуть было не трудно. Арданинъ вскочилъ на покатый бортъ и подавая свободную руку Вѣрѣ, прошепталъ:

– Переходите! Держитесь за канатъ и Бога ради
скорѣе!

– Нѣтъ! Пожалуйста переведите прежде дѣтей, – отвѣчала ему княжна.

И обратилась поспѣшно къ своимъ сосѣдкамъ:

– Passez, madame! Faites vite, car la foule va se ruer tout-a-l'heure.

Молодая женщина не заставила себѣ повторять приглашенія. Схвативъ на руки свою дѣвочку, она, съ помощью Арданина, въ одну секунду очутилась на другомъ пароходѣ. За нею проскользнула ея

45

подруга. Потомъ княжна взяла за плечи одинокаго маленькаго гимназиста и его перевела; а тогда уже сама вступила на шаткую покатость; одною рукой взявшись за руку Арданина, а другой крѣпко держась за отца, съ тѣмъ, чтобы онъ шелъ немедленно за нею... Но въ это мгновеніе кто-то прорвался между ними, оторвавъ Вѣру отъ князя и толкнувъ ее такъ, что она едва не упала въ воду.

Это женихъ, ей избранный семьею, среди высматриваній своихъ, какъ бы скорѣе очутиться въ безопасности, вдругъ разобралъ въ чемъ дѣло и, ничего передъ собой не видя, ни о комъ не помышляя кромѣ себя, ринулся къ спасительной переправѣ.

Самъ Арданинъ едва устоялъ, такъ рванулъ онъ канатъ, спѣша спастись.

— Негодяй! — громко послалъ ему вслѣдъ Юрій Алексѣичъ, охвативъ сильной рукою зашатавшуюся княжну.

Ладомирскій еле сдержалъ еще сильнѣйшее восклицаніе, но поблѣднѣлъ и стиснулъ зубы до боли. Когда они очутились съ княжной на рубкѣ "Петра Великаго", Звенигородовъ уже сидѣлъ тамъ безъ сюртука, безъ сапогъ, и отдувался, все еще не совсѣмъ опомнившись отъ перепуга. Князь сжалъ крѣпко руку дочери и, не глядя на него, поспѣшно прошелъ съ нею на другую сторону.

— Несчастный! Трусъ! — пробормоталъ онъ.

— Каждый можетъ дать лишь то, что имѣетъ, папа! — иронически возразила ему Вѣра Аркадьевна.

И она облокотилась на перила и смотрѣла, не спуская глазъ съ Арданина.

Пока возлѣ него оставались женщины и дѣти, Юрій Алексѣичъ не оставлялъ своего поста, держа. канатъ и помогая всѣмъ переходить; только когда. на этотъ путь набросились снизу мужчины, не нуждавшіеся въ его помощи, онъ бросилъ веревку, самъ перешагнувъ на колесо и рубку "Петра Великаго".

Въ эту минуту раздался молящій голосъ Звенигородова.

— Арданинъ! Голубчикъ!.. Захвати тамъ мое платье!..

Онъ теперь только замѣтилъ въ какомъ онъ отчаянномъ видѣ и сконфуженно снималъ съ себя, ни на что не нужный гуттаперчевый обручъ.

Арданинъ сдѣлалъ видъ, что не слышитъ его оригинальной просьбы. Но Звенигородовъ ее повторилъ.

— Можете сами обратно переправиться и розыскивать ихъ! — холодно отвѣчалъ онъ, проходя мимо.

Негодованіе такъ сильно говорило въ Арданинѣ, что онъ даже не обратилъ вниманія на безвыходносмѣшное положеніе милліонера, возбуждавшее общія улыбки.

— Какъ мнѣ благодарить васъ, господинъ Арданинъ? — встрѣтилъ его князь, протягивая ему руку.

— А ужъ я и не пытаюсь! — сказала Вѣра. На роду видно мнѣ написано, Юрій Алексѣичъ, всегда, отъ всякихъ бѣдъ и опасностей быть вами спасаемой и вамъ вѣки-вѣчные благодарной!

46

И она ему протянула обѣ руки, не стѣсняясь присутствіемъ отца, забывъ всѣ правила, внушенныя ей миссъ Джервисъ и вслѣдствіе всего этого такъ глядя на Арданина, что князь только съ изумленіемъ посмотрѣлъ на обоихъ, но не сказалъ ни слова... На него вдругъ снизошло просвѣтлѣніе!..

— Ты еще не знаешь, папа. Я послѣ объясню тебѣ... Юрій Алексѣичъ вѣдь ужъ не въ первый разъ спасаетъ мнѣ жизнь.

— О! Вѣра Аркадьевна!.. Не грѣшно-ли вамъ смѣяться надо мною? — вскричалъ Арданинъ.

Однако глаза молодой дѣвушки, ея восторженно - благодарный взглядъ, устремленный въ лицо его, далеко не оправдывали такого заключенія.

Она склонилась надъ бортомъ и прошептала:

— Развѣ вы сами не знаете, что три раза спасли меня?.. И не только отъ смерти спасли, а отъ нравственной, вѣчной гибели!.. О! Я не могу вспомнить безъ ужаса, какой позоръ, какое несчастіе я чуть было сама не приняла на себя!.. Всей жизни моей не хватитъ, Юрій Алексѣичъ, на благодарность вамъ!

Тогда Арданинъ, тоже приклонился къ периламъ, рядомъ съ нею и, разомъ рѣшившись, проговорилъ, съ сильно забившимся и замиравшимъ сердцемъ:

— Всей жизни вашей! А что еслибы я не на шутку попросилъ васъ ее навсегда мнѣ вѣрить?..

Суета на обоихъ пароходахъ, крики и шумъ пересадки заглушали голоса ихъ, такъ что даже сосѣдъ ихъ, князь, не слыхалъ о чемъ они говорили, склонившись другъ къ другу. Но въ книгѣ судебъ было положено, что эта ночная, полная происшествій прогулка, будетъ имѣть рѣшительныя послѣдствія въ жизни княжны Вѣры Ладомирской.

О, эгоизмъ любви и счастія! Имъ даже не приходило болѣе въ голову поинтересоваться судьбой остальныхъ пассажировъ. Они не слышали и не видали ничего, кромѣ себя и другъ друга. Цѣлый новый міръ зарождался въ сердцахъ ихъ, переполнялъ радостью ихъ внутреннюю жизнь, такъ что внѣшнее все проходило, не возбуждая въ нихъ вниманья. Они не замѣтили, какъ пролетѣло время, такое долгое для другихъ, пока всѣхъ пассажировъ перевели и размѣстили на "Петрѣ Великомъ" и какъ онъ пустился съ ними въ путь. Новая, доселѣ имъ невѣдомая, бившая въ нихъ ключомъ, счастливая жизнь охватывала ихъ и уносила за собою въ невѣдомое будущее гораздо скорѣе, чѣмъ летѣлъ пароходъ. И это волшебное будущее имъ казалось несравненно-свѣтлѣе сіявшей дали, въ которую уносилъ ихъ тезка великаго царя-матроса, спасшій отъ гибели всѣхъ пассажировъ съ бѣднаго маленькаго, раненнаго "Дяди".

На пристани, въ Одессѣ, передъ ними вдругъ выросъ Звенигородовъ. Онъ былъ въ чужомъ пальто и въ чужихъ сапогахъ, пріобрѣтенныхъ за большія деньга, у кого-то изъ прислуги или пассажировъ-евреевъ, всегда готовыхъ на спекуляціи.

Очень сконфуженно объяснилъ онъ имъ причину своего отсутствія и выразилъ надежду, что ему будетъ дозволено довезти князя и княжну обратно, въ дожидавшей его коляскѣ.

Но Вѣра Аркадьевна не дала ему окончить. Она взяла отца рѣшительно подъ руку и высокомѣрно отвѣчала:

— Нѣтъ, господинъ Звенигородовъ, не только отецъ мой и я болѣе никогда не желаемъ пользоваться вашими услугами, но мы васъ просимъ, даже, отнынѣ уволить насъ отъ вашего знакомства.

И отвернувшись отъ пораженнаго какъ громомъ милліонера, княжна Ладомирская обратилась къ ихъ другому спутнику.

— А вы не откажетесь проводить насъ чрезъ бульваръ?.. Здѣсь вѣдь два шага до лѣстницы, не правда- ли?.. Надѣюсь, папа, что ты не устанешь?.. А васъ, Юрій Алексѣичъ, я и не спрашиваю! Я увѣрена, что вы не утомитесь...

Не за чѣмъ было и требовать этихъ словъ. Мудрено было ей утомить такой коротенькой прогулкой человѣка, только что предложившаго быть ея спутникомъ на всю жизнь...

# Видение в кристалле

Когда я в тысяча восемьсот девяностом году была в Лондоне, то часто встречалась в одном знакомом доме с богатым американцем, большим путешественником и лингвистом, к удивлению моему, хорошо знавшим русскую литературу и если не говорившим особенно бегло, зато прекрасно понимавшим наш язык. Он удивил меня еще более знанием русских обычаев, суеверий, гаданий. На мое изумление по этому поводу он засмеялся и возразил:

- У меня хорошая память, а два тома русских сказаний Сахарова - моя настольная книга... И знаете ли, когда я жил в Индии, - я четыре года провел на Ганге и за Гангом, - я занимался сравнением ваших поверий и гаданий с древними индусскими верованиями и, право же, нашел много схожего. Между прочим, знаете ли, что индусские девушки тоже в зеркало, или все равно - в воду или стекло, смотрят, гадая о суженом. Мало этого, их поверье говорит, что лучшее время для гаданий - час перехода старого года в Новый!..

По этому поводу поднялись расспросы и общий разговор, под шумок которого мистер Л-инг сказал мне, смеясь:

- Я знаю, что вы любите такие особенные происшествия, которым не все верят. Хотите, я вам дам прочесть и даже подарю одну маленькую рукопись о том, как я раз вздумал "гадать" (он это слово сказал по-русски) под Новый год, живя возле Дерджеллинга, и что из этого вышло.

Я отвечала, что буду очень рада, и спросила:

- А рассказать об этом в России можно?

Он подумал и отвечал:

- Рассказывайте, кому хотите, устно, но напечатать это даю вам право только после моей смерти. Иначе меня у вас засмеют, когда я приеду в Петербург. А я непременно думаю у вас еще погостить.

Исполняя его желание, я молчала и только теперь решилась предать гласности его рукопись, потому что м-р Л-инг, к сожалению, погиб в Чикаго в одной из многих печальных катастроф, ознаменовавших мировое столпотворение нынешнего года. Вот она.

Смолоду я был большой мечтатель. Катался по земному шару не с одной лишь научной целью или ради удовольствия, а с тайной надеждой одолеть некоторые тайны космические и силы природы, мало кому ведомые. В Индии я решил употребить все средства, чтоб познакомиться с искусством факиров, а по возможности, проникнуть в более отвлеченные и сокровенные таинства знаний радж-йогов, высших знатоков оккультизма. С этой целью я избегал модных центров, стараясь внутри страны найти учителя, действительно ученого, а не шарлатана, каких там много. Мне посчастливилось напасть на такого. Мое основательное знание санскритского языка помогло теоретическим занятиям нашим идти быстро, и наступал уже срок, назначенный моим гуру (учителем) для начала практических опытов, когда вдруг в конце декабря он сильно заболел. Я навещал его, опасность миновала, но болезнь была из тех, которые требуют долгого выздоровления и предосторожностей.

Я очень скучал без моего наставника, но решил исполнить его просьбу - ничего не предпринимать нового без него.

В один вечер ко мне прибежал юноша с запиской. Я прочел в ней следующее: "Не пугайтесь, молодой друг мой, если я буду в отсутствии дней семь, а может быть, и более. Чтоб мое тело скорее поправилось, я решился дать ему хороший физический и духовный отдых. Я уйду. Оставлю его на время отдохнуть в летаргии. Ждите меня через неделю. Дхарма Састри".

Я тотчас последовал за мальчиком в их бенглоу, плетенный из тростника шалаш, осененный пальмами, где он жил с этим юношей, подобранным им в лесу. Туда его, вероятно, снесла на гибель грешная мать, а гуру его вырастил и готовился из него сделать такого же мудреца, каким был сам... и нашел наставника недвижимым и бездыханным... По-видимому, на ложе покоилось его безжизненное тело; но я, зная, что значило выражение его "я на время уйду", не испугался, тем более что воспитанник его казался совершенно спокойным, уверяя, что это явление не впервые случается с Дхарма Састри, что после такого "отсутствия" он всегда становится бодрее и здоровее. Надо сказать, что на вид мой гуру был человек лет сорока, но местные старики меня уверяли, что не помнили его другим, что он гораздо старше их. Это был скромный, тихий человек, худой и небольшого роста, совсем обыкновенной наружности, только резко очерченный подбородок и сильно выдававшийся лоб изобличали в нем силу воли и способность глубоко мыслить, сосредотачиваясь на одном предмете или желании. Я видел в нем еще одну замечательную черту: по-моему, глаза его меняли не только выражение, но и цвет... Но другие этого не замечали.

Итак, я оставил его в трансе, уверенный, что не увижу его оживления ранее недели. Прощаясь, я спросил мальчика, не боится ли он оставаться один с бесчувственным и недвижимым учителем в лесу, где много змей и диких зверей, а пожалуй, и недобрых людей. Мальчик уверенно покачал головой, возразив, что недобрых людей для них нет - гуру все любят, не только люди, но и звери; а от всякого зла хранят их "добрые силы - Питри".

Я слышал об этом поверье и оставил их, успокоенный.

Прошло дня три. Я занимался, навещал "спавшего" учителя, но сильно скучал и с нетерпением ждал, чтоб он очнулся... В один вечер я засиделся за чтением, пробило одиннадцать ударов, и вдруг я вспомнил, что сегодня везде празднуют канун Нового года... "Многие в России, да, пожалуй, и здесь гадают! - пришло мне на мысль. - Ну-ка и я, от нечего делать, посмотрю в кристалл!" Вздумано - сделано.

Я вынул из стола свое "магическое зеркало", приобретенное мною еще в Нью-Йорке; уставил его перед собою между двумя свечками так, чтобы в нем ничто не отражалось, и стал пристально смотреть в его выпуклый, гладкий кружок... Сначала он представлялся мне просто черным пятном, потом по его черной поверхности начали пробегать какие-то тени, полосы, колонны, и вдруг выяснились великолепные развалины чудного храма на фоне тропического леса.

"Точно ли я это вижу?.. Уж не заснул ли я?" - подумалось мне. Я решил было ущипнуть себя за руку, чтоб удостовериться, что я не задремал, как вдруг между моим взором и стеклом легла маленькая, бронзовая, хорошо мне знакомая рука...

Я радостно вскочил: передо мной стоял Дхарма Састри, улыбаясь и качая головой в своем белом тюрбане.

- Нехорошо! Ослушник! - говорил он. - Я ведь просил без меня не заниматься опытами оккультизма!

- Какой же это оккультизм? - оправдывался я между восклицаниями радости по поводу его выздоровления. - Простая шутка, от безделья!.. Так вы проснулись ранее, чем предполагали?

- Да, я поправился, - сказал он просто. - Но вы напрасно называете бездельной шуткой вопрошение кристалла. От этого древнего храма, который начинал перед вами выясняться, нескромное американское стекло ваше могло перейти к предметам, которых вам лучше поверхностно не касаться, если вы точно намерены ими заняться серьезно и последовательно... Пойдемте лучше прогуляемся! Ночь хороша. Если желаете, я покажу вам в действительности развалины, заинтересовавшие вас в этом стекле.

Я радостно согласился, удивившись, что не знал о существовании поблизости такого интересного места.

Мы вышли в ярко-волшебную ночь, сиявшую, как прозрачный жемчуг, усеянный бриллиантовой пылью. Темней всего был купол небесный, с высоты которого изливалось на все красоты земные сияние разноцветных светил, горевших в темно-синей его глубине. Мы очень скоро достигли величественной колоннады на опушке леса, казавшегося издали сотканным из черного и серебряного кружева. Один из резных порталов здания был особенно ярко залит светом луны, а из таинственной глубины его эффектно мигало, то вспыхивая, то потухая, багровое пламя, будто бы там, внутри храма, разложен был костер или курился жертвенник.

Индус указал мне на какой-то гранитный обломок, поросший лианами и папоротником, и мерными шагами направился было к храму, но вдруг обернулся и сказал:

- Вы спрашивали три дня тому назад - я слышал ваш вопрос, - кто бережет меня от змей и тигров?.. Вы увидите одного из тех, которые многих охраняют от диких зверей... Один из них живет неподалеку и часто сюда приходит... Только, прошу вас, помните, что двигаться одному с этого места - что бы ни случилось - для вас опасно!

Он продолжал свой путь и исчез под колоннадой храма.

Я ждал и дождаться не мог появления гуру! Глаза мои устали, так напряженно, до боли, до слез, смотрел я в таинственную мглу, за

51

колоннадой... почему-то она, и тишь, меня окружавшая, и неподвижность, и мое одиночество - меня начинали страшить... На меня опускалась какая-то тяжесть, какое-то недоумение и ожидание, невыносимо мучительные!.. Я начинал терять представление о действительности, сознание окружавшего меня расплывалось в чувстве неизвестности, тоски, ужасающего страха. Надо бежать! Уйти отсюда, подумал я, но вспомнил, что сказал мне Дхарма Састри, и остановился...

Пред моими глазами открылась панорама громадного города. Я видел его Ю vol d'oiseau[1] и узнал в нем, несомненно, один из наших больших американских городов. Он показался мне украшенным, увеличенным какими-то увеселительными зданиями... Он весь сиял и пестрел праздничными огнями, украшеньями, флагами, движением и суетой. Толпы народа стремились в одном направлении, и я последовал за ними, в самый центр праздничного оживления, среди ужасных, громадных зданий. Я силился понять, что это именно за город, где я?.. Вдруг я увидел огромное пламя!.. Что-то горело! Все бежали в ту сторону, на пожар, и я там очутился. Я сразу увидел ужасное зрелище: предо мной несколько человек бегали в пламени, ища спасения, выхода из какого-то высокого здания, охваченного огнем, и среди этих людей я узнал самого себя...

Это зрелище меня крайне неприятно удивило. Я, разумеется, бросился самому себе на помощь, в убеждении, что мне ничего нет легче, как поднять себя или свой двойник, метавшийся там, внизу, в огне, до безопасных высот, с которых сам я смотрел на пожар, но чуть прикоснувшись к тому, другому себе, я вдруг увидел, что не я его уношу вверх, а, напротив, он меня увлекает вниз, в огонь...

С громом провалился под нами пол, и мы стремглав полетели в разверзшуюся под нами огненную бездну...

Я закричал, как полоумный, во всю силу своих легких, убежденный, что горю...

- Саиб! Саиб!.. что с вами? отчего вы так ужасно кричите?

"А!.. Наконец-то пришел за мной Дхарма Састри!" - пронеслась в мозгу моем сознательная мысль, и я с трудом пошевелился.

- Ну, благодарение небу, вы вернулись!.. Мне тут без вас снились такие сны! - с великим усилием промолвил я.

- Как? Разве вы спали?.. Когда вы закричали, я вбежал и нашел вас сидящим перед стеклом, совершенно прямо, с открытыми глазами... Вы смотрели прямо в это стекло! - услышал я недоуменный голос совсем не своего ученого индуса.

Я обвел глазами все окружающее, стараясь отрезвиться, и с изумлением сообразил, что я сижу у стола, в своей комнате, перед "магическим кристаллом", а передо мной стоит мой бенгалец, слуга, привезенный мной из Калькутты.

- А Дхарма Састри? - спросил я. - Где он?

---

[1] С высоты птичьего полета (фр.)

- Не знаю... Верно, в своем бенглоу. Саиб говорил ведь, что он болен...

- Да он сейчас был здесь! - закричал я. - Я пойду к нему, спрошу его, что это значит?

Я говорил сам с собой, будто бредя. Бенгалец мой, очевидно испуганный моим возбужденным состоянием, несмело заметил:

- Куда же Саиб ночью пойдет? Не лучше ли дождаться утра?

Я вынул часы и посмотрел... Было пять минут первого... а я сел смотреть в кристалл без десяти минут в полночь. Значит, со всем моим бодрствованием, когда еще не приходил Дхарма Састри (я был убежден, что он приходил!), и со всем переполохом моего пробуждения прошло едва четверть часа?.. Собственно, проспал я и видел все эти цветистые сны в продолжение каких-нибудь пяти минут, если не менее...

А сколько картин! Сколько ощущений!.. Подлинно, годы могли порой совместиться в одном мгновении!

Я отослал слугу, лег и проспал до утра непробудно.

Едва проснувшись, я наскоро оделся, позавтракал и побежал к Дхарма Састри. Я был совершенно уверен, что он посетил меня, застал за контрабандным занятием и навел на меня магический сон, в котором я увидел нашу прогулку и все последующее.

Я издали увидел его воспитанника, сидевшего на ступеньках бенглоу, пригорюнившись. Он, видимо, мне обрадовался; встал и пошел мне навстречу.

- Ну что? - спросил я. - Твой хозяин здоров?

- Ничего, - ответил он. - Спокоен... Вот жду: дня через два, надеюсь, проснется... Так скучно одному, пока его нет!

Я только посмотрел на мальчика, но ничего не возразил, а вошел в хижину гуру.

Он лежал на прежнем месте, неподвижен и по-прежнему совершенно бесчувствен.

Я долго смотрел в недоумении и молча ушел, попросив юношу сейчас дать мне знать, когда он очнется. Трудно было мне убедиться, что и приход его был простой сон!

Очнулся Дхарма Састри после того на третий день и сам пришел ко мне, бодрый и веселый.

Первый мой вопрос был: "Вы ли это?.. или опять ваш двойник?.."

- Нет, на сей раз я сам, в собственном теле, - отвечал он. - Можете пожать мне руку - shake hands[2].

Я так и сделал, встряхнул ее покрепче и собирался вопросить, что это было со мной, когда он сказал, не ожидая вопроса, хитро мне подмигнув:

- А вы без меня наколобродили?.. Судьбу вопрошали?.. Нехорошо!.. Вот вас бхуты (кикиморы) и напугали!

---

[2] Пожать руку (англ.)

И позабавились над вами... Да и нашим занятиям такое нарушение дисциплины может повредить.

Я только воззрился на него вопросительно.

- Так вы-таки знаете?.. Вы были у меня?

- Был, волей своей и мыслью и желанием оградить вас от... того, что вы видели... Зачем вам было добиваться сокровенного, - с улыбкой договорил Дхарма Састри, - и не приснился бы вам ваш тревожный сон!

- Так вы все знаете? - спросил я. - В таком случае скажите: как понять мне мое видение? Неужели это ответ на желание мое узнать, какою смертью я умру?

Мой гуру нахмурил густые брови, и глаза его потемнели, как черная пучина.

- Вы знаете, сэр, - сказал он, - что я противник всяких предсказаний и никому не советую вопрошать будущее. Займемтесь лучше делом, и постарайтесь забыть ваше бесцельное волхвование!!

Так кончается рукопись мистера Л-инга.

Во всей этой истории, разумеется, самое замечательное то, что он действительно погиб во время одного из нескольких сот пожаров этим летом, в Чикаго.

# Как я была маленькой

(Из воспоминаний раннего детства В. П. Желиховской)

## Первые воспоминания

Знаете ли вы, дети, как я помню себя в первый раз в жизни?.. Помню я жаркий день. Солнце слепит мне глаза. Я двигаюсь, – только не хожу, а сижу, завёрнутая в деревянной повозочке, и покачиваюсь от толчков.

Кто-то везёт меня куда-то...

Кругом пыль, жар, поблёкшая зелень и тишина, только повозочка моя постукивает колёсами. Мне жарко. Я жмурюсь от солнца и, лишь въехав в тенистую аллею, открываю глаза и осматриваюсь. Предо мной большой дом с длинной галереей. Какой-то старый солдат, завидев меня, издали улыбается и, взяв под козырёк, кричит:

– Здравия желаем кривоногой капитанше!..

Кривоногой капитанше? – ведь это обидно, не правда ли? Я сообразила это позже; но в то время я ещё не умела обижаться. Няня вынула меня из повозочки и понесла... купать.

Много времени спустя я узнала, что это было в Пятигорске, куда мама привезла меня лечить и жила вместе с бабушкой и тётями, которые сюда приехали из другого города для свидания с нами.

Мне был всего третий год...

Не диво, что это первое моё воспоминание.

Всякий день моя няня, старая хохлушка Орина, возила меня на воды купать в серной воде; а потом меня ещё на целый час сажали в горячий песок, кучей насыпанный на маленькой галерее нашей квартиры. Хотя мне был третий год, и я всё понимала и говорила, но не могла ходить. Впрочем, ноги у меня были только слабые, а не кривые, несмотря на прозвание "кривоногой капитанши", данное мне сторожем при купальне. А капитаншей он потому называл меня, что отец мой был тогда артиллерийский капитан.

Воды помогли мне: после Пятигорска я начала ходить.

Не помню, как мы расстались с бабушкой и как ехали домой. Я опомнилась совсем в другом месте, где уже не было родных моих, а всё приходили какие-то офицеры, и один из них высокий, с рыжими, колючими усами, называл себя моим папой... Я никак не хотела этого признать: толкала его от себя и говорила, что он совсем не мой папа, а чужой. Что мой родной, – большой папа (мы, дети, так называли дедушку) остался там, – с маминой мамой и тётями, и что я скоро к нему уеду...

Помню, что мама часто болела, а когда была здорова, то подолгу сидела за своей зелёной коленкоровой перегородкой и всё что-то писала.

Место за зелёной перегородкой называлось "маминым кабинетом", и ни я, ни старшая сестра, Лёля, никогда ничего не смели трогать в этом уголке, отделённом от детской одною занавескою. Мы не знали тогда, что именно делает там по целым дням мама? Знали только, что она что-то пишет, но никак не подозревали, что тем, что она пишет, мама зарабатывает деньги, чтоб платить нашим гувернанткам и учителям.

В хорошие дни мы уходили в сад и там играли с няней Ориной или с Лёлей, когда она была свободна. В дурную же погоду я очень любила садиться на окно и смотреть на площадь, где папа со своими офицерами часто учили солдат. Я очень забавлялась, глядя, как они разъезжали под музыку и барабанный бой; как гремя переезжали тяжёлые пушки, а мой папа на красивой лошади скакал, отдавая приказания, горячась и размахивая руками.

К нам часто приходило много офицеров обедать и пить чай. Мама не очень любила, когда они, бывало, начнут громко разговаривать и накурят целые облака дыма. Она почти всегда сейчас после обеда уходила и запиралась с нами в детской.

Зимою мама стала болеть чаще. Ей запретили долго писать, и потому она проводила вечера с нами. Она играла на фортепьяно, а Антония, молодая институтка, только что у нас поселившаяся, вздумала, шутя, учить сестру танцам. Мне это очень понравилось, и я тоже захотела учиться у неё; но так как я была очень толстая, а ноги всё ещё были у меня слабы, то я беспрестанно падала, желая сделать какое-нибудь па, и до слёз смешила маму и Антонию. Но я не унывала и ещё вздумала учить танцевать свою старую няню Орину. Бедная хохлушка никак не могла так повернуть ноги, как я ей приказывала; а я ещё была такая глупая девочка, что из себя за это выходила, щипала её за ноги и жаловалась, что у "гадкой Орины ноги кривые!"

Вдруг, сама не помню как, мы очутились в большом, красивом городе...

Я себя вижу в большой, высокой комнате. Я стою у окна, с апельсином в руке, и смотрю на море. Ух! Сколько воды!.. И не видно, где это море кончается?.. Точно уходит туда, – далеко-далеко, до самого неба. И какое оно шумливое, неспокойное! Всё бурлит сердитыми волнами, покрытыми белой пеной. У самого берега много качается кораблей, лодок, а вдали белеются паруса. "И как это им не страшно уходить так далеко от берега? – думаю я, глядя на них. – Как-то они вернутся?.. Верно утонут!?" И мне так и казалось, что на этих кораблях бедные люди должны уходить "туда", далеко в сердитое море, и навсегда там пропадать.

Мы жили в этом городе целую весну. Я много гуляла с Антонией и с новой гувернанткой-англичанкой. Особенно любила я сходить по широкой лестнице на морской берег и собирать там раковины и пёстрые камешки.

После я узнала, что этот город – Одесса, и что мама приезжала сюда лечиться.

После этого мы ещё прожили всё лето в очень скучном и грязном польском местечке (где стояла папина батарея), о котором я ничего не помню, кроме того, что раз мне подарили куклу, объявив, что я теперь большая, должна учиться читать и писать. Мне пошёл пятый год. Учение, однако, было отложено, и я продолжала только играть, расти, шалить и толстеть. Сестра, на четыре года старше меня, уже училась серьёзно с обеими гувернантками и музыке с мамою. Но бедная наша мама всё становилась слабее и больнее, хотя трудилась по-прежнему. Ради её здоровья, требовавшего правильного лечения, маме необходимо было согласиться на просьбы бабушки, и мы собрались ехать к ним в Саратов, чему Лёля и я ужасно были рады.

С этого времени я уж лучше помню и начну вам рассказывать по порядку всё своё счастливое детство.

### Приезд к родным

Было темно. Наша закрытая кибитка мягко переваливалась со стороны на сторону. Устав от дороги и долгого напрасного ожидания увидать город, куда всем нам ужасно хотелось скорей доехать, мы все дремали, прислонясь, кто к подушке, кто к плечу соседа. Меня с сестрой совсем убаюкали медленная езда по сугробам, тихое завывание ветра да однообразные возгласы ямщика на усталых лошадей. Одна мама не спала. Она держала меня, меньшую, любимую дочку свою, на коленях; одной рукой придерживала на груди своей мою голову, оберегая её от толчков, другою проделала себе маленькую щель в полости кибитки и, пригнувшись к ней, всё высматривала дорогу.

Мне снилось лето. Большой сад с развесистыми деревьями. Какие большие, жёлтые сливы!.. И как больно глазам от солнца, светящего сквозь ветви!..

Вдруг я проснулась, пробуждённая толчком, и в самом деле зажмурилась от яркой полоски света, пробежавшей по моему лицу.

— Это что? — спросила я, вскочив и протирая глаза. — Что это такое, мамочка?.. Фонарь?

— Фонарь, моя милая, — сказала мама, улыбаясь. — И посмотри, какой ещё большой фонарь!

Она отодвинула полость кибитки, и я увидела много огоньков, а впереди что-то такое большое, светлое, в два ряда унизанное светящимися окнами...

— Это дом, мама! Какой хороший!.. Кто там живёт?

— А вот посмотрим, — отвечала мама. — Разве ты не видишь, что мы к нему едем?

— К нему? Разве это такая станция?!

— Нет, дитя моё, станций больше уж не будет. Разве ты забыла, к кому мы едем? Это город; а это дом папы большого. Мы приехали к бабушке и дедушке.

"Это дом папы большого!" – подумала я в изумлении. И все мои понятия о дедушке и бабушке разом перевернулись. Мне вдруг представилось, что они верно очень богатые, важные люди; а что этот блестящий фонарь, в котором они жили, должен быть очень похож на дворец царевны Прекрасной, о которой рассказывала мне Антония.

– Лёля! Лёля!.. – начала я теребить свою сестру. – Проснись! Посмотри, куда мы приехали... К дедушке и бабушке!.. Вставай! Да вставай же!..

– М...м... – промычала Лёля. – Убирайся!..

– Не сердись, – сказала ей мама, – Верочка правду говорит: мы приехали. Посмотри-ка: вот дедушкин дом.

Всё встрепенулось и зашевелилось в нашей тёмной кибитке. Да она уж и не казалась нам тёмной теперь; полость откинули с одного боку, и свет, и шум городских улиц казались нам чем-то волшебным после сумрака, снежной мглы, тишины и нашей долгой скуки.

Мы въехали в каменные ворота большого дома, который я издали приняла за фонарь, и остановились у ярко освещённого подъезда.

Что тут произошло, – я не могу никак описать! Все и всё перемешалось, перепуталось...

С маминых колен я попала кому-то на руки. На крыльце другие руки какой-то молоденькой барышни, оказавшейся меньшой тёткой нашей, Надей, – перехватили меня и потащили на высокую, светлую лестницу. В передней было ужасно тесно. Все мы, моя мама, Антония, сестра, горничная Маша, мисс Джефферс, наша англичанка, – все перемешались с чужими, казалось, мне незнакомыми людьми, и все смеялись и плакали, ужасно меня этим удивляя.

Высокая, очень полная барыня, с добрым и ласковым лицом, в которой я не сразу признала свою дорогую бабушку, крепко обняла мою маму. Другая наша тётя, постарше Нади, тётя Катя, стала на колени перед Лёлей и крепко её целовала. Высокий, седой господин с другой стороны держал маму за руку, обнимая её тоже. Вся эта суета совершенно сбила меня с толку. Я ничего не понимала, обернулась ко всем спиной и пристально рассматривала какого-то огромного, синего человека, с длинными усами, белыми эполетами и белыми шнурками на груди. Он меня очень занял, этот голубой человек!.. Я боялась его немножко, но больше удивлялась, отчего это он один не смеётся и не радуется, а стоит смирно, вытянувшись у дверей, и смотрит на всё неподвижно, даже не сморгнув глазом?..

– А где же Вера? Где маленькая Верочка?.. – вдруг спросила бабушка, оглядываясь.

– Здесь она! – отвечал кто-то.

Все расступились предо мной, и высокий, худой господин в сером сюртуке поднял меня с полу и, поцеловав несколько раз, передал на руки бабушке.

Тут только узнала я в нём своего милого папу большого.

– Дорогая моя Верочка! – говорила, обнимая меня, бабочка. – Вот она, какая большая стала, моя крошка!.. Подросла, поправилась после пятигорских вод. Да посмотри же ты на меня!.. На кого это она так смотрит? – с удивлением обратилась бабушка к моей матери.

– Верочка! О чём ты думаешь?.. – спросила мама.

Я откинулась на руках бабушки и всё продолжала пристально глядеть на голубого человека...

– Кто это такой? – шёпотом спросила я, указав на него пальцем.

Все обратились в ту сторону, и все громко расхохотались.

– Жандарм Игнатий! – закричала, смеясь, тётя Надя.

– Вот смешная девочка! – переговаривались все, в беспорядке входя в большой, светлый зал. – Жандарма испугалась!

– Я совсем его не пугалась! – обиделась я, не понимая, чему смеются?

Но мой гнев ещё больше насмешил всех, и я стала переходить с рук на руки. Меня обнимали и целовали без конца до того, что я готова была расплакаться и очень обрадовалась, когда очутилась под крылышком бабочки. Она усадила меня возле себя на высокий стульчик, и все принялись за чай, весело разговаривая.

Разумеется, я равно ничего из этих разговоров не понимала да и не слушала их.

Сестра всё убегала куда-то с Надей; что-то рассказывала мне, возвращаясь, весело перешёптываясь с нашей тётушкой, которая была немногим старше её самой, но я ровно ничего не понимала и в их рассказах. Я с наслаждением пила свой тёплый чай и рассматривала очень внимательно большие портреты дам и мужчин, которые висели против меня на стене.

У одного из этих господ был тоже голубой сюртук как у жандарма в передней; у него только не было усов, а вместо белых эполет и шнурков у него были белые волосы, белое кружево на груди и большая белая звезда. Что за странность! Вот и у дамы с розой на плече тоже высокие белые волосы!.. "Отчего это у них у всех розовые щёки и седые волосы?.." – думала я.

Мне было так хорошо, тепло!..

Лицо моё горело. Перед глазами, смутно глядевшими на портреты моих прабабушек и прадедушек, носились разноцветные круги, искорки, узоры... Наконец, они окончательно слиплись, и голова моя упала на стол.

– А Верочка-то заснула! – услышала я над собою и вдруг почувствовала, что кто-то меня осторожно приподнял и понёс...

Мне так трудно было открыть глаза и так сладко дремалось, что уж я и не посмотрела, кто и куда несёт меня, и совершенно не помню, как уложили меня спать.

# Крестины куклы

Много-много счастья и детских радостей помню я в этом милом, старом доме! Хотя в тот приезд наш в Саратов я была так мала, что многое слилось в моей памяти и, быть может, совсем бы из неё изгладилось, если б мне не привелось и впоследствии долго жить в этих местах, с этими самыми дорогими людьми.

Я уже говорила, что мы называли дедушку папой большим, в отличие от родного отца нашего, который, конечно, был гораздо моложе. Теперь надо ещё сказать, что бабушку мы всегда называли бабочкой. Почему – сама не знаю! Но так как я пишу не выдумку, а всю правду о своём детстве, то не могу называть её иначе. Вероятно объяснение этому прозванию находилось в том, что бабушка моя, очень умная, учёная женщина, между прочими многими своими занятиями любила собирать коллекции бабочек, знала все их названия и нас учила ловить их.

Оба они, и дедушка, и бабушка, ничего не жалели, чтобы тешить и забавлять нас. У нас всегда было множество игрушек и кукол; нас беспрестанно возили кататься, водили гулять, дарили нам книжки с картинками. Было у нас также много знакомых девочек. Некоторые из них даже учились с нами вместе.

Одну из этих девочек, любимую мою подругу, звали Клавдией Гречинской. К ней в гости я любила ездить, потому что у неё было много сестёр, которые всегда надаривали мне пропасть куколок, сшитых из тряпочек. Этих тряпичных куколок я любила гораздо больше настоящих, купленных в лавках кукол; может быть потому, что сама могла раздевать и одевать их опять в разные платьица, которых у них бывало по несколько.

Вот послушайте, какая смешная история случилась раз со мною из-за такой именно куколки.

Надо вам знать, что дом дедушки, который я ночью приняла за фонарь, был в самом деле большой дом, с высокими лестницами и длинными коридорами. На нижнем этаже жил сам дедушка, и помещалась его канцелярия. На самом верхнем были две спальни: и бабушки, и тётины, и наши. На среднем же почти никто не спал: там всё были приёмные комнаты, – зал, гостиная, диванная, фортепьянная. Ночью все эти комнаты были совсем темны и пусты. Другая девочка, пожалуй, побоялась бы и пойти туда вечером одна; но я была очень храбрая, и мне не приходило и в голову бояться.

Ну, вот раз я вернулась от Клавдии довольно поздно и привезла с собой в маленькой, качавшейся колыбельке крошечную куколку, спелёнатую в простынки и закрытую красным атласным одеяльцем. Возле колыбели, в стеклянном ящике, в котором она помещалась, лежало бельё и платье куколки; всё такое крошечное, что можно было надеть на мизинец. Ужас, как я была рада и как полюбила свою новую куколку! Всем я её показывала и даже, ложась спать, положила её с собою. Но, прежде этого, когда я прощалась с бабушкой, она меня спросила:

— А как же зовут твою куклу?

Я сильно задумалась и, наконец, отвечала:

— Не знаю!

— Как же это ты позабыла её окрестить? — улыбаясь продолжала бабочка. — Без имени нельзя. Надо её завтра окрестить. Ты меня позови в крёстные матери.

— Хорошо!.. А как же: ведь надо купель.

— Нет, купели не нужно. Ты знаешь, что водой нехорошо обливаться. Мы без купели окрестим её Кунигундой...

— Фу! Кунигунда — гадкое имя! — сказала я. — Лучше Людмилой или Розой.

— Ну, как хочешь. А теперь иди спать...

Я ушла наверх и легла, уложив с собой куклу, но долго не могла заснуть, всё думая о будущих крестинах без воды и о том, какое выбрать имя?..

Вдруг, среди ночи я проснулась.

Всё было тихо; все давно спали. Возле меня сестра, Лёля, мерно дышала во сне; на другом конце нашей длинной и низкой детской спала няня, Настасья. По всему полу, по стенам лежали длинные, серые ткани и, казалось мне, таинственно дрожали и шевелились...

Я привстала на кровати и осмотрелась.

Тени шевелились, то вырастая, то уменьшаясь, потому что ночник, поставленный на пол очень нагорел, и пламя его колебалось со стороны на сторону.

Я уж хотела лечь, как вдруг вспомнила о кукле, взяла её и начала рассматривать, раздумывая над нею.

"Как тихо!.. Вот бы теперь хорошо окрестить её! Никто бы не помешал. А то днём и воды не дадут... Не встать ли, да в уголку, около ночника и справить крестины?.."

Я тихонько спустила ноги с кровати.

"Нет! Здесь нельзя. Няня или Лёля проснутся... да и воды нет!.. А внизу ведь, в гостиной, и теперь стоит, — вспомнила я, — графин, полный воды: бабочке подавали, когда я прощалась, и верно его не убрали... Пойти разве вниз?.. А как услышат?.. Страшно!.. А зато, как там теперь можно хорошо поиграть, одной, в этих больших комнатах! Можно делать всё, что захочется... Пойду!"

Я тихонько спрыгнула на холодный пол, надела башмачки, накинула блузу и платочек и взяла куклу.

"А темнота? — вдруг вспомнила я. — Как же играть в темноте?.. Внизу ведь теперь нигде нет света".

Я огляделась и увидала на столе огарочек свечи. На цыпочках прокралась я к нему, взяла и, также неслышно, осторожно ступая, перешла комнату и наклонилась, с замиранием сердца, зажечь его к ночнику.

Уф! Как крепко билось моё сердце! С каким ужасом косилась я на спящую няню. Как боялась, чтоб она не проснулась, и как я вздрогнула, перепугавшись не на шутку, когда чёрная шапка нагара, тронутая моим огарком, свалилась с фитиля в ночник и затрещала, потухая...

Насилу я успокоилась и собралась с силой двинуться с места. Сколько раз останавливалась я, со страхом прислушиваясь: не проснулся ли кто, не зовут ли меня? – я и счёт потеряла! При каждом скрипе ступенек на лестнице, не смея идти далее, я вслушивалась в какой-то странный шум: то был шум и стук моей собственной крови в ушах; а я, слыша, как крепко колотилось у меня сердце, в ужасе останавливалась, думая, что это стучит что-нибудь постороннее!.. Наконец, лестница кончилась. Вот я внизу, в длинном, тёмном коридоре. Я сделалась смелей: здесь уж никто меня не услышит! Я быстро пошла к дверям зала и взялась за тяжёлую медную ручку.

Двери медленно отворились, и я очутилась в огромном, чёрном зале...

Мне что-то стало холодно, и мой огарок, при свете которого этот страшный зал казался ещё черней и больше, крепко дрожал в моей руке, пока я старалась как можно скорее пройти его, к широко отворённым дверям гостиной.

"Ах! Что это?" – я чуть не упала от испуга на пороге гостиной: из глубины её ко мне шла точно такая же как и я маленькая, бледная девочка, со свечкой в руках и вся освещённая дрожащим пламенем, большими, испуганными глазами смотрела мне в лицо!.. Я схватилась за дверь и уронила свой огарок...

И девочка тоже выронила свой огарок!..

"Ах! Это я себя увидала, в большом зеркале, против дверей зала... Господи, какая же я глупая!"

Едва придя в себя от страха, ещё вся дрожа, я подняла свой огарочек, – хорошо, что, повалившись на бок, он не потух.

Ну, вот я и пришла.

Вот и вода, и стакан на столе. Теперь только выбрать местечко и играть себе хоть до рассвета!.. Я сейчас же устроилась в углу, между диваном и печкой, под большим креслом, между ножками которого был мой крестильный зал. Я поставила туда люльку, стакан с водою; вынула куклу и, раздев её, приготовилась помочить её в этой купели. Я видела раз крестины настоящего ребёнка и помнила, что крёстная мать его носит кругом купели три раза. Поэтому я взяла куколку, запела как священник "Господи помилуй!" и начала двумя пальцами обносить её вокруг стакана...

Вдруг мне послышалось за стеной какое-то движение и вслед затем: "Хр-р-р!.." – захрапел кто-то в передней или в зале, – я не разобрала!

Я съёжилась и притаилась, забыв о крестинах и о пении и крепко сжав в кулак несчастную куколку. "Вдруг это зверь, – думалось мне, и у меня снова заколотилось сердце. – Тот самый страшный зверь, который хотел съесть красавицу в лесу и потом на ней женился!.. И... вдруг он захочет на мне жениться?!. Фи! Глупости какие! – тотчас

62

остановила я себя. – Ведь я маленькая. На мне нельзя жениться!.. А если это разбойники?.."

"Хр-р-ррр!.." – крепче прежнего раздалось за дверьми. Тут уж я думать перестала и, не помня себя от страха, бросилась на пол, подлезла под диван и забилась к стене лицом.

"Господи! Кто-то идёт!.. Пол заскрипел... Ай-ай! Кто-то дышит!.. Разбойники!.. Нет... Зверь!!. Да какой чёрный!.."

В ушах у меня звенело от ужаса, и в глазах стало темно, но я всё-таки одним глазком следила за всеми движениями чёрного зверя. Вот он подошёл к стакану, в который я бросила мою бедную куклу... Ай! Он съест её!.. Нет. Он только понюхал стакан, засопел, страшно фыркнул – и задул мой огарок!

Вот тут-то был страх! Я лежала под диваном, ни жива, ни мертва, съёжившись в темноте и всё ожидая, что вот-вот облапит меня страшный, чёрный зверь и съест совсем – с головою. Я хотела закричать, но от страху не могла. Да и кто меня услышит? Все спят наверху, далеко. О! Как я раскаивалась в своей глупости, в том, что ушла сверху сюда ночью, одна...

– Ах!.. – закричала я вдруг, почувствовав на лице своём крепкое дыхание зверя, уж подобравшегося ко мне. – Не ешь меня, милый чёрный зверь! Я отдам тебе всё, всё, что ты хочешь, только не ешь меня!..

Но зверь, не слушая моих просьб, лизнул мне лицо длинным, горячим языком...

Если б у него, вместо языка, показался изо рта огонь как из печки, – я бы не могла больше испугаться. Я прислонилась беспомощно к стене и готовилась сейчас умереть.

Но... что за чудо? Страшный зверь вместо того, чтобы кусать меня и рвать на части, обнюхал меня всю кругом, ещё раз лизнул мою щеку, зевнул и лёг рядом со мною на пол.

Я немножко опомнилась.

"Что же это за зверь такой?.. – размышляла я, приходя в себя, словно оттаивая от своего страха. – Эге!.. Уж не Жучка ли это, наша добрая чёрная собака, что всегда ласкалась ко мне во дворе?.."

Мне вдруг стало страх как весело, даже смешно, но вместе с тем и как будто немножко стыдно.

– Жучка! – шепнула я, приподнявшись.

Чёрный зверь поднял голову, послушно подполз ко мне и лизнул мою руку.

– Жучка! – закричала я, ужасно обрадовавшись. – Уж как же ты меня напугала, негодная!..

И я от радости начала обнимать и целовать Жучку в самую морду!.. В это время немножко рассвело. Окна гостиной серыми пятнами вырезались на чёрной стене и чуть-чуть освещали комнату. Я выползла из-под дивана, мимоходом захватив из стакана свою вымокшую насквозь куколку, так и оставшуюся всё-таки без имени, некрещёной, и, не оглядываясь, бегом пустилась из гостиной в зал, оттуда в коридор, на лестницу и перевела дух только в своей кроватке.

Тут я закрылась с головою одеялом, потому что вся дрожала, не знаю только, от холода или от страху?.. Свою бедную, чуть не утонувшую, холодную куколку я положила поближе к себе, стараясь отогреть её, и, засыпая, крепко-накрепко обещала самой себе никогда больше не вставать по ночам и не делать таких глупостей.

Сладко, крепко я заснула в тёплой постельке, но утром вставать мне было очень стыдно. Жандарм Игнатий, которого голубым мундиром я любовалась в первый вечер нашего приезда, услышав на рассвете шум в гостиной, вышел из передней, где он спал вместе с Жучкой, и увидал, как я бежала по коридору. Он сказал об этом людям, а те передали нашей няне, Настасье. Старушка нашла в гостиной люльку и ящик с платьицами моей куколки, замоченные опрокинутым стаканом воды, и, подобрав их, вместе со стеариновым огарком, пошла всё рассказать Антонии и маме.

Мама очень испугалась и рассердилась, и крепко бы мне досталось, если б не добрая моя бабочка: она за меня заступилась и взяла с этих пор спать в свою комнату.

Все, однако, узнали о ночных моих похождениях и долго подсмеивались надо мною, а я краснела, когда меня называли "полуночницей".

### Даша и Дуняша

— Послушай-ка, Верочка, — сказала раз бабушка, входя в диванную, где я играла с двумя дворовыми девочками моих лет, Дашей и Дуней, — собирайся, — поедем: я тебя повезу сегодня в дом где много-много девочек.

— Куда это, бабочка? К Гречинским или Бекетовым?

— Нет, в этом доме ты ещё никогда не была; там живут и учатся много маленьких девочек. Мы повезём им конфет и пряников: тебе с ними будет весело.

Бабушка вышла.

— Это верно вас в приют повезут, барышня! — шёпотом сообщила мне Даша, очень умная и хитрая девочка.

— А что это такое – приют? – спросила я.

— Это школа такая для бедных, простых детей. Там всё такие же как мы девочки; ещё хуже нас! Не знаю, зачем вам туда? Лучше бы с нами играли.

Я не совсем поняла значение её слов и предложила пока продолжать играть.

Игра наша была очень глупая, но она нас забавляла. Мы ставили соломенный, плетёный стул на солнечное место и называли блестящие кружочки, образовавшиеся на полу под ним, виноградом. Дуня, простенькая, добрая девочка, изображала садовника; я приходила покупать виноград, а бойкая Даша представляла вора: она отдёргивала стул в тень, чтоб кружочки исчезали, – что означало, что вор украл виноград, и бросалась бежать; а мы вслед за ней, догонять её.

Наконец, устав бегать, мы расположились отдыхать на ковре. Даша первая прервала молчание.

– И счастливые эти господа, право! – объявила она, отбросив за плечи свои густые, светлые косы и обмахивая пятью пальцами разгоревшееся лицо. – Хотят – спят! Хотят – играют! Хотят – едят!.. Умирать не надо!

– А ты разве не играешь, не спишь и не ешь? – спросила я.

– Когда дают – и ем, и сплю, а не дадут – так и так! А вам всегда можно: вы барышня!..

– Хотелось бы и мне быть барышней! – протяжно заявила Дуня.

– Ишь какая! Кто ж бы не хотел?.. Были бы мы с тобою барышни, хорошо бы нам жить на свете!..

– Да!.. Не надо было бы учиться чулок вязать, – прервала опять Дуня.

– Какой там чулок! Всё б играли да ели.

– Ну, что ваш чулок! – сказала я. – Нам хуже: нам сколько надо учиться! И читать, и писать, и по-французски, и на фортепьяно играть.

– И-и! Это весело: этому-то учиться я б рада была! – сказала Даша.

– Нет, а я ни за что! – покачала головой Дуня. – Страсть, сколько бы надо учиться!

– Ещё бы! – важно согласилась я. – Что такое ваш чулок? – Глупость, просто! А нам ужас сколько всего надо знать.

– А вот вы и не будете этого всего знать! – живо поддразнила меня Даша.

– Как не буду? Я уж и теперь много знаю...

– Ну, что вы знаете?.. – бесцеремонно прервала меня бойкая девчонка. – Я, вон, умею чулок вязать, а вы и того не знаете.

– Зачем мне чулок? – обиженно протестовала я. – Я читать должна учиться!

– Да и читать вы не умеете! Ну, что вы знаете против меня?.. Ну, скажите, что я буду вас спрашивать: откуда на зорьке солнышко встаёт, и куда оно вечером прячется?.. А с чего оно огнём горит? А откуда снег да дождь берутся? А зачем трава зелёная, а цветы разноцветные? Кто их красит, а? Ну, скажите-ка! Отвечайте на всё, что спрашиваю... Ну, что?.. Ан и не знаете!.. Вот и стыдно: ничего-то вы больше меня не знаете. А я больше вас знаю: чулок вяжу!

Пока Даша забрасывала меня вопросами, а я собиралась отвечать ей очень сердито, потому именно, что очень хорошо сознавала, что она права, что я никак не сумею объяснить её вопросов, – вошла няня Наста с моею шубкой и капором. Даша сейчас же замолчала и присмирела: она была хитрая и перед старшими всегда смолкала; я же, бросив на неё сердитый взгляд, очень обрадовалась, что приход няни выводил меня из затруднения.

Я поехала с бабушкой очень задумчивая.

"Да, – думалось мне, – многое нужно мне знать, многому научиться. Нехорошо не уметь ни на что ответить... Вон, Даша спрашивает, отчего солнце светит; откуда берутся снег да дождь? А я и не знаю!.. Ишь, какой снег, славный! Какими красивыми звёздочками он падает, прелесть! И всё разные!.."

И я принялась рассматривать снежинки, которые кружились в воздухе и садились мне на тёмную шубку.

– Бабочка, – спросила я, – отчего это снег падает такими хорошенькими звёздочками? Как они делаются?

– Бог их делает такими, – ответила бабушка. – Он всё в природе сотворил хорошо и красиво.

– А что это такое – природа?

– Природа – это всё то, что есть на свете Божьем. Вот этот снег; реки, горы, леса; летом трава и цветы; солнце и месяц, – всё, что мы видим вокруг себя, – всё это природа, дитя моё.

– Бабочка, скажите мне: как это солнце восходит и ложится? И отчего это летом тепло, везде зелень, цветы, а зимою холод и снег? И отчего это солнце так ярко горит? – залпом выговорила я.

– Что это тебе пришло в голову? – удивилась бабушка. – Это трудно объяснить такой маленькой девочке. Вот вырастешь, будешь учиться, – многое узнаешь. А теперь довольно тебе знать, что всё это создал Господь Бог, который и нас людей сотворил и велел нам пользоваться всей природой, чтоб мы не нуждались ни в чём. Он так устроил, что половину года солнышко долее остаётся на небе, горячее греет землю, и от этого снег на ней тает и на ней вырастают травы, фрукты спеют на деревьях, всё зеленеет и цветёт в лесах, а на полях созревают хлеба: рожь, пшеница, – всё, что растёт нам на пищу и удовольствие. Эта половина года называется летом, когда бывают длинные, жаркие дни и короткие ночи. А другую половину года солнце встаёт позже, не подымается на небе высоко, прячется гораздо раньше и почти не греет, а только светит. Вот, как теперь: видишь, как оно стоит низко?..

И бабушка указала мне в ту сторону, где почти над крышами домов блистало красное, но не горячее солнце почти без лучей, так что я легко могла, прищурившись, смотреть на него.

– Оттого-то зимою дни бывают короткие, ночи длинные, и стоят холода и морозы...

– Ну, а снег-то откуда же?.. – прервала я.

– А разве ты не знаешь, что вода от холода мёрзнет? Вот погляди на Волгу: летом вода в ней течёт, лодки плавают; а теперь по ней люди ездят в повозках и санях и пешком ходят как по земле, потому что она покрылась толстым слоем льда. Ну, вот от холода же и те капли воды, которые летом упали бы на землю дождём, зимою, пока летят, замерзают в воздухе и падают на неё снежинками. Холод же не даёт им растаять, так что много-много таких снежинок, слежавшись на земле, покрывают её как белым одеялом. Снег – это замёрзший дождь, дитя моё...

— Да отчего ж снежинки-то все такие узорчатые? — опять прервала я очень неучтиво. — Капли дождя — просто капли, а ведь снег, посмотрите, какими звёздами.

— Ну, мой дружок, этого нельзя объяснить! — улыбаясь отвечала мне бабушка. — Тот кто вырезает листья на деревьях, кто окрашивает и даёт разный запах цветам, тот и эти звёздочки вырезывает. Ты знаешь, кто это делает?..

— Бог! — отвечала я очень тихо.

— Да, моя милая: премудрый и добрый Бог, всё устроивший в мире красиво и полезно.

— А как же, бабочка: разве зима полезна?.. Лучше бы всегда было лето, всегда росли цветы, ягоды, фрукты!.. Нехорошо, что Бог сделал холодную зиму.

— Нет, дитя моё: всё хорошо, что сотворил Бог. Он умнее и добрее нас с тобою. Земле тоже нужен отдых, как нам, людям, нужен ночью сон. Зимою земля спит под своим пушистым, снежным покровом. Она сил набирается к лету, чтобы, когда солнышко весной её пригреет, снег растает, тёплый дождичек пройдёт в неё глубоко и напоит в глубине её корни деревьев и трав, — быть готовой дать человеку всё, что ему от неё нужно. Тогда она и выпустит из себя зелень, колосья, ягоды; всё, что во всю долгую зиму она заготовила внутри себя, под снежным своим одеялом. А мы, люди, всё это будем собирать, заготовлять хлеб и овощи, лакомиться ягодами и фруктами и варить варенья на зиму, чтоб и зимой, когда земля, всё нам давшая, будет отдыхать, было нам, что кушать. А собирая и кушая, будем мы благодарить Бога, всё это для нас создавшего, всё так хорошо, так премудро устроившего.

— А что это значит: премудро?..

— Премудро значит очень умно. Вот ты у меня теперь не очень мудрая, потому что маленькая; а когда вырастешь и всему выучишься, ты будешь мудрая.

— Нет, бабочка! Я никогда, кажется, не буду умная. Чтоб быть умной, надо столько учиться, столько знать.

— Это не очень трудно, дитя моё! Надо только желать научиться и научишься всему, чему захочешь. Вот мы и приехали: выходи. Посмотрим, как здесь умные девочки хорошо учатся.


## В приюте


Мы вышли из саней и вошли в деревянный, одноэтажный дом, где в небольшой передней нас встретила старушка Анна Ивановна, надзирательница приюта. Всё было так тихо, что я думала, что дом совершенно пуст, и очень удивилась, когда, войдя в следующую комнату, увидала в ней более двадцати девочек, смирно сидевших за работой, за длинными чёрными столами. Все они были опрятно одинаково одеты в серые платьица, и все как одна встали, когда мы вошли в комнату, и, дружно кланяясь, закричали:

— Доброго утра, Елена Павловна!

— Здравствуйте, детки, — приветливо отвечала бабушка. — Все ли здоровы? Все ли умны и хорошо учились? Связана ли моя шерстяная косынка?

— Все здоровы и старались учиться! — было дружным ответом. — Косынка почти готова: Зайцева её каймой обвязывает.

Тут хорошенькая девочка, побольше других, встала и подошла показать большой лиловый шерстяной платок, в конце которого ещё торчал её деревянный крючок. Бабушка похвалила работу и сказала, погладив девочку по голове:

— Спасибо, Зайчик! Я тебе за это привезла капустки. Зайчики ведь любят полакомиться? А вот, посмотрите-ка, девочки, какую я вам привезла подругу: это Верочка, внучка моя. Хотите с нею поиграть?

— Хотим! Хотим! — закричали девочки; а мне ужасно хотелось спрятаться за свою бабочку от всех этих незнакомых детей.

Но я воздержалась, вспомнив, что Антония постоянно бранила меня за это.

— Идите теперь в приёмную, дети, — сказала им Анна Ивановна, — играйте там с Верочкой.

Все шумно поднялись, попрятали свои работы и высыпали в зал, где окружили меня со всех сторон. Большие становились передо мной на колени, обнимали и целовали меня; маленькие тянули меня за руки, за платье; трогали мои волосы, бусы, бывшие у меня на шее. Я совсем растерялась и готова была расплакаться, с отчаянием поглядывая на дверь классной комнаты, в которой осталась бабушка. Мне казалось, что они разорвут меня!

Вдруг ко мне подошла та высокая, старшая девочка, которую бабочка называла "Зайчиком".

— Что это вы делаете? — прикрикнула она. — Оставьте Верочку! Зачем вы так окружили и надоедаете ей?.. Подите прочь! Она сама придёт к вам, когда захочет.

Маленькие рассыпались от меня как горох. Осталось только несколько старших. Зайцева взяла меня на колени и успокоила.

— Хотите картинки смотреть, Верочка? — спросила она.

— Хочу, — отвечала я; хотя мне хотелось только одного: чтоб поскорее пришла бабочка и выручила меня.

Зайцева повела меня за руку в комнату, где стояло рядами много кроватей с чистыми, белыми подушечками и серыми одеялами. Но, когда меня посадили на одну из них, постель мне показалась очень твёрдой, а одеяла ужасно грубы. Все девочки засмеялись, когда я сказала, что одеяла кусаются.

— Кусаются? — повторяли они, смеясь. — Нет, ничего! Мы ими ночью закрываемся, и они никогда нас не кусали. Да у них и зубов нет. Кусаются только собаки!..

— Верочка хочет сказать, что они шершавые, — объяснила Зайцева. — Но для нас это ничего не значит: они тёплые, и мы рады, что они есть у нас. Дома нам бы, может быть, и совсем нечем было закрыться зимою.

— К шёлковым одеялам из нас никто не привык! — заметила одна большая девочка, вся в веснушках и с острым носом.

Она мне очень не понравилась.

— Благодарение Богу, что суконные есть! — отвечала Зайцева, как мне показалось, сердито глянув на неё. — Если б ваша бабушка, Верочка, сюда нас не взяла и не дала нам всего, многие из нас могли бы с голоду умереть.

— Как с голоду? — удивилась я. — Разве у вас нет повара, чтоб сделать обед?

Все девочки опять надо мною рассмеялись.

— Как не быть поварам! — вскричала опять остроносая. — Жаль только, что варить им нечего.

— Так что ж! — сказала я, чувствуя себя обиженной. — Разве вам бабочка обедать варит?

Тут поднялся такой хохот, что все уговоры и сердитые замечания Зайцевой не могли усмирить его. Девочкам показалось уже слишком забавно, что я такую высокую, полную старушку называю бабочкой.

— Какая бабочка? — говорили они. — Разве бабочки готовят кушанья?..

Я чуть не плакала и сконфуженно пробормотала:

— Я говорю про свою бабочку, про бабушку.

— Разве ваша бабушка летает? — продолжали они смеяться.

Но тут уж Зайцева окончательно рассердилась и объявила, что если они сейчас не уймут своего смеха и не перестанут говорить глупости, то она пойдёт и скажет начальнице. Девочки поднялись и разошлись, фыркая, по углам; а Зайцева заговорила, обращаясь ко мне:

— Ваша бабушка такая добрая, Верочка, что другой такой, может быть, и на свете нет! Она обо всех нас заботится: мы ей всем обязаны. Она нас кормит и одевает и учит. А мне самой — она всё дала!.. Если б не она — не только я, а моя мать и маленькие братья и сёстры, — все бы умерли от холоду и голоду. Мы бедные: отец мой умер, мать болеет. Где ж нам взять денег, чтобы жить?..

— А разве без денег жить нельзя? — осведомилась я.

— Нет, душечка! — вздохнула Зайцева. — Без денег нельзя хлеба купить, а без хлеба приходится с голоду умирать. Ну, вот бы мы и умерли, если б бабушка ваша не узнала о нас и сама не пришла к нам. Пришла и прежде всего нас всех накормила; потом прислала доктора и лекарства моей маме. Потом меня взяла сюда и двух братьев отдала в школу. Потом матери дала работу, одела всех нас... Вот какая ваша бабушка, Верочка! — проговорила она со слезами на глазах и вся зарумянившись.

Я смотрела на неё, притаив дыхание, и слушала, как слушают сказку. Я не понимала в то время причины её волнения, но чувствовала почему-то, что она хорошая, добрая девочка, и спросила:

— Так ты любишь мою бабочку?

– Очень люблю, Верочка!

– А как тебя зовут?

– Аграфеной. Мать Груней зовёт меня...

– А мне можно так называть тебя?

– Можно, милочка. Отчего нельзя?.. Зовите и вы.

– Груня!.. А зачем ты говоришь мне вы?.. Это нехорошо. Я так не люблю! Говори, пожалуйста, ты!..

– Хорошо... Если только ваша мамаша не рассердится.

– Вот ещё! Что ей сердиться? Мне все ты говорят. Это какая у тебя книга? Покажи.

Зайцева вынула из маленького сундучка, стоявшего под её кроватью, хорошенькую книгу, но, держа её в руках, совсем забыла, что хотела показать картинки. В книге оказались разные звери и птицы, одетые людьми; под каждым рисунком была подпись в стихах, часто очень смешная. Груня читала мне их, а я смеялась, глядя на картинки.

– А сама ты не умеешь ещё читать? – спросила она.

– Нет, – отвечала я, очень покраснев. – Мне нет пяти лет: мама говорит – рано!

– Разумеется! Ты ещё совсем маленькая... Я думала, что ты старше.

– А тебе сколько лет, Груня?

– О! Я старуха. Мне двенадцать лет. Больше чем вдвое против тебя.

Я очень полюбила Груню Зайцеву и начала просить её непременно придти ко мне поскорее в гости.

– Поскорее нельзя! – улыбаясь отвечала она. – Нас выпускают только в воскресенье и праздники.

Я стала по пальцам считать, сколько ещё дней осталось до воскресенья, и мне показалось, что оно так далеко, что никогда не настанет. Зайцева смеялась, утешая меня, что три-четыре дня скоро пройдут. Тут вошла бабушка с Анной Ивановной, и я бросилась просить её, чтоб Груня пришла ко мне в воскресенье в гости.

– Какая Груня? – переспросила бабушка. – А! Зайцева?.. Вот как, вы подружились. Ты вот кого проси!

И бабушка легонько повернула меня к начальнице приюта. Та согласилась легко, и я бросилась от радости целовать Груню.

– А как же, Верочка, мы с тобой забыли наше угощение? – сказала бабушка. – Пойдёмте, дети, в зал: там уже всё приготовлено.

Мы вернулись опять в зал, где на подносе стояли привезённые бабушкой лакомства. Она сама раздала пряники и яблоки всем девочкам поровну, не забыв отложить всего на особую тарелку для надзирательницы.

– А что, детки, – сказала бабочка на прощание приютским девочкам, – не споёте ли вы нам песенку?..

– Какую прикажете, Елена Павловна?

– Всё равно. Какую вы лучше знаете. Только по-русски, хороводом, как я люблю.

И девочки стали все в круг, взявшись за руки, и дружно запели:

"Уж я золото хороню да хороню!
Чисто серебро стерегу да стерегу"

Груня и тут отличилась: она была запевалой, стояла среди круга и управляла хором.

Весело мне было возвращаться из приюта. Я уж не думала ни о солнце, ни о зиме, ни о лете, а только о девочках и о милой Груне, которая придёт ко мне в воскресенье и опять будет читать мне стихи и петь песни.

И, в самом деле, она пришла в воскресенье и стала часто приходить и занимать меня чтением и рассказами. Она пробовала даже научить меня вязать из шерсти шарфики моим куклам; но я была очень непонятливая ученица, и дело всегда кончалось тем, что Груня сама вывязывала всякую начатую для меня работу и прекрасно обшивала моих кукол.

## Няня Наста

Чудесная старушка была наша няня. Она была стара: она вынянчила ещё мою маму, дядю и тётей; а теперь, когда мы приезжали к бабушке, она по старой памяти всегда вступала в свои права и нянчилась с нами. Все в доме не только любили и уважали её, но многие и побаивались. Няня без всякого гнева или брани умела всем внушить к себе уважение и страх рассердить её. Мы, дети, боялись её недовольного взгляда, хотя няня не только сама никогда не наказывала, а терпеть не могла даже видеть, когда нас наказывали другие. С большим трудом переносила она наше очень редкое стояние в углу или на коленях; а уж если, бывало, заметит, что нас – не дай Бог! посечь собрались, – не прогневайтесь! Будь это мама или папа, няня Наста без церемонии нас отымет, не даст! С мамой-то она совсем не церемонилась.

– Это что ты выдумала? – прикрикивала она на неё в этих редких оказиях. – Мать твоя тебя вырастила, я тебя вынянчила, и ни одна из нас тебя пальцем не тронула! А ты своих детей сечь?!. Нет, матушка! Я тебя николи не била и твоих детей тебе не дам бить!.. Не взыщи, сударыня. Детей надо брать лаской да уговором, а не пинками да шлепками... Шлепков-то, поди, каждый им сумеет надавать; а от матери родной не того детям нужно!..

И так разбранит за нас Наста маму, как будто она и Бог весть какая строгая была. Оно правда, что мама становилась всегда построже, когда мы приезжали к бабушке, ужаснейшей баловнице нашей; именно потому, что боялась, что она нас совсем избалует.

Часто, бывало, няня отымет нас, уведёт от сердитой мамы в

71

другую комнату, а сама вернётся, чтоб ещё её хорошенько за нас побранить; а мама весело-превесело рассмеётся над её гневом, так что и старушка не выдержит и, забыв о том, что мы недалеко, хохочут обе, сами над собой, не зная, что и мы тоже смеёмся вместе с ними...

Не только ребёнка, а каждое Божье создание няня жалела и берегла. Не дай Бог было при ней убить паука или мушку, или равнодушно наступить на какого-нибудь жучка.

– Ну и что тебе с того? – сердито вопрошала она убийцу. – Всех, ведь, не перебьёшь! Ты убил одного, – а на тебя налетят десять. Ведь ты ей жизни отнятой назад вернуть не можешь? Убить – убьёшь, а воскресить-то не сумеешь? Не твоего это ума дело!.. Ну, так и убивать не смей. Пущай себе живут: коли Бог им жизнь даровал, значит, они на что-нибудь да нужны.

Точно так же сердилась няня, видя, что кто-нибудь животное обижает. Уж какая ведь добрая была, а всегда, бывало, замахнётся, чем попало, и бежит своими мелкими старушечьими шажками отымать несчастную кошку, щенка или птичку.

– Вот я тебя, негодник! – няня ни с кем не церемонилась и всем в доме, кроме дедушки и бабушки, говорила ты. – Ишь ведь обрадовался, что силы больше, чем у котёнка, и ну обижать!.. А ну, как у меня больше силы, чем у тебя?.. Вот я тебя сейчас поймаю да и отдую, здорово живёшь!.. Что ж умна я буду? А тебе-то сладко придётся?.. Срам какой!.. Не озорничай! Оставь в покое Божью тварь, чтоб Господь на тебя самого не прогневался и не наказал за своё творение.

Вот какова была наша няня Наста, – а всё-таки мы её боялись! Как она бывало серьёзно глянет из-под седых бровей своих да покачает строго головою, так хуже и наказания не надо!.. И хочется попросить няню, чтобы не сердилась, и страшно подойти к ней, пока она сама не взглянет ласковей и не подзовёт к себе. В её гневе было что-то особенное, какая-то особая сила. Не было возможности рассеяться, забыть, что она сердится; какая-то тяжкая скука на нас нападала во время её гнева. А как только смягчалась няня, и на её строгом, с мелкими правильными чертами, лице появлялась улыбка, – всё будто бы разом прояснялось и веселело кругом.

Няня не одних нас, а вообще всех детей любила и жалела. Вечно, бывало, она вязала чулочки, фуфаечки, тёплые шапочки для каких-нибудь бедных детей. Она плохо видела: шила с трудом, но вязала искусно. Поэтому она всегда бралась вывязывать по несколько пар чулок для горничных девушек с тем, чтоб они ей сшили какую-нибудь работу, и работа эта почти всегда бывала бельё, платьице или одеяло для ребёнка.

В нашей детской была печка с большой лежанкой. Я всегда удивлялась, зачем это няня вечно складывает на ней узелки с нашими старыми платьями и башмаками? Она никогда не говорила нам, что всё это припасает для встречных бедных детей.

Я гораздо позже об этом узнала.

Няня была хорошая сказочница. Она знала множество сказок и

рассказывала их отлично. Мы все были ужасно рады, когда нам удавалось упросить её рассказать нам сказку, что было не совсем легко. Её для этого надо было долго уговаривать, а если она была сердита или чем-нибудь опечалена, то ни за что не соглашалась.

Раз мы очень пристали к ней: "Расскажи, няня, да расскажи сказку!"

– Что вы? Господь с вами! – отвечала няня. – Нынче суббота, – всенощная в Божиих храмах идёт, а я им сказки стану сказывать!.. Нет, детки, сегодня никак нельзя. Завтра, – дело иное. А субботний вечер – вечер святой. По субботам надо молиться Богу, а не выдумки рассказывать. Вот, я сейчас затеплю у образов лампадку, а Наденька или Лёля Евангелие бы громко прочли. Вот, это бы дело было!

– Нет, няня; я в театр поеду с Катей и с Леночкой, – так тёти называли мою маму. – И Лёлю мы с собой возьмём, – отвечала тётя Надя.

Лёля запрыгала от радости и побежала к маме узнавать, не пора ли одеваться; а няня крепко заворчала:

– Ишь нашли время комедии смотреть! Срам какой, во время службы Божией по театрам разъезжать. Ведь уж слава Господу, – не махонькие: должны бы понимать. А уж Елене Павловне просто стыдно не удержать девчонок.

Няня часто, по старой памяти, тётей и даже мою маму называла "детьми" и "девчонками".

– Эх ты, Наста! Воркотунья ты старая! – откликнулась, услышав её слова, из другой комнаты бабушка. – Полно тебе ворчать! Какой тут грех – в театр ездить?.. Можно всему время найти: и удовольствию, и молитве.

– То-то я и говорю, сударыня, что всему своё время: бывает час молитве и час веселью, – не унималась няня. – Субботний вечер, известно, вечер святой! Божий вечер... Добрые люди недаром говорят: "Что во все дни трудись, в субботу Богу молись, а в седьмой день, помолясь – веселись". Православные люди так-то делают.

– Э! Полно, голубушка! – прервала её бабушка. – Оставь молодёжи веселье; а мы с тобой, старухи, будем за них молиться. Будет им время дома сидеть, когда жизнь надоест, а пока весело им – пусть веселятся во всяк день и час!.. Весельем мы Бога не прогневаем.

И бабушка принялась за своё прерванное занятие, а Наста ещё долго качала седой головой и хмурилась, ворча себе что-то шёпотом. Она тогда только унялась, когда, крестясь и вздыхая, принялась заправлять лампадку у киота.

Я смирно притаилась в уголке, в тёмной амбразуре глубокого окна, и оттуда пристально следила за няней.

Ярко освещённое лицо её, тёмное, с глубокими морщинами, смотрело серьёзно и даже как будто немного сердито. Её худенькое, как палка, прямое тело, одетое в тёмный ситец и чёрную фланель, казалось мне какой-то тоненькой, деревянной подставкой к низко опущенной голове, с выбившимися из-под тёмного платка, повязанного шлычкой, седыми как лунь волосами. Она засветила фитиль лампады, осторожно подтянула её вверх по шнурку, закрепила конец на гвоздик и мерно сделала два шага назад, не спуская глаз с сиявших высоко в углу образов. Суровое лицо её разгладилось и смягчилось выражением доброты и чего-то другого ещё, – какого-то непонятного мне, в то время, глубокого чувства, которое словно осветило её всю, в то время как она, шепча молитву, осеняла себя широким русским крестом.

Я сидела не шевелясь, заложив в недоумении два пальца в рот, и не сводила с неё глаз.

"Была няня Наста когда-нибудь молодой?.. – размышляла я. – И... неужели она также была и маленькой?!. Какая же она тогда была?"

Я закрыла глаза и старалась представить себе нянино лицо ребячьим или хоть молоденьким, румяным, весёлым... Старалась – но никак не могла!

"Бегала она? Смеялась? Шалила когда-нибудь?.. – продолжались мои размышления. – Или она всегда была как теперь?.. Это не может быть: она тоже прежде была маленькой как я. И неужели... Неужели и я буду когда-нибудь такая же чёрная, седая?.. Может ли быть, чтоб и я сделалась такой старухой?.."

– Верочка! – услыхала я вдруг голос бабушки. – Поди сюда! Что ты там делаешь?

Я неохотно, медленно слезла с окна на пол и пошла в другую комнату, по дороге всё оглядываясь на молившуюся няню.

– Иди ко мне, Верочка, – подозвала меня к своему рабочему столу бабушка, – посиди со мной. Няня верно молится? Не надо мешать ей.

– Я не мешаю, бабочка!

– Ну, всё равно: не ходи к ней. Вот тебе кастеты: раскладывай их, подбирай по картинкам.

И бабушка, которая сама всегда бывала занята и умела найти всем дело – и большим, и маленьким, с особенным искусством, придвинула мне ящик с игрой, называемой casse-tête[3]. Вы верно знаете её, дети?.. Она состоит из многих разноцветных кусочков дерева или картона, прямых и треугольных, из которых можно составлять разные узоры и рисунки по нарисованным бумажкам или самим выдумывать новые.


### Нянина сказка


На другой день, только что мы встали из-за стола, а обедали мы поздно, зимою при свечах, все мы, не исключая и тёти Нади, бросились просить няню исполнить её обещание. Она сидела в детской и смотрела на трещавший в печи огонь; чуть ли даже она не

---

[3] головоломка - фр.

задремала, потому что вздрогнула и испугалась, когда мы разом вбежали и набросились на неё:

– Няня! Сказку. Пожалуйста, хорошую сказку!..

– Ну-ну! Полно кричать, чего вы?.. Я думала невесть что!.. Погодите. Расскажу ужо, когда вечер придёт.

– Да какой же ещё вечер? Теперь уж совсем темно, – протестовали мы.

– Папа большой спать уж пошёл! – сказала я, для которой всё время во дню измерялось тем, что делал дедушка.

Впрочем дедушка не для одной меня, а для всего дома мог служить вернейшими часами, до того был аккуратен. Папа большой кофе пьёт, – значит шесть часов утра; закусить поднялся наверх, – двенадцать часов ровно; обедать пришёл – четыре; проснулся и вышел в зал походить и съесть ложечку варенья – ровнёхонько семь часов вечера, а приказал чай подавать – половина десятого. После этого часок или два дедушка проводил в гостиной, где всякий вечер были гости; играл в вист или бостон, но аккуратно в одиннадцать уходил к себе вниз, где ещё немного занимался и ложился спать.

К этому порядку так все в доме привыкли, что когда я сказала: "Папа большой уж пошёл спать!", все поняли что уж шестой час.

– После позовут чай пить, – говорили Надя с Лёлей, – ты не успеешь и кончить сказку, что право!..

– Ну хорошо, хорошо, баловницы! Сказывайте, какую вам сказку говорить-то?

– Всё равно! Какую хочешь, няня. Говори, какую сама знаешь.

– Про Ивана Царевича, – предложила я.

– Ну! Эту мы напамять знаем, – сказала Надя.

– Ты бы уж лучше про мальчика Ивашку и Бабу-Ягу, костяную ногу, попросила, – засмеялась надо мною Лёля. – А ты, няня, расскажи новую!

– Ох! Уж ты – новая! Всё б тебе новости! – укоризненно заметила няня. – Ну, садитесь по местам и слушайте!

Мы поставили себе стулья полукругом у лежанки и ждали, сидя смирно и молча: мы знали, что няня не любит, когда прерывают её мысли в то время, как она собирается "сказку сказывать". В длинной, невысокой детской не было света, кроме яркого огня в печи. Няня его ещё хорошенько взбила кочергой, потом села, как раз напротив яркого света, и, положив руки вдоль колен, устремила глаза на огонь и задумалась.

Мы переглянулись, словно хотели сообщить друг другу: "Вот сейчас, сейчас начнёт!.."

Вдруг няня встала и пошла к дверям на лестницу.

– Няня! Наста! – кричали мы все в недоумении и горе. – Куда ты? Что же это такое!?.

Няня не отвечала, а только успокоительно кивнула головой и вышла.

Лёля тихонько вскочила и на цыпочках побежала за ней.

75

— Ты куда?! – прикрикнула на неё няня из нижнего коридора. – Пошла на своё место!

Сестра, смеясь, вприпрыжку вернулась к нам и сказала:

— Я знаю, зачем она пошла: наверное принесёт какого-нибудь лакомства.

Я запрыгала от радости, потому что была ужасная лакомка; но старшие прикрикнули, чтоб я сидела смирно. Няня скоро вернулась, и мы сразу увидели, что она несёт что-то в своём чёрном коленкоровом переднике.

— Что у тебя там, няня? – спросила я, вскочив и заглядывая.

— Подожди, сударыня! Всё будешь знать – скоро состареешься. А вы все встаньте-ко да отодвиньтесь, на часок, от печки.

Мы живо отодвинулись и ждали: что будет?

Няня нагребла на самый край печи мелких, горячих углей и посыпала на них чего-то из передника...

"Тр-тр-тр! Пуф-ф!" – защёлкало и зашипело что-то в печке, и вдруг из неё к нашим ногам поскакали какие-то жёлто-белые, подрумяненные, пухлые зёрна... Я бросилась было их собирать, но няня закричала: "Не тронь! Обожжёшься!", и я опять села удивлённая.

— Это кукуруза, – шепнула за спиной моей Даша.

— Кукуруза?.. Это что такое?

— Сухие кукурузные зёрна. Они на огне раздуваются и лопаются, оттого так трещат и сами из печки выскакивают, – объяснила она мне; а Дуняша прибавила шёпотом:

— Они потом, когда остынут, чудо какие вкусные.

Обе они с восторгом следили за всей этой сценой, но говорили шёпотом, потому что няня не любила, когда девочки много при ней болтали.

Зёрна то и дело с треском вылетали из печки и падали то на пол, то к нам на колени, заставляя нас с криком и смехом прыгать в сторону.

— Точно из пушек стреляет! – не совладав с собою, восторженно вскричала Даша.

— Смотри, чтоб те язык-то не отстрелило! – тотчас же сурово остановила её няня.

— Ну, детки, вот и моё угощение готово: сбирайте-ка да грызите, пока я стану рассказывать. Всё же веселей, чем так-то сидеть и слушать, ничего не делая.

Мы живо подобрали калёную кукурузу, которая нам показалась очень вкусной; расселись снова полукругом и, с большим удовольствием грызя её, приготовились слушать.

Няня посидела немного молча, потом выпрямилась и сказала:

— Расскажу я вам нынче сказку про попа и ужа.

Мне очень хотелось спросить: "Что такое уж?", но я не посмела прервать няни и после узнала, что это такая змея.

Няня начала мерным, певучим голосом, раскачиваясь на стуле и глядя не на нас, а куда-то вдаль, поверх наших голов, с совсем особенной расстановкой, будто бы стихи говорила:

— Называется сказка моя:

## Иван-Богатырь и поповская дочь

"В некотором царстве, в некотором государстве жил да был удалой молодец, князь Иван-Богатырь. У того ль удальца-молодца была сила крепкая, сила страшная! Все боялись его: на сто вёрст кругом все разбойники разбежалися...

Раз пришёл к нему деревенский поп; просит-молит его — дочку выручить! А ту дочку его лиходей увёз: старый вор Черномор, что волшебствовал, околдовывал и разбойничал много лет в их местах.

Не задумался добрый молодец.

— Уж как я же его угощу ладком! — он возговорил. — Позабудет вор красных девок красть!

Оседлал Иван коня быстрого; в руки взял кистенёк весом в десять пуд и поехал себе по дороге в лес.

А за лесом тем, в страшном притоне, жил колдун Черномор. Подъезжаючи к его терему, увидал Иван частокол кругом. Частокол тот был весь унизан вплоть черепами-костьми лошадиными да бычачьими.

Подъезжал Иван к тесовым воротам, колотил и кричал во всю моченьку... Показалась за стеной голова. Не людская то голова была: лошадиная, — побелевшая от ветров, от дождей; только череп один мёртвой лошади...

— Что понадобилось добру-молодцу?.. Или смерти своей ты пришёл искать? — она молвила громким голосом, громким голосом человечиим.

И захлопала белой челюстью, словно съесть его собираючись.

— Нет, не смерти своей я пришёл искать, башка мёртвая лошадиная! Отпирай запор да впускай меня... Красну девицу, дочь поповскую я пришёл сыскать, у вора отнять, — проучить его не разбойничать!

— Ох! Какой богатырь! — засмеялася башка мёртвая. — Видно, ты ещё не отведывал черноморского хлеба с солью?.. Убирайся-ка пока цел от нас! А не то сейчас Черномор тебя на куски разнесёт: тело псам отдаст на съедение, а головушку неразумную высоко на кол вздёрнет он на забор... Оглянись ты кругом, — посмотри: частокол из чего у нас? Мыслишь то черепа лошадиные?.. Нет, соколик: они человечии... То головки всё молодецкие. Околдованы Черномором злым им убитые добры молодцы; его вороги, как и ты теперь вызывавшие его в бой честной... Уходи ж ты скорей, пока спит злодей; как проснётся он, не уйдёшь тогда!..

Рассердился князь и мечом потряс.

— Замолчишь ли ты, башка глупая?.. Жаль убить нельзя пустой череп твой... Ну, скорей отворяй! А не то как раз расшибу ворота и тебя заодно!

Отвечала ему башка бедная, тяжело вздохнув:

— Быть по твоему, богатырь удалой! Отопру тебе, только слушай меня: я не мёртвый конь, — человек я живой!.. Зачарован я колдуном лихим, чтоб казаться таким всем людям честным... Отопру тебе я лишь с условием: если ты победишь врага лютого, — не забудь и меня, под подушкой его лежат ключики, — каждый весом в пуд: не забудь ты их, забери с собой! Как одним ты ключом отопрёшь подвал; а в подвале том моя душенька, человечая. Она вылетит, возвратится ко мне, стану я опять добрым молодцем!.. Как второй-то ключ самого тебя из беды спасёт: за ним заперта жизнь злодейская, — запасная жизнь чародейская... Если ты его, князь, и убьёшь теперь да волшебный ключ позабудешь взять, жаба, мать его, из земли сырой тотчас выползет; ключ возьмёт, — отопрёт во норе своей ларчик спрятанный, где хранится у неё пузырёк с водой, с не простой водой, — а с водой живой! Той водой она как дотронется до убитого, встрепенётся он, и душа его возворотится... Оживёт тогда злой колдун Черномор и погонится за тобою вслед. Жди тогда беды, горя лютого!

— Ну, болтай себе! — отвечал Иван. — Разболтался как пустой череп твой!.. Отпирай скорей, не замай меня!.. Расходилася, раззудилася рука крепкая молодецкая. Поиграть мечом захотелось мне!.. Уж как съезжу его вдоль по черепу, не поможет ему жабы знахарство: не восстанет он, не отдышится!

Отперлись ворота, в них проехал князь...

Он ударился прямо к терему, вызывал колдуна громким голосом:

— Эй, колдун, выходи! Дай померимся с тобой силою. Богу я помолюсь, а ты в помощь зови силу чёрную, чародейскую.

Услыхал Черномор, вскипел злобою! Он затрясся весь и дубину взял.

— Хорошо, молодец; мы померимся, — распотешимся! — он Ивану сказал, грянув встречу ему.

Тут Иван принимал грудью ворога; он кистень свой поднял, замахнулся им; в душе крест сотворил — и отвёл от себя ту дубину врага!.. Налетал на него много раз Черномор; но Иван, всё крестясь, с Божьей помощью поборол наконец злого недруга. Повалил он его и ногой ему наступил на грудь... Тогда вынул меч свой и им голову пополам раскроил колдуну!.."

Няня вдруг замолчала. Мы сидели, вытянув шеи, и не сводили с неё широко открытых глаз. Я помню, что я даже рот открыла от ожидания и страха за участь бедного Ивана-Богатыря. Всю сказку она говорила мерно, однообразным голосом и только последние слова проговорила сильнее, так что, когда она замолчала, у меня дух захватило в горле...

— Няня! Что же ты? — тоскливо проговорила я.

Няня не шевельнулась. Она пристально смотрела на огонь и, казалось, о нас забыла. Пламя теперь уже не вспыхивало так ярко и светло как в начале её рассказа, а обливало всех нас, в особенности морщинистое лицо няни красноватыми, неровными отблесками, которые таинственно перебегали по тёмной комнате; то вспыхивая, то потухая в самых отдалённых углах. Я припала к няне и опять спросила:

— Ну, что же дальше, няня? Говори же!

— Няня! Насточка! – пристала и Лёля с Надей. – Что же ты остановилась?..

— А то, что довольно на сегодня, вот что! Будет с вас! – решительно сказала няня.

— Да как же довольно? Где же поп? Где же уж?.. Как же можно сказки не кончить?

— А так и не кончу. Нехорошо детям сказок под ночь долго заслушиваться. Ишь, вон Верочка-то и глазёнки на меня как выпучила, словно испугалась. Полно, родная моя! Ведь это сказка! Пустяк!..

— Ну, пустяк, так и доскажи до конца! – просила её Лёля.

— Сказано не доскажу – и будет с тебя, вертунья! – рассердилась няня. – В другой раз окончу. Оправьтесь-ка да ступайте вниз: никак барин уж пришёл в зал.


**Конец няниной сказки**


Только на следующий вечер узнали мы, что произошло впоследствии с Иваном и поповской дочкою.

— Захрапел Черномор, на Ивана взглянул – и издох! – так ровно через сутки продолжала упрямая наша старушка свой рассказ.

Тогда князь Иван-Богатырь отправился искать по терему красную девицу, совершенно забыв о наказе лошадиной головы, и насилу её разыскал в высокой светёлке: она спряталась там, ожидая, что придёт злой колдун, и совершенно теряется при виде нежданного красавца. Он же, вообразив, что она от него "схоронилася", гневается, что девица так отвечает в благодарность за его подвиг и услугу и, рассердившись, даже не глядит на неё; а она не осмеливается, видя гнев его, объяснить ему, в чём было дело, и молча, послушно садится с ним на коня его. Так они доезжают до погоста, где Иван сдаёт поповну отцу её и матери и, не слушая их благодарностей, возвращается "шагом тихим в свою отчину"... Между тем бедный молодец, "обороченный приворотом злым в коня мёртвого", – т. е. та голова лошадиная, что предупреждала богатыря о ключах, – оказывается правой: едва выехал он, с Аннушкой за седлом, из ворот Черномора, как "жаба, мать его, из норы выползала своей, брала ключики те волшебные" и спешила скорей за водой живой. Вода эта мигом затянула раны и возвратила сына её, чародея, к жизни, и он, недолго думая, погнался за Иваном, настиг его на мосту, у леска, возле его усадьбы, и, обратившись "в силу чёрную, силу страшную, заградил ему путь", и... тут-то и произошло самое интересное событие во всей няниной сказке:

"Что-то жуткое с князем сталося! Голова его закружилася, потемнело в глазах... Богатырский меч из руки упал; ничего не видал, ничего не слыхал бедный витязь и вдруг как-то смалился и... с коня соскользнул, прямо в рытвину... Бедный молодец, князь Иван-Богатырь, впал в беспамятство. Он и сам не знал, сколько тут пролежал, но опомнившись, захотел своей душой, хоть в могиле сырой, своё горе сокрыть: он заснул молодцом, а проснулся – ужом!.. Завернув длинный хвост, уж забился под мост и задумался"...

И было чего думать! Злой колдун вообразил, что он Аннушку увёз, потому что сам её любит, и, чтобы навеки разрушить его счастье, объявил, что он навсегда останется змеёй; что до той поры не бывать ему человеком опять, пока его, "гада скверного, змея лютого", не полюбит красна девица. Несколько часов бедный околдованный богатырь продумал о своём несчастий и о том, что не бывать бы этой беде, если б он был не так самонадеян и забывчив, послушался бы лошадиного черепа и захватил с собою золотые ключи. Вдруг он слышит, что на мост над ним кто-то выехал: это был поп, отец Аннушки, со своей женой...

"Тут наш уж вылезал, попу путь заграждал, и хвостом он махал и сердито кричал:

– Поп, постой-погоди! Ты с тележки сходи, чтобы съесть мне тебя вольной-волею! А не слезешь, – и съем не тебя одного, а с тобою и мать-попадью!"

Поп начинает упрашивать его не есть их, предлагая дать за себя какой угодно выкуп. Уж требует одну из дочерей попа в жёны себе, и, возвратясь домой, поп начинает убеждать старших своих дочерей обвенчаться со змеёй, жалея меньшую, Аннушку, выраченную недавно из плена колдуна. Но старшие только смеются и грубят родителям, говоря, что беда невелика, если уж их проглотит, потому что им и так уже "помирать пора"... Меньшая пристыжает их и объявляет, что готова идти хоть на смерть за отца с матерью. Попадья и слышать об этом не хочет, но отец, поразмыслив, говорит так:

"Делать нечего! Видно, ей судьба горемычная. А ведь, может, уж будет добрый муж! Божья воля на всё!.. Может сам Господь наградит её за родителей!.."

На другой день Аннушка села в тележку с отцом и матерью и при громких насмешках злых сестёр отправилась в лес выкупом за отца и мать. Она ожидала лютой смерти, но ошиблась: уж оказался предобрым и прекрасным мужем. Он выстроил ей домик в лесу; рано вставал, чтобы всю работу успеть окончить, рубил дрова, воду таскал, набирал для жены ягод, стряпал ей кушанье. Аннушка надивиться не могла, "что за уж такой её муж родной? Говорит и поёт словно бы человек, и так светятся у него глаза то печалию, а то ласкою, что нельзя не любить его бедного!.. Хоть он телом и гад, но душою своей добрей многих людей!" Раз она начала его расспрашивать, и уж признался ей, что он не змея, а околдованный Черномором богатырь. Аннушка изумилась и спросила: не за то ли он потерпел, что спас какую-нибудь девицу, точно так, как её самое спас Иван-Богатырь?

Говоря это, она зарумянилась, а муж её, змея, притворился, что ревнует её к князю, спасшему её от колдуна; что уж верно "богатырь ей мил, – муж-змея постыл?", и объявил, что, желая ей счастья, пойдёт сейчас к реке и утопится, для того чтоб она могла обвенчаться с Иваном-Богатырём. Говоря это, он пополз к двери избушки...

"За ним Аннушка поднималася и слезами вся обливалася. "Ты куда же, мой уж? Разве ты мне не муж?.. Нужды нет, что змея, а люблю я тебя: добр ты был до меня, – не пущу я тебя на смерть лютую! И зачем ты меня оставляешь!?. На кого ж ты меня покидаешь?.." Говоря так, она со земли подняла ужа бедного; и лаская его, обнимаючи, ко груди ко своей прижимаючи, вдруг горючей слезой прямо на сердце ему капнула... Диво дивное тут содеялось! – Жаром вспыхнула кровь горячая, молодецкая! Обновился князь, с глаз туман пропал, золота чешуя в парчовой кафтан обратилася, и на месте змеи – гада лютого, очутился вдруг удалец, князь Иван-Богатырь!.. Так и ахнула молодая жена, увидав, кого обнимала она. Тут за руку брал её князь наш удал, и к родителям приводил и просил ласки-милости попа-батюшки, тёщи-матушки, молодых сестриц... Но сестрицы тут рассердилися: "Так-то ты нас надула, сестра? Всех моложе ты нас, так не стать бы меньшой под венец идти первой-наперелой!.. Ишь, какого ужа подцепила в мужья! – За такого б и мы не прочь выйти!" Тут вмешалася мать-попадья: "Кто ни мать, ни отца не жалеет, тому счастья не будет от Бога!" Так сказала она, и надувшись ушли прочь сестрицы в светлицы свои. А наш князь молодой со княгинюшкой стали жить-поживать да добра наживать. Я сама там была и мёд с пивом пила, только в рот то мне мало попало!.."

Этой присказкой няня обыкновенно кончала свои сказки.

## Исповедь

Зима прошла так скоро, что мы её и не видали. Наступил Великий пост. Я заметила его только потому, что нам, детям, с папой большим подавали обыкновенный обед, а всем остальным постные кушанья. Когда я узнала, что бабушка и тёти едят постное и часто ездят в церковь потому, что Великий пост – именно то время, в которое злые люди, не поверив, что Иисус Христос – наш Бог, взяли Его, мучили и убили, я тоже непременно захотела поститься. Но мне не позволили. Пришёл наш доктор, длинный-длинный, не то немец, не то француз, такой противный, с утиным носом и длинными баками (няня Наста его терпеть не могла и говорила, что у него "баки как у собаки", – с чем мы были все согласны!) и запретил давать мне постные кушанья. Я помню, что меня очень занимала перемена погоды. Я сидела на окне и смотрела, как твёрдый белый снег превращался в какой-то жидкий кофейный кисель и бесшумно проваливался под полозьями и колёсами. Морозного скрипа и визга, ледяных прозрачных как стеклянные палки сосулек уже не было и в помине! Всё разрыхлело, таяло, и вода текла по улицам; а Волга смотрела чёрной, исполосованной и взбудораженной, будто бы кто-нибудь её нарочно всю перекопал и запачкал. Мама и бабочка жаловались, что езды совсем нет; на полозьях ездить – лошадям тяжело, а в колёсных экипажах ещё страшно. Во всём доме была суета: всё мыли, чистили, прибирали.

Бабушка чаще обыкновенного советовалась с маленькой, круглой как шарик ключницей Варварой и дольше вечером держала старшего повара Максима, когда он приходил к приказу.

По мере того, как толстая Варвара или баба Капка, как её все в доме называли, озабоченнее погромыхивала связками ключей и чаще и громче ворчала, ссорясь то с дворецким, то с горничными, наша няня Наста становилась всё тише и всё менее принимала участия в домашних хлопотах. Вообще она за весь пост только и делала, что чистила ризы на образах, перетирала киоты и зажигала в них свечи и лампады. Она говела на первой неделе и второй раз на страстной. По вечерам мы знали, когда няня в церкви; по утрам же никто не мог замечать её отсутствия, потому что она ходила к заутрени и к ранней обедне. Я рассказываю о ней потому, что она производила сильное впечатление на меня в то время, и я с величайшим интересом наблюдала за ней. Я не давала бабочке покоя расспросами о том, как может няня постоянно молчать и так часто молиться у всех икон? И как это она может ничего не есть? И отчего это она не только сказок больше говорить не хочет, но постоянно уходит от нас, чтоб и не смотреть на наши игры и не слышать песен наших и смеха?.. В самом деле, няня притихла к концу поста до такой степени, что голоса её не было никогда слышно. Во всю страстную неделю она съедала только по одной просвире в день; а в пятницу и субботу совсем ничего в рот не брала. Я помню, что смотрела на неё в это время не только с уважением, но с чувством недоумения, весьма похожим на страх.

В среду вечером пришёл священник с дьячком и отслужил в нашем зале всенощную. Весь дом, все люди, даже повара и кучера сошлись в зал или к отворённым в переднюю и коридор дверям. Я очень усердно крестилась и становилась на колени, стараясь во всём подражать большим, но должна признаться, что не могла молиться: мысли самые разнообразные занимали меня. Я осматривалась с удивлением и по обыкновению заготовляла сотни вопросов, с которыми на другой день должна была обратиться к бабушке или Антонии.

После всенощной все тихо разошлись, в зале потушили почти все свечи, но священник остался у аналоя в углу, под ярко освящённым образом Спасителя.

– Что это будет? – шёпотом спрашивала я, крепко стискивая руку мамы, когда она уводила меня в соседнюю гостиную.

– Мы будем исповедоваться, – говорить наши грехи священнику, – объяснила она.

Я хотела допросить её яснее, очень мало поняв из её ответа; но что-то в лице мамы заставило меня замолчать и только смотреть на всё ещё внимательнее, отложив вопросы до другого времени.

Все мы вышли в гостиную и плотно заперли в неё двери; в зале остался один дедушка.

Я смотрела на дверь и, сама не зная, чего боюсь, со страхом ожидала, что будет?..

Дверь скоро приотворилась, и папа большой сказал, не сходя с порога, бабочке:

– Иди, chère amie[4], я пойду теперь к себе вниз.

И дедушка пошёл к коридору, а я так и впилась в отворённую дверь зала. Тёмная фигура священника мелькнула предо мною, на светлом фоне освещённого угла пред аналоем, спиною к нам, и двери снова затворились: бабушка, крестясь, вошла в зал... Я вздрогнула, когда Лёля вдруг шепнула над самым моим ухом:

– И я тоже буду исповедоваться. Я большая. А ты не будешь! – Ты ещё глупая, маленькая!

– И тебе не страшно? – с ужасом спросила я.

– Страшно! Вот ещё глупости! Чего тут бояться?..

– Как чего?.. Нет! Я бы боялась идти туда.

И я продолжала смотреть со страхом на эту тяжёлую дверь, за которой происходило что-то неведомое мне, но очень важное и даже, как мне казалось, не совсем безопасное... Я радовалась, что мне не нужно идти туда. Я совершенно не понимала, что значит – исповедоваться, но боялась за каждого, шедшего в тёмный зал, и вздыхала свободно, когда все по очереди оттуда возвращались целы. Когда пришёл черёд Лёли идти, я взглянула на неё и заметила, что, несмотря на её хвастовство, она очень бледна... Мне сделалось так жаль её и так за неё страшно, что я невольно припала к дверной щёлке...

– Верочка! Отойди. Как можно смотреть? – сказала мне тётя Катя.

Я отошла, но очень обрадовалась, когда сестра к нам возвратилась. Я смотрела на неё теперь с особенным уважением и каким-то ожиданием: словно предполагала, что она совершенно должна измениться. Я очень удивилась, убедившись, что Лёля точно такая же, как и была. Нас усадили после исповеди чистить изюм и миндаль для бабок и мазурок, и сестра несколько раз принималась шалить и хохотать, – чем меня очень неприятно изумляла.

– Тише, дети, – останавливала нас мама, – разве можно так смеяться накануне причастия?.. А ты-то, Лёля, большая девочка, только что от исповеди и громче всех хохочешь! Не стыдно ли?

Бабушка ничего не говорила, только ласково смотрела на нас, и, хотя губы её не смеялись, зато добрые тёмные глаза её и всё её милое, приветливое лицо улыбались нам против воли.

---

[4] милый друг - фр.

# В монастыре

На другой день нас рано утром повезли причащать в женский монастырь. Во всё время обедни я рассматривала с большим любопытством монахинь и очень сожалела маленькую, худую женщину, игуменью монастыря, которой, по моему мнению, должно было быть ужасно жарко во всех этих длинных суконных мантиях, в клобуке и суконной шапочке, на лбу и вокруг щёк опушённой мехом.

Тут же была очень красивая, высокая и полная монахиня, которая иногда бывала в гостях у бабушки. Я её очень любила и теперь сожалела, зачем не она тут самая главная? Мне казалось, что гораздо было бы лучше, если б она опиралась на тот высокий посох с крестом, и ей бы все другие монахини кланялись в ноги, а не этой маленькой женщине, с жёлтым сморщенным личиком...

Я причастилась без особого чувства, потому что была ещё слишком мала, чтоб понимать торжественность этой минуты. Меня гораздо больше заняло, что я сама запила причастие вином и взяла просвиру со столика... После обедни игуменья пригласила нас пить чай. Мы с бабочкой пошли к ней, а мама и тёти поехали в собор, смотреть, как архиерей будет омывать ноги священникам.

Напившись чаю с вареньем в маленькой, жарко натопленной келье игуменьи бабочка велела нам поцеловать её руку и стала с ней прощаться. На прощание игуменья надела мне и Лёле на шею перламутровые чётки с большими резными крестиками и приказала проводить нас маленькой девочке в ряске и чёрном колпачке на русой головке.

– Бабочка! – сказала Лёля. – Мы теперь пойдём к Алеевой? Да?..

Алеева была знакомая нам красивая монахиня; я очень обрадовалась, услыхав, что мы к ней идём. Девочка в чёрном колпачке меня чрезвычайно занимала, и я тихонько спросила бабушку:

– Неужели эта маленькая девочка тоже монахиня?

– Нет, душечка, – улыбаясь отвечала бабушка, – это просто монастырская воспитанница. Их здесь много учатся; но только других к празднику отпустили домой, а эта сиротка – ей некуда идти, потому она и осталась.

– А её насильно не сделают монахиней? – спросила Лёля.

– Какие ты глупости говоришь! – остановила её бабочка. – Насильно никого не берут в монастырь.

– А зачем же она так одета?

– Все воспитанницы так одеты; когда она выйдет из ученья, тогда сымет и ряску, и чёрный колпачок и наденет цветное платьице. Монастырского только всего в ней и останется, что она будет умница, будет уметь читать и писать, и отлично знать всякие работы. Правда, девочка?..

И бабушка легонько ущипнула её за румяную щёчку.

Мы поравнялись с дверью, на пороге которой стояла Алеева. Она весело встретила нас, заговорив с бабушкой по-французски да так скоро и оживлённо, что я удивилась; а Лёля шепнула мне, что это совсем не по монашески. Расцеловав нас, Алеева вынесла нам из-за перегородки, разделявшей её просторную келью на гостиную и спальню, целую корзиночку с прелестными яйцами, отделанными ярким бархатом, атласом, фольгой и блёстками, и сказала, чтобы мы их рассмотрели и выбрали себе каждая по два; сама же она ушла в глубину комнаты и села с бабушкой на диван. Она сняла с головы свою круглую шапочку и чёрное покрывало и осталась простоволосой. Мы увидали, что густые волосы её тёмно-каштановые, с проседью, подстрижены, и лицо её, разгоревшееся от оживлённой беседы, показалось нам ещё красивее.

Просторная келья Алеевой была гораздо более похожа на комнату богатого дома, чем на жилище монахини; она казалась ещё полнее и красивее после голых стен помещения игуменьи. Мебель была мягкая; по окнам стояли цветы: гиацинты, левкои, наполняя комнату чудесным запахом. На стенах висели картины, а одна большая картина, изображавшая дом и большое дерево, над прудом, стояла недоконченная на мольберте у окна. Мы поняли, что это рисовала она сама, и очень этому удивились.

Тут же, на письменном столе, лежало несколько книг в красивых переплётах. На одной, синей бархатной, был вытеснен золотой крест; мы не трогали её, догадавшись, что это молитвенник. Но нас заинтересовала другая, алая бархатная книга, с надписью: "Album". Лёля, не выдержав, приоткрыла его немножко, и мы на первой же странице увидали рисунок того же деревенского дома, что и на большой картине; а на следующей был нарисован господин с длинной бородой и очень умным лицом.

– Он на неё похож! – шепнула я Лёле, глазами указывая на монахиню.

Лёля кивнула головой и собиралась перевернуть третий листок, как вдруг Алеева оглянулась на нас и сказала:

– Что вы там рассматриваете, дети? Оставьте! Это не для вас.

Мы отошли от стола пристыженные, а монахиня встала, взяла альбом и понесла показывать его бабочке.

Мне показалось, что лицо её вдруг сделалось очень печальным... В самом деле я узнала потом, что портрет этот был снят с её брата, умершего где-то далеко, – в Сибири. Он был очень несчастен, а сестра так его любила, что когда он умер, она бросила свет и своё богатое имение и пошла жить в монастырь.

## Приготовление к празднику

Два последних дня пред Пасхой прошли так скоро, что мы их и не видали. Мы красили яйца, завёртывали их в разноцветные шёлковые тряпочки и варили, отчего они делались как будто мраморные. Бабочка нарисовала мне несколько прекрасных яиц, с букетиками, ангельчиками и гирляндами. Приходили ещё какие-то хохлушки с писанками, т. е. с яйцами, расписанными по красному фону жёлтыми, зелёными и белыми узорами; кроме того дедушка накупил нам золотых и фарфоровых, прекрасных яичек, а тётя и мама навезли сахарных. У нас их было по целому ящику. Я распределяла заранее, которыми из них я буду христосоваться со знакомыми, с приютскими девочками и с нашими горничными девушками. Для няни Насты было у меня припасено прекрасное яйцо с распятием на одной стороне, а на другой с образом Воскресения Господня. Я знала, что няня будет ему рада и сейчас же подвесит его к своим образам.

Рано утром в Страстную субботу нас повели в собор, который был как раз против нашего дома, прикладываться к Плащанице. Я в первый раз видала её и помню, что вернувшись долго не могла успокоиться и всё расспрашивала бабочку: как смели злые люди убить Христа? Зачем им позволили это?.. Я очень радовалась, что Господь наш воскрес, ожил опять и вознёсся живым на небо. Чтобы я оставила в покое бабушку, очень занятую хозяйственными распоряжениями, мама увела меня к себе в комнату, где сидела Антония, спешно кончая какую-то работу, и попросила её рассказать мне о распятии и воскресении Спасителя, что она охотно исполнила. Антония часто за работой, которую никогда не оставляла, рассказывала мне и Лёле разные интересные вещи. Я прослушала её до самых сумерек, пока не позвали нас обедать, и за обедом упорно отказывалась от скоромных кушаний. Я и без того чуть не плакала, оттого что меня не хотели брать в церковь к заутрени; а тут ещё все постничают, няня совсем ничего не пила и не ела, а я стану котлетки говяжьи есть?.. Да ни за что на свете! Мама с бабочкой, видя моё горе, сжалились надо мной и позволили мне есть постное, чему я очень обрадовалась.

После обеда я тихо сидела в детской, думая обо всём, что слышала сегодня, как вдруг вбежала Лёля.

— Верочка! — кричала она. — Иди скорее в диванную. Посмотри, чего туда нанесли из кухни: какие бабки огромные! Пасхи, мазурки какие чудесные! И разные кушанья! Иди!..

Я побежала вслед за нею. В зале накрывали уж большой стол и расставляли на нём посуду и серебро. Бабочка же всё сначала оглядывала в диванной, куда баба Капка, Максим в белом фартуке и другой повар, Аксентий, сносили из кухни, погреба и кладовой всевозможные кушанья и печенья. Весь круглый стол был занят высокими бабами и куличами, в огромной корзине лежали разные колбасы, копчёные птицы и языки; другая была полна мазурками, покрытыми белой глазурью. Варвара перетирала и клала в вазу красные яйца. Бабушка указывала, что на какое блюдо класть и нести в зал, а что оставить про запас для людей. Аксентий с поварёнком стояли у дверей, держа какой-то поднос или жаровню, на которой лежали жареные индюшки, гуси и куропатки. Тётя Надя и Лёля вертелись у другого стола, где стояли сладкие пироги и торты, разукрашенные конфетами и цветами.

Я в жизнь свою никогда не видала столько съедобного и так удивилась, что, остановившись среди комнаты и по своей очень дурной привычке заложив два пальца в рот, воскликнула:

– Кто ж это всё съест?!

– О!.. Посмотришь, сколько у нас будет завтра гостей! – отвечала тётя Надя. – Да и нас самих разве мало? Одних людей чуть не сорок душ.

И это было правда. В те времена у всех было очень много прислуги; бабушка была из очень старинного, богатого дома; привыкла жить окружённая множеством слуг и любила, чтоб не только в нашей столовой, но и в людских всего было вдоволь, особенно в такие большие праздники. Она сама была прекрасная хозяйка и славилась своим хлебосольством.

Немного позже, когда стол в зале был накрыт, яйца, сырные пасхи и бабы для освящения в церкви отобраны, и все бабочкины хлопоты окончены, она сидела в диванной, отдыхая и подозвала меня.

– Верочка, – сказала она, – а знаешь ты, что ещё у нас завтра, кроме Пасхи?

Я устремила на неё большие глаза и покачала головой.

– Завтра ещё твоё рождение, дурочка: тебе пять лет. Смотри же, поумней до утра; ведь ты завтра будешь целым годом старше и за ночь вырастешь на аршин.

– Как на аршин, бабочка?

– Непременно на целый аршин, – улыбаясь пошутила бабушка.

Но я была такая глупенькая, что серьёзно об этом задумалась и даже начала беспокоиться о том, какое же я надену платье, если настолько вырасту из своих?

– Ну, что ж тебе завтра подарить? – прервала бабушка мои заботы.

– Не знаю! – отвечала я.

– Подарите ей, бабочка, ту большую куклу, что, помните, мы видали в лавках? Или медведя, который лезет на столб!.. А то краски! Мы будем красить картинки. Так весело!.. Хочешь, Вера, краски? – вмешалась Лёля.

– Ну, милочка! Ты столько наговорила, что всего и не вспомнишь. А знаешь пословицу: qui veut tout, – n'a rien?[5].. Смотри, чтобы с тобой не случилось как со стариком и колбасой в сказке.

– А что с ними случилось?

---

[5] Кто не хочет всё, тот ничего не получит - фр.

– Сегодня не время рассказывать. Напомни, – завтра расскажу, – отвечала бабушка. – А теперь пойдём чай пить: вот папа большой уж кончил ходить по комнатам и верно хочет чаю.

В этот вечер нам с Лёлей крепко не хотелось ложиться спать, потому что никто в доме не ложился в ожидании заутрени. Но нас всё-таки уложили, и я уснула так крепко, что и не слыхала ни звона колокольного, ни общего возвращения из церкви.

## Пасха и моё рождение

Зато все ещё спали, утомлённые бессонной ночью, когда я проснулась, пробуждённая частым, весёлым звоном колоколов во всех городских церквах. В одну секунду я вспомнила, что бабочка говорила мне о сегодняшнем дне, и вскочила на своей постельке. Бабушка всегда рано вставала и не терпела ставень, а потому солнце ярко светило в окно, за которым чирикали воробьи, и ворковали голуби, важно похаживая по откосу крыши.

Я протёрла глаза, огляделась и... что же я увидала?!.

Около моей кроватки стоял маленький стол, застланный скатертью. На нём блестел медный самоварчик и маленькая чайная посуда, разрисованная голубыми и розовыми цветочками. В сахарнице был сахар, в молочнике – сливки, а возле на подносе стояла настоящая маленькая бабка, вся покрытая сахаром, миндалём и изюмом. Но этого мало! У столика были поставлены два соломенных стульчика: на одном сидела, в ожидании чая, большая кукла, а на другом лежал красный шерстяной сарафан для меня самой. Я часто говорила бабочке, что ничего на свете не желала бы так иметь как русский красный сарафан. И вот теперь он был предо мною, весь расшитый галунами и золотыми пуговицами, и к нему ещё была бархатная повязка на голову, тоже вышитая золотом и бусами. Вот-то была прелесть!..

Я сначала окаменела от восторга. Потом, недолго думая, вскочила на постель к спавшей бабочке и ну душить её объятиями и поцелуями!.. Я так обрадовалась, что и не сообразила, что могу испугать её. В первую минуту она действительно испугалась, но, увидя меня, тотчас поняла, в чём дело. Она засмеялась, расцеловала меня и позвала няню одеть меня в новый сарафан.

Только что я оделась, прибежала Лёля, разодетая в новое шёлковое платье; она держала подаренную ей мамой книгу с картинками, а бабочка ей подарила прекрасный ящик с красками. Я не отходила от своего столика и не выпускала из рук куклы; я так была ими занята, что даже совсем забыла, что сегодня Пасха и надо христосоваться. Мне напомнила это первая няня Наста. Она вошла в комнату серьёзная, одетая в тёмное шерстяное платье и шёлковый платок; торжественно подошла она к бабушке, три раза с нею поцеловалась, обменялась яйцами и, поклонившись ей в пояс, перехристосовалась таким же образом со всеми в комнате. Я засуетилась, разыскивая между множеством своих яиц то, которое приготовила няне; она ему была очень рада. По её примеру мы все стали христосоваться и меняться яйцами, только я всё забывала каждому, кто говорил мне: "Христос воскрес!" – отвечать: "Воистину воскрес!".

Одевшись, мы все пошли к дедушке вниз пить с ним кофе; а потом поднялись в зал, где нашли очень много гостей: всё мужчины, в мундирах, вышитых золотом, из-за которых я не узнавала очень многих знакомых, потому что никогда не видала их такими блестящими. Бабушка, мама и тётя Катя всех угощали за длинным столом, покрытым бабами и разными кушаньями; только я заметила, что все очень мало ели и всё куда-то спешили. Пришли священники и певчие; пропели "Христос воскрес" и все комнаты окропили святой водой.

Приехал архиерей Иаков, высокий, красивый старик с длинной белой бородой. Все подошли под его благословение и целовали ему руку. Он прошёл с дедушкой и бабушкой в гостиную, где тотчас же смолкли громкие разговоры и смех гостей, и все они стали разговаривать очень тихо и серьёзно. Я всё это по своему обыкновению наблюдала и думала свою думу, рассматривая внимательно блиставшие на груди архиерея звёзды и кресты с разноцветными каменьями.

"Какой он высокий и важный! – размышляла я. – Вот и Алеева такая же красивая и высокая... Жаль только, что у неё нет таких звёзд!.. А какой красивый белый крест у него на клобуке. Как блестит!.."

Когда он уехал, я сказала тёте Наде:

– Надя! А, Надя! Как ты думаешь, ведь хорошо было бы, если б Алеева обвенчалась с архиереем?

– Что?.. – расхохотавшись вскричала тётя. – Ты хочешь обвенчать их? Отлично!.. Маменька! Леночка! Послушайте-ка, что тут Вера рассказывает: она предлагает женить архиерея на монахине Алеевой.

Все так расхохотались, что я чуть не заплакала, покраснев и не зная, куда деваться.

– Ну, что же такое? – говорила я сквозь слёзы. – Я только потому, что они оба старые и такие красивые, важные... Я только так сказала... Что же такое? Он монах, и она тоже...

– Он монах, и она монахиня, – так потому их и женить? – поддразнивала меня Лёля.

– Дурочка, ты моя дурочка! – смеясь сказала мама. – Монахи и монахини не могут ни жениться, ни замуж выходить.

– Вот ещё! Отчего не могут? – спросила я таким голосом, будто бы это меня очень обижало, и в ту же минуту, не совладав с собою, закрыла лицо руками и горько заплакала.

– Эх, ну что, право! – подоспела ко мне на выручку бабушка. –

Перестань плакать, Верочка. Раздразнили тебя, бедную!.. Полно же, полно!

В эту минуту отворилась дверь, и шурша длинной рясой в зал вошла сама Алеева. Я стояла на стуле, куда меня поставила возле себя бабушка, и поспешила спрятаться за неё. Монахиня, поздоровавшись со всеми, с удивлением спросила, глядя на меня:

– Что это с Верочкой? Чего она так плачет?

Все ей отвечали одними улыбками и смехом.

– Да, вот из-за вас! – сказала бабочка, стараясь сдержать улыбку, чтоб меня ещё больше не раздразнить.

– Из-за меня?! Как так? – удивилась Алеева.

Мама начала рассказывать ей сквозь смех:

– Да вот, видите ли, сейчас был у нас Преосвященный Иаков и так понравился Верочке, что она непременно захотела его с вами обвенчать и вот сердится, зачем мы сказали, что вы не можете за него выйти замуж...

Уж и не знаю, как это я решилась тут взглянуть одним глазком на монахиню... Я видела, как она приподняла вверх свои широкие брови, как дрогнул её красивый рот, удерживая весёлую улыбку... Но в ту же минуту она ласково взяла мою руку и проговорила совершенно серьёзным голосом:

– А вот что!.. Ну, что же? Спасибо Верочке, что она так обо мне заботится!.. Прекрасную партию она для меня нашла. Спасибо!.. Вот тебе за это золотое яичко.

Я, не подымая головы, взяла из рук её яйцо и только после усиленных уговоров бабочки решилась отереть слёзы. В моём яйце оказались ножницы, напёрсток, игольник, а в другой половине – крошечный молитвенник с картинками.

– Это значит, что тебе скоро пора уметь шить и читать, – объяснила мне Алеева.

Тут приехали новые гости и Анна Ивановна, которая шепнула мне, что привезла Груню Зайцеву. Я сейчас же убежала показывать ей свои новые игрушки. Скоро приехали Клава и Юля Гречинские, и мы превесело провели весь день, играя в куклы и катая яйца в длинной галерее. Мы столько набили их, что баба Капка разворчалась, что больше нет у неё красных яиц. Но мы только смеялись, не веря ей; мы знали очень хорошо, что в кладовой у неё целая кадка с опилками и красными яйцами.

Вечером, когда папа большой ушёл спать, гости разъехались, и все сидели в жёлтой диванной, мы не забыли напомнить бабочке об обещанной сказке, о старике с колбасой.

– А!.. Вспомнили! – улыбнулась нам ласково бабушка. – Ну садитесь, слушайте.

Мы живо разместились возле неё на диване и навострили уши.

"В те далёкие-далёкие времена, когда на белом свете ещё водились колдуны и волшебники, – начала рассказывать бабушка, – жили-были старик со старухой. Они были очень бедны. Раз, сидели они перед пустым камином, которого им нечем было истопить, и печально разговаривали.

— Ах! — молвил старик. — Хоть бы явилась нам какая-нибудь добрая фея и дала всё, что нам нужно!

— Да! — согласилась жена его. — Это было бы большое счастье. А что бы мы у неё попросили?

— Нам, правда, нужно столько, что я не знал бы, чего прежде просить? заметил старик.

— Вот глупости! — накинулась на мужа старушка. — Мало ли что?.. Я бы попросила полную кадку золота, вечную молодость, красоту!..

— Та-та-та! — рассердился муж. — Сейчас видна баба. На что тебе красота?.. Уж лучше проси здоровья да хороший ужин, а то у меня от голоду даже желудок подвело.

— Старый обжора! — закричала жена. — Дурень! — Были бы деньги, а ужин найдётся!..

Так они сидят да ссорятся, вдруг слышат тоненький голосок:

— Перестаньте! Стыдно браниться!

И в ту же секунду из каминной трубы спустилась маленькая, блестящая волшебница...

Старики так и ахнули!

— Ну, — сказала ласково фея, — позволяю вам сделать три желания, которые я тотчас исполню.

Бедный старичок был так голоден, что сам не успел опомниться, как сказал:

— Чтоб сейчас же предо мной явилась хорошая колбаса!..

Колбаса тут как тут очутилась пред ним на тарелке да ещё и с ломтём хлеба в придачу.

— Ух! — как рассердилась старуха, что он сделал такое глупое желание. Вдруг она как крикнет. — Ах ты, старый дуралей!.. Да чтоб эта колбаса тебе к носу приросла!..

И послушная колбаса прыгнула с тарелки и в тот же миг приросла к носу бедного старика...

— Ай, ай, ай! — завопил старик. — Что я буду делать!? Куда мне, горемыке, деваться?.. Все люди будут смеяться, что у меня вместо носа — колбаса! Ах, я несчастный!

Что тут было сделать старушке? Ведь она любила своего мужа... Нечего делать: пришлось пожелать, чтобы колбаса от носа отвалилась...

— Ну, вот я и исполнила все три ваши желания! — сказала смеясь волшебница и исчезла.

А бедные, глупые старики так и остались ни с чем, кроме одной колбаски, которую тут же и скушали".

— Вот вам и вся сказка, дети, — заключила бабушка. — Как же вы думаете: какой её смысл? Чему она учит?

— Не ссориться, — сказала было я.

Но сестра Лёля расхохоталась так громко, что моего предположения никто и не слышал, и с уверенностью закричала:

– Я знаю! Эта сказка нас учит всегда желать чего-нибудь получше немецкой колбасы.

Все засмеялись, но бабочка сказала, покачав головою:

– Нет, душа моя. Нравоучение этой сказки именно и заключается в той пословице, которую я вчера вам сказала: кто многого желает, тот ничего не получает.

– Или, по-русски: "за двумя зайцами погонишься, – ни одного не поймаешь!" – пояснила мама.

Очень усталая и счастливая легла я в этот вечер спать, хотя и не выросла, как обещала мне бабочка, не только на аршин, а даже ни на вершок.


## Наша дача

Вскоре после Пасхи наступила настоящая весна. Двойные рамы вынули из окон; бабушка выставила свои цветы из гостиной и диванной, где они стояли пред окошками, на горках, на балкон; солнышко весело светило и грело, а широкая Волга разлилась, затопила синими водами все островки и берега.

Я сидела подолгу на любимом месте своём, в детской на окне, теперь часто открытом, прислушивалась к весёлому шуму на улицах, к журчанью воды, грохоту давно не слышанных колёс, птичьему гаму на бульваре соборной площади, где все аллеи ещё сквозили, непокрытые зеленью, и к неумолчному воркованию голубей на нашей крыше. Помню, что голуби меня ужасно занимали. Я следила за всеми их движениями, когда они прохаживались под моим окном, заставляя железные листы крыши слегка погромыхивать; за кокетливыми изгибами и поворотами их хорошеньких головок, за турухчанием и воркованием их, стараясь им подражать и придумывая, что бы такое они друг другу рассказывали?..

Недельки через две всё зазеленело светлой, молодой листвой, и нас каждый день стали водить гулять. Мы собирались после уроков возле собора на бульваре: играли в разные игры с подругами, бегали и веселились, так что стон стоял по аллеям от нашего смеха и криков.

Но больше всего любила я ездить с бабушкой на нашу дачу. Она в ней распоряжалась поправками к летнему житью; а я бегала в липовых аллеях и на лугу перед рощей, собирая фиалки, радуясь, что со всяким днём всё лучше зацветает.

Но вот было счастье, когда нас перевезли туда. Дача наша совсем была недалеко от города, на опушке рощи, которая становилась всё гуще, спускаясь к Волге, и наконец превращалась в настоящий лес.

Дом был старинный, каменный, с расписными потолками в цветах и амурах; с двумя балконами, опиравшимися на толстые колонны, с густым сиреневым палисадником. Один балкон спускался в него боковыми ступеньками; другой, побольше, выходил к трём густым липовым аллеям, которыми начиналась роща. Невдалеке аллеи эти перерезывал провал, всё увеличивавшийся от дождей и превращавшийся далее, влево, в глубокий овраг, приводивший к Волге. Направо от аллей начиналась бахча, т. е. поле, засеянное арбузами, дынями и огурцами; налево, с обеих сторон оврага, шла прелестная лужайка, поросшая разноцветным шиповником и цветами, где мы, бывало, ловили бабочек. Далее, впереди оврага, продолжалась роща, выводившая к так называемой большой даче, о которой речь будет впереди, – в это лето она стояла пустая; а за оврагом, в конце прямой аллеи, ведшей от этой большой дачи, был пруд, за которым уж роща обращалась в лес. Но ближе к нам, рядом с обеими дачами, был чудесный, грунтовой сарай. Вы не знаете, может быть, что это такое?.. Это большое место, закрытое высокой стеной от северных ветров, с дощатой крышей, которой прикрывают его на зиму от снегов и мороза, а на лето снимают, заменяя её только сеткой от прожорливых воробьёв. В этом сарае содержат, непривычные к холодам, плодовые деревья. Уж как я любила, расжарившись, ловя бабочек или собирая цветы на лугу, зайти в этот тенистый грунтовой сарай, где с высоких, зелёных деревьев висели – ах! какие славные чёрно-красные или янтарные, наливные шпанские вишни!.. Нас всегда там угощали и даже позволяли самим рвать и делать из ягод красивые букетики.

Если, не сворачивая, идти, бывало, прямо по единственной, тогда не тронутой ещё провалом, правой липовой аллее, то она скоро приводила к нескольким дорожкам, расходившимся звездой, в разные стороны рощи, а как раз в средине этого перепутья стояла деревянная беседка, – круглый большой павильон, с круглым же куполом на столбах, – место многих наших увеселений.

Я смалу была ужасная фантазёрка и часто выдумывала сама для себя целые истории обо всём, что мне на глаза попадалось. Я очень любила одна забираться в рощу и ничего в ней не боялась. Усажу, бывало, усталую няню на ступеньки беседки, сказав, что только нарву букет и сейчас вернусь, а сама заберусь в чащу да и забуду о цветах. Хорошо было в нашей тенистой, прохладной роще!.. Стою я себе, опустив руки, неподвижно среди высоких белых берёз, под которыми, пробиваясь сквозь бурую насыпь прошлогодней листвы, белеются пахучие ландыши словно жемчуг, нанизанный на тонкие стебельки; стою, любуюсь и прислушиваюсь... Как тихо! Казалось, будто жучки, пчёлы, стрекозы и всякие букашки, так весело жужжавшие на полянах, залитых солнцем, боялись лесной темноты и сюда не залетали. Даже птицы не заливались хором как в саду и в аллеях, а изредка, несмело чирикали и посвистывали в одиночку, где-нибудь на верхушке дерев. Только муравьи да длинноногие пауки быстро бегают, мелькая среди подвижного узора светлых пятен, у ног моих на серой земле... Смотрю я на них и думаю: "Чего они бегают, суетятся? Что они ищут, куда спешат?.." А то закину голову вверх и любуюсь: как славно отделяются кудрявые макушки деревьев на светлом небе!.. Как трепещет высоко в воздухе какой-нибудь молоденький листок. "Бедняжечка! – думала я. – Такой он маленький, слабенький! Ветер так его и треплет: сейчас оторвётся и закружится, полетит на землю"... Я даже и руку протягивала, готовясь налету поймать его. Но листок и не думал падать. Он крепко держался стебельком за мать-берёзу и с каждым днём рос и креп, пока стояло красное лето; а осенью, когда все листья желтели и падали на землю умирать, я наверное его бы не узнала, такой он был тогда большой красный и высохший.

Бог знает, о чём только я не передумывала в такие одинокие прогулки?.. Теперь забыла свои мысли, но знаю, что их было много, и что часто мне представлялось, что я не одна думаю свои думы, а что всё, что меня окружало: берёзы, тихо шептавшие над головой моей, и ландыши, приветливо глядевшие на меня из-за тёмной зелени, и чирикавшие птички, и бабочка, садившаяся неподалёку на цветок, – всё, одним словом, знает мои мысли, понимает меня и молча со мною соглашается... И так хорошо, так весело бывало мне одной в милой роще, как никогда не бывало с шумливыми подругами.

Хотя в то время роща казалась мне дремучим, бесконечным лесом, в котором легко было набрести на что-либо такое, о чём в сказках говорится, но я в ней никогда не знала страха (кроме одного случая, о котором расскажу после). Я искренно верила, что стоит только пройти подальше, и непременно набредёшь на Бабу-Ягу, с её домиком на курьих ножках и ступой перелётной, вместо экипажа; встретишь лешего, разбойников и чуть ли не самого Змея Горыныча! Все эти чудеса занимали меня ужасно, но совсем не пугали.

Очень часто, забравшись в такую чащу, что ничего кругом, кроме стволов древесных да просветов неба над головою и видно не было, я чутко прислушивалась: не идёт ли кто? Не летит ли?.. Не слышно ли чьего голоса или лошадиного топота? Не раздастся ли посвист молодецкий или плач королевны, заведённой девкой-чернавкой на съедение волкам? Я зорко вглядывалась, уверенная, что могу увидеть что-нибудь таинственное, и не раз сердце моё замирало и крепко билось от ожидания.

Нечего и говорить, что я была такая храбрая именно потому, что со мной никогда ничего в роще не случалось; а, не дай Бог, представься мне только что-нибудь необыкновенное, я бы, пожалуй, со страху умерла, потому что в сущности я была большая трусиха, что доказала моя история с Жучкой, и ещё докажет следующая глава.


### На пруду


Раз Лёля зазвала нас за бахчу на далёкий пруд, куда мы никогда не ходили. Это был не тот пруд в роще большой дачи, о котором я выше говорила: тот был гораздо ближе. Мы отправились, позавтракав, прямиком чрез бахчу, где на взрытой, пригретой солнышком земле зрели арбузы и жёлтые дыни. Из-под наших ног то и дело взлетали стаи воробьёв, нисколько не боявшихся расставленных во всех концах чучел, воробьиных пугал. Я должна признаться, к своему стыду, что мы, идя по меже, то и дело уподоблялись этим прожорливым воришкам, потому что, нисколько не стесняясь, рвали молоденькие чужие огурчики и с большим аппетитом их ели. Вот в стороне блеснул пруд, весь заросший травой и жёлтыми водяными лилиями, кувшинчиками, блиставшими на солнце, качаясь на своих широких круглых листьях.

— Точь-в-точь печёная репа на зелёных тарелках! — объявила Лёля.

Мы подошли ближе. Вокруг пруда росли кусты, и стояла, опустив серебристые ветви в воду, старая, сверху подрубленная, ива; в средине же его, весь заросший камышом, был маленький островок, по которому ходило стадо крошечных гусенят, пощипывая травку. Они как жёлтые пуховые шарики переваливались с ножки на ножку, толкаясь, отряхая крошечные крылышки, гогоча вокруг матери-гусыни, которая важно поворачивала длинную шею, чистя носом свои перья. Серый гусь плавал в стороне, между лилиями, высоко держа голову, не поворачиваясь ни вправо, ни влево, только изредка перебирая под водой широкими красными лапами.

Лёля взобралась на пень и распевала какую-то песню, с разными руладами, размахивая руками и обращаясь к нам будто актриса к зрителям. Надя старалась какой-то палкой с крючком на конце зацепить и сорвать лилию; а я, любуясь на гусиную семью, вдруг сказала:

— Как бы я хотела, чтоб и маленькие гуси спустились в воду!

— Ну что ж! Их сейчас можно согнать, — сказала сестра, спрыгнув с пня на землю и нагинаясь за камешком.

— Ах! Нет, — остановила я её за руку, — не бросай камнями, пожалуйста! Ещё попадёшь в гусёнка.

— Вот ещё глупости! Нежности какие!.. Я их сейчас прогоню с островка.

— А вдруг они ещё не умеют плавать? Вдруг они утонут, — кричала я в ужасном беспокойстве.

— Гуси-то? — расхохотались надо мной тётя Надя и Лёля и начали кричать, спугивая гусей, махать палкой и бросать в них, чем попало.

Гуси всполошились. Мать, присевшая, было, отдохнуть на солнышке, беспокойно поднялась и озираясь гоготала, сзывая своих детей, которые, толкаясь и бросаясь в разные стороны, спешили за нею в пруд, кувыркаясь и клюя носиками воду. Гусь, не обращая никакого внимания на догонявшую его встревоженную семью, поплыл быстрее к другому берегу.

Один маленький гусёнок всё отставал, жалобно пища и напрасно стараясь догнать уплывавшую мать...

— Оставь! Оставь, пожалуйста! — уговаривала я, хватая Лёлю за руки. — Ведь уж они в воде! Ведь уж плывут!.. Оставьте же! Зачем ещё бросать?

Но Надя с Лёлей не унимались. Не слушая меня, одна из них

схватила с земли большую палку и пустила её вслед уплывавшим гусям.

Те метнулись с громким криком в разные стороны; большие даже взмахнули сильными крыльями и полетели, но гусыня сейчас же снова тяжело опустилась на воду, собирая и подгоняя своих перепуганных детей. Один гусь только, поджав ноги и распустив широко крылья, продолжал лететь прямо к шалашу, которого мы совсем не заметили. Наконец, вся птичья семья добралась до земли. Переваливаясь, с громким криком всё стадо пустилось бежать к тому же шалашику... На взбаламученной воде, расходившейся кругами и рябью, остался только один маленький гусёнок, что давеча всё отставал, но только теперь он уж не плыл, а, повернувшись беленьким брюшком вверх, неподвижно качался на воде...

Увидав, что они наделали, Надя с Лёлей беспокойно переглянулись; а я закричала и залилась слезами.

– Убили! Вы его убили! – неутешно повторяла я. – Злые! Гадкие!.. Я говорила вам!..

– Молчи! Говорят тебе, – молчи! – унимали они мои крики. – Уйдёмте поскорее!.. Вон женщина идёт сюда из шалаша. Скорее! Это сторожиха!..

И они бросились бежать.

Я взглянула и увидала быстро шедшую к нам женщину, с очень сердитым лицом. Забыв слёзы, я бросилась вслед за ними; а женщина, увидав убитого гусёнка, тоже побежала за нами вдогонку.

– Ах, вы, негодные девчонки! – кричала она нам вслед. – Бесстыдницы! Гусёнка убили. Бросать каменьем в чужую птицу!.. Вот я вас!

И женщина, преследуя нас, не переставала кричать и браниться до самой рощи.

Мы бежали. Надя и Лёля с громким смехом впереди; я – сзади, отстав как давешний гусёнок, с ужасом прислушиваясь к топоту за мной и ожидая, что вот-вот поймает меня эта страшная женщина...

Но, слава Богу, – вот и дача. Мы стремглав, едва переводя дух, повернули в аллею.

– Ишь улепётывают! Хороши барышни! Озорницы эдакие!.. – раздавалось за мною. – Вот догоню я вас, стойте!.. Я вам задам!

Вдруг женщина в недоумении остановилась, увидав, что мы бежим к балкону, где в ожидании обеда собрались все наши.

– Ишь их! – укоризненно пробормотала она. – А ещё губернаторские!..

Она повернула и пошла назад, тяжело отпыхиваясь.

Мы вбежали на крыльцо. Надя села на ступеньки, едва переводя дух от усталости и смеха; Лёля вбежала на балкон, подпрыгнула и с хохотом повисла на шее тёти Кати; а я бросилась к вечной своей заступнице – бабочке.

– Что с вами, дети?.. Чего вы испугались? – спрашивали нас.

– Да Вера на бахче гусёнка убила! – закричала Лёля.

– Ах! – успела я только ахнуть в негодовании.

— Неправда! — вскричала тётя Надя. — Ну зачем ты, Лёля, глупости говоришь и неправду? Не Верочка убила, — а мы.

И Надя рассказала всё, как было.

— Фу, срам какой! Ну не стыдно ли вам так вести себя? — сказала бабушка.

— Ничего не делают! Не учатся совсем они теперь, — заметил дедушка, прохаживаясь по балкону. — Этого мало, что они с Антонией Христиановной занимаются: надо, чтоб к ним сюда из города ездили учителя. А то они совсем исшалились. Надя большая уж, чуть не взрослая девушка, а тоже не прочь с племянницами колобродить!.. Не стыдно ли, сударыня?..

Надя, не отвечая ни слова, встала и ушла. Она очень не любила, когда ей делали замечания. Лёля присмирела, усевшись у ног тёти Кати, с улыбкой разглаживавшей её серебристые, курчавые как у барана волосы, которые сейчас же топорщились, вздымаясь из-под тётиной маленькой ручки.

— Это, верно, сторожихины гуси, — сказала бабочка, — с бахчи?.. Надо ей заплатить за гусёнка... Большой он, Верочка?

— Нет, крошечный! Такой бедненький, маленький!.. Всё отставал... Я говорила, что они убьют его, — они не слушались. Так мне его жалко! — говорила я, снова чуть не плача.

— Ах ты, мышка, мышка черноглазая! — взял меня дедушка за подбородок. — Чуть ли ты не умнее старшей сестрицы и тётушки своей, а?..

— Ещё бы! Конечно, умней! — смеясь подтвердила моя добрая, дорогая бабочка, с такой уверенностью, будто это и в самом деле была правда.

С этих-то пор я и не хотела больше гулять с Лёлей и Надей, а всегда ходила с большими или тихонько убегала совсем одна. Это тоже было нехорошо. Хотя роща наша была как сад со всех сторон закрыта, но пятилетнего ребёнка мало ли что может напугать!.. Сейчас расскажу вам, какого я раз набралась страху в моей любимой роще.


## Медведь


Случилось это в начале лета. Няня Наста была не совсем здорова, и потому ко мне временно приставили для игр и прогулок молодую горничную Парашу. В одно утро мы с нею в палисаднике играли в городки! Она ломала ветки белой и лиловой сирени и, втыкая их в землю, делала аллеи; из щепочек и колышков мы строили дома; из кусочков стекла, обложенных землёю, устраивали пруды и колодцы, из прутиков выводили заборы и ворота. Таким образом у нас росли целые города, по которым мы водили гулять моих кукол.

Вдруг Жучка, лежавшая неподалёку, свернувшись клубочком, подняла голову и, насторожив уши, зарычала.

– Цыц! Чего ты, глупая? – прикрикнули мы на неё; но собака не слушалась и, поднявшись на ноги, всё сердитее ворчала.

Параша стала на палисадник, чтоб заглянуть чрез кусты в поле, отделявшее дачу от города. В ту же минуту там забарабанили, защёлкали, загремели чем-то железным, а Жучка рванулась, залаяла как бешеная, хрипя, вся ощетинившись, и в один прыжок исчезла за калиткой. Мы тоже бросились за ней во двор и увидали в воротах каких-то мужиков с двумя огромными медведями на цепях. Вокруг них, приплясывая под барабан, щёлкая деревянными челюстями, увивался мальчишка, одетый козой. Мужики барабанили, выкрикивая свои приказания медведям; те становились на задние лапы, рычали и гремели цепями; Жучка заливалась лаем: кутерьма была страшная! В первую минуту я испугалась; но потом, когда все высыпали на крыльцо смотреть медвежью пляску, я очень смеялась, глядя на их косолапые штуки. Один из них, очень большой сильный медведь, особенно смешно представлял, "как тихо бабы на барщину ходят и как с барщины скоро домой бегут"; "как ребятишки горох воровать крадутся, а красные девушки в зеркальце смотрятся".

Мужикам заплатили; Михайлу Иваныча и Марью Михайловну Топтыгиных угостили хлебом, сахаром и водкой, которую они очень ловко выпили, взявши стаканы в свои мохнатые лапы, и они ушли восвояси, а я вернулась в палисадник к своим постройкам.

Перед обедом я шла наверх, в детскую, чтоб оправить волосы и платье, когда меня остановил на лестнице испуганный шёпот Даши.

– Барышня! А, барышня! – говорила она. – Знаете? Медведь-то большущий самый убёг!.. Сорвался с цепи и убёг в рощу. Вот страх какой!..

– Неправда. Кто тебе сказал?..

– А кучер Фока сказывал. И Ванька-"фолетор" тоже видал... Они оба в рощу побегли вожакам помогать изловить его. Вот, барышня, теперь полно в рощу-то бегать: страшно!

– Vérà, – раздался голос Антонии, – que faites vous là bas! Venez, je vous arrangerai pour le diner[6].

Антония никогда с нами не говорила иначе как по-французски. Я даже была уверена долго, что она по-русски совсем не умеет, – так она нас уверила, чтобы мы скорее выучились.

За обедом я передала известие о медведе Елене, и она сейчас же громко это всем объявила.

– Неужели это правда? – обратилась бабушка к служившим за столом лакеям.

Дворецкий Яков отвечал, что слыхал, но наверное не знает; а молодые лакеи, Константин и Пётр, подтвердили рассказ Даши.

Бабушка встревожилась. Тёти и дядя Ростя, приехавший к нам на

---

[6] Вера, что вы там делаете! Приходите, я приготовила для вас ужин – фр.

лето из Петербурга, где он учился в артиллерийском училище, начали её успокаивать тем, что у медведя нет ни когтей, ни зубов.

– Да на что ему когти и зубы? – говорила бабушка. – Он просто задушить может при встрече.

– Да, разумеется, в медвежьи объятия попасть не совсем приятно, – согласилась мама.

А папа большой сказал, что прикажет узнать достоверно, и что если это только правда, то его поймать нетрудно, окружив рощу облавой.

– Верочка, что ты так испуганно смотришь? – обратилась ко мне тётя Катя.

– Что ты глаза выпучила, будто подавилась? – закричала Лёля.

– Какие прелестные выражения! Как не стыдно так глупо говорить? – остановила её мама. – О чём ты задумалась, Верочка, что с тобой?

Я отвечала, что ничего, так себе...

– Ты не вздумай бояться, – продолжала мама. – Медведя, если он убежал, сегодня же поймают.

– Я не боюсь! – отвечала я.

Но это была неправда: как я ни старалась, никак не могла забыть, что огромный медведь поселился в нашей роще и во всякую минуту может свободно явиться к нам.

С вечера поднялся ветер; зашумели высокие деревья, ставни наши заскрипели, и то и дело хлопали где-нибудь двери. Мне стало ещё страшней. Я всё прислушивалась и поминутно вздрагивала. Когда меня уложили в постель, я никак не могла заснуть; мне всё казалось, что вот-вот отворится дверь, и вместе с воем ветра раздастся страшное медвежье рычание...

Как я жалела, что няня была больна и не могла рассказать мне сказки!.. Пробовала я попросить Антонию разговаривать со мной; но она отвечала, что очень занята и продолжала писать в смежной комнате. Пришла Лёля ложиться, а я всё ещё не спала.

– Ты чего не спишь? – спросила сестра.

– Не знаю... Лёля ты не слышала: поймали медведя?

– Ах, нет! – важно покачала она головой. – Говорят, он спрятался в нашем овраге.

Она переглянулась с маменькиной горничной Машей, которая её раздевала вместо няни Насты, и заговорила шёпотом:

– А ты знаешь, что медведи по ночам всегда за добычей выходят?.. А овраг-то близко!

– Ах! Не говори! – вскричала я, затыкая себе уши.

Лёля села в одной рубашке на край своей кровати, обхватила руками колени и, раскачиваясь туда и сюда, заунывным голосом запела давно знакомую нам старую сказку:

> "Я – скрипун-скрипун медведь
> Да на липовой ноге.
> Уж все сёла спят, все деревни спят;

99

Одна девочка не спит – на моей коже сидит!
Мою шёрстку прядёт, мою лапу сосёт!..
А пришёл-то я затем,
Что я ту девчонку... съем!.."

И с этим последним словом, которое она громко закричала, Лёля неожиданно набросилась на меня, ещё громче крича:

– Ай! Вот он! Медведь!.. Спасите!!

Не могу рассказать, что тут случилось. Знаю только, что я так ясно представила себя в лапах косматого медведя, что вскрикнула не своим голосом и бросилась, вся дрожа, на шею к прибежавшей в испуге Антонии.

Мы такого наделали шуму, что снизу прибежали тёти узнать, в чём дело, и мама с бабушкой уже хотели всходить на лестницу; но тётя Катя, боясь за маму, которая была больна, закричала им сверху, что это пустяки, что я перепугалась чего-то во сне и теперь уж успокоилась. Бабочка, проводив маму назад в гостиную, где они играли с папой большим в карты, всё-таки вернулась к нам, беспокоясь обо мне. Я лежала ещё вся дрожа в своей кровати; а Антония сидела возле, успокаивая меня и браня Лёлю, и без того сильно сконфуженную. Крепко ей досталось и от бабушки, хотя я и уверяла, что это ничего, что уж я больше не боюсь...

Мне, действительно, было очень стыдно своего глупого испуга, наделавшего переполох во всём доме.

Несколько дней после этого я всё-таки ещё помнила о медведе и боялась оставаться в сумерки одна на балконе; а гуляя, постоянно оглядывалась при каждом шорохе. Наконец, впечатление страха изгладилось, и я совершенно забыла как и другие о медведе и обо всей этой истории.

## Страшная встреча

В один день утром мы все, т. е. Надя, Лёля и я, собрались идти в рощу за бабочками, в сопровождении Натальи, старшей бабушкиной горничной и ещё двух или трёх горничных, с сетками и ящиками. Я ведь говорила вам, что у бабушки были большие коллекции всяких насекомых?..

Её кабинет был полон замечательных коллекций не только бабочек, но разных зверей и птиц, древностей, монет, окаменелостей и всевозможных редкостей. Многие учёные люди были в переписке с бабушкой и нарочно приезжали издалека, чтоб с нею познакомиться и посмотреть её кабинет... Но я расскажу вам о нём подробнее позже, хотя в то время я ещё была слишком мала, чтоб замечать то, о чём придётся мне говорить с вами, когда я дойду до описания её кабинета.

Я тогда только знала, что бабушка накалывает бабочек и жуков рядами в стеклянных ящиках с надписями над каждым из них; но зачем ей были они нужны, – меня совсем не занимало.

Итак, мы отправились с сетками на плечах, очень довольные предстоявшей прогулкой. День был чудесный; солнце ярко горело в безоблачном небе, птицы заливались, и пчёлы неумолчно жужжали в цветущей липовой аллее. Когда мы вышли на лужайку, за оврагом, у нас глаза разбежались на яркие цветы, пестревшие в нескошенной траве, на белый, жёлтый и розовый шиповник, на множество мотыльков, букашек и мушек, порхавших между кустами, жужжа и переливаясь в горячих лучах света.

Мы горячо принялись за работу, но, правду сказать, более разгоняли бабочек, чем их ловили. Я даже вовсе не ловила; мне так было жалко бедняжек, когда Наталья или Матрёна, тётина горничная, придавливали им головки и полумёртвых клали в картонный ящик, что почти каждый раз, как попадалась ко мне в сетку пёстрая бабочка, я, полюбовавшись ею, пускала её на волю.

Радостно следила я, как она вылетит из сетки, трепеща крылышками; бросится будто от страха, в одну сторону, в другую, потом полетит плавнее и пойдёт спускаться с одного цветка на другой, облетая каждый, будто выбирая лучший... Наконец, выберет, – легонько уцепится тоненькими лапками и качается вместе с цветком, медленно закрывая и распуская пёстрые крылышки... Мурлыкая себе какую-то песенку, беспрестанно останавливаясь, чтоб сорвать цветок или поближе рассмотреть какую-нибудь козявку, заползавшую в чашечку шиповника, я направилась к опушке рощи. Мне было очень жарко; меня манила туда тень и прохлада.

Я оглянулась...

Лёля с Надей растянулись в тени большого куста шиповника в пахучей траве и громко смеялись, о чём-то разговаривая; три девушки разбрелись в разные стороны, занятые ловлей бабочек; на меня никто не обращал внимания... Я дошла до рощи, сняла с шеи платочек, сбросила шляпку с разгоревшегося лица на спину и побрела себе, сама не зная зачем, в самую частую чащу. Мне очень хотелось зайти как можно глубже в лес, – спрятаться от палившего меня жара, но странно! – Чем более подвигалась я между деревьями, они словно редели предо мною... Чаща расступалась, убегала всё дальше и дальше как заколдованная, и я никак не могла в неё углубиться.

"Сяду-ка я, отдохну немножко!" – подумала я, лениво раздвигая ветви березняка и едва переступая от усталости. Я подошла к высокой берёзе и села у подножия её, разроняв все набранные мною цветы и сетку бросив в сторону. "Хорошо бы было подложить под голову все эти цветы, – думалось мне уже сквозь сон. – Так бы славно заснуть на колокольчиках и ландышах... И сколько их тут ещё растёт... белеется кругом... Сейчас нарву ещё и подложу вместо подушки"...

Но я не успела исполнить этого, потому что глаза мои сомкнулись, голова прислонилась к стволу берёзы, и я сладко уснула.

Долго ли я проспала? – Не знаю. Я вдруг разом проснулась, испуганная каким-то, показалось мне, рычанием или рёвом...

Я села, сразу выпрямившись и широко открыв глаза, прислушивалась.

"Что это? – Показалось мне это или в самом деле?.. Да где же это я?.. Ах! Да это я в лесу заснула, и уж кажется вечер?.. Да где же все?.."

"Надя! Лёля!" – собралась я, было, закричать... но вдруг что-то опять невдалеке от меня засопело, и я так и застыла с открытым ртом, словно захлебнувшись собственным голосом.

Захрустели ветви, зашелестел кустарник, и поднялось из-за него что-то тёмное, большое, прямо надо мною.

"Медведь!" – как молния блеснула мне мысль, и я, не помня себя, с громким криком повалилась лицом на землю. Нехорошую минутку пережила я тут, лёжа в ужасе, вся похолоделая, ожидая... Что-то подошло ко мне, наклонилось и вдруг, облапив, приподняло с земли.

В ушах у меня зазвенело, в глазах стало темно, и с громким криком я рванулась и, размахнувшись, что было силы, ударила медведя по лицу!..

– Верочка! Что ты?!. – закричал медведь, отшатнувшись в удивлении.

Но я его не слушала и, крича изо всей мочи, отбиваясь от него руками и ногами, продолжала колотить его по чему попало: по голове, по плечам, по лицу.

– Господи!.. Вера! Верочка, да что с тобой? – кричал медведь, стараясь поймать мои руки.

Тут я решилась открыть зажмуренные от страха глаза и сквозь слёзы узнала... лицо своего дяди Рости.

Я так изумилась, что даже замолчала. Но только на одну минутку, потому что слёзы душили меня. И стыдно мне было, и досадно, и всё ещё страшно!.. Я так была уверена, что это пришёл съесть меня медведь, что никак не могла опомниться и понять, что никто меня есть не намерен, и что я лежу не в лапах косматого Мишки, а на руках у своего молодого, доброго дяди Ростислава, одетого в юнкерскую шинель нараспашку. Он, было, рассердился, когда я начала его бить, но потом испугался, не понимая, что со мною сделалось?

– Не узнала ты меня, что ли? – спрашивал он, стараясь меня успокоить.

Я через силу, всхлипывая, объяснила:

– Я... дума...ла вы... мед...ведь!

Дядя расхохотался.

– Ах, ты мышь этакая!.. – воскликнул он. – Храбрая какая!.. Так это ты хотела медведя побить? Да как это ты забралась сюда одна, скажи, пожалуйста?..

И дядя, всё смеясь и называя меня храброй мышью и воинственной куропаткой, повёл меня домой.

Дома все были встревожены моим отсутствием. Наталья, только что вернувшаяся из рощи с Надей и Лёлей, была уверена, что я шла впереди: очень испугавшись, она собиралась идти искать меня, когда из липовой аллеи вышел дядя, держа меня, сконфуженную и заплаканную, за руку.

– Вот, – сказал он, – рекомендую вам храбрую куропатку, которая воевала в лесу со страшным медведем. Медведь хотел её съесть, – но она не испугалась и так его поколотила, что он убежал!.. Ах, ты мышка, мышка! И не жаль тебе было бедного медведя? – пошутил дядя, ущипнув меня за щеку, и ушёл, смеясь и не отвечая ни слова на расспросы, с которыми все к нему приставали.

Сестра и тётя Надя приступили ко мне.

– Какой медведь? Как ты его побила? Где ты была?..

Но я также ничего не хотела объяснять им, потому, что мне было очень стыдно своей новой глупости.

Я надулась и, отбиваясь от них локтями, сердито ушла наверх. Я ужасно боялась, чтобы дяде Росте не вздумалось рассказать об этом происшествии за обедом; но, спасибо ему, он верно понимал мой страх и только раза два улыбнулся, называя меня храброй мышью, но никому не рассказал ничего.

## Рождение брата Леонида

Была середина лета. Роща наша потемнела; прошла пора не только фиалок, ландышей и сирени, но отцвели и липы, а вместо разноцветных диких роз на шиповнике вызревали красивые семена.

Раз после обеда мы сидели с тётей Надей и сестрой одни в гостиной. В доме была какая-то суета; все старались не шуметь, ходили на цыпочках, плотно притворяли двери; горничные чаще бегали по всем комнатам, прислуга перешёптывалась; тётя Катя и Антония смотрели озабоченно и рассеянно относились к нашим вопросам; одним словом, мне было ясно, что происходит что-то необыкновенное, о чём Надя с Лёлей знали, но не хотели рассказать мне. Я напрасно целый день искала бабочки или няни Насты: их совсем не было видно!

Дедушка уехал в город, и за обедом даже никого не было, кроме дяди, нас да урывками тёти Кати.

– Верно мама больна? Мама или бабочка, потому что их нигде нет, – решила я.

– Никто не болен, – отвечала тётя. – Сидите только смирно. Самое лучшее, идите ко мне наверх, с мисс Джефферс и будьте с нею!

Идти сидеть со скучной англичанкой! Да ни за что! Мы выпросили позволение оставаться в гостиной. Надя и Лёля стали играть в карты, а я села на ковёр и строила карточные домики.

Но игра их плохо клеилась. Они обе то и дело выбегали на балкон, в палисадник и всё шептались между собой и пересмеивались. Мои домики тоже не держались на ковре; я перенесла своё хозяйство подальше, на пол и, наконец, успела-таки вывести высокий дворец в несколько этажей.

– Смотрите, смотрите, какой я дом выстроила! – кричала я в восторге.

Оставалось только поставить последние две карты: острую крышу. Я тихонько, с бьющимся сердцем выводила этот окончательный свод, забыв обо всём, думая только, что вот сейчас отойду и буду любоваться своим произведением издали... Как вдруг с силой распахнулась дверь и фр...рр! – тётя Катя, взмахнув платьем, вмиг разнесла мой дом по всей комнате.

– Ах, тётя, гадкая! Противная тётя! – в избытке отчаяния закричала я, чуть не плача.

– Что, моя милая? Что я такое сделала? – бросилась ко мне тётя.

– Как что!? Весь дом повалила!..

– Дом? Какой дом?.. Ах, да! Карточный!.. Ну, это ничего: я тебе после лучший выстрою. А ты перестань плакать... Послушай лучше, что я тебе скажу!

Тётя села, посадила меня к себе на колени, а Лёлю взяла за руку и сказала, весело улыбаясь:

– Дети! У вас родился брат. Слышите? – Маленький-маленький братец!

– Брат?.. – закричала Лёля и, вскочив, запрыгала на одной ноге вокруг комнаты, припевая. – Брат, брат, брат!..

– Тише, тише, – остановила тётя её веселье, спуская меня на пол. – Не шуми, Лёля!

– А что такое? Разве он спит? – спросила Лёля.

– Разве Леночке нехорошо? – испугалась тётя Надя за нашу маму.

– Нет, ничего; только всё же не надо шуметь.

– Какой же это брат? – опомнилась, наконец, и я. – Покажите мне его! Я хочу его посмотреть!..

– Подожди: увидишь. Теперь нельзя, а после тебе покажут, – и тётя поспешно вышла в другую комнату писать какое-то письмо.

– Ну, что же это такое, право? – закапризничала я. – После! Когда после? Я теперь хочу!.. Сейчас. Я пойду туда, к маме... Лёля, а, Лёля! Пойдём к маме!..

– Отстань! Пошла прочь! – отогнала меня сестра, шептавшаяся о чём-то с Надей.

Они забились в угол и о чём-то горячо рассуждали и спорили.

– Пожалуй, только мы оттуда ничего не увидим, – говорила Надя.

– Ну вот ещё! Я же знаю: отлично всё увидим! Пойдём, попробуем! – убеждала Лёля.

– Хорошо, пойдём.

И, взявшись за руки, они выскользнули в балконную дверь и крепко её за собой притворили.

– Куда вы? – закричала я, оставшись одна. – Пустите меня! И я хочу с вами... Пустите! Мне одной скучно!.. Отворите!.. – отчаянно заревела я, дёргая ручку дверей вверх и вниз.

– Ах, ты противная девчонка! – вскричала Лёля, быстро приотворив дверь. – Не кричи! Пошла вон, слышишь?..

– Не пойду! Я тоже с вами хочу!.. Куда вы идёте?

– Пусти её, Лёля: пускай идёт с нами, – сказала Надя. – Я её подержу... Иди, Вера.

– Да как же она пойдёт с нами? Она ведь свалится.

– Не свалится. А если бы и упала – не беда! Здесь невысоко.

И тётя Надя продёрнула меня в дверь.

Был уже вечер; тихая тёплая облачная ночь, полная запахом цветов, резеды и душистого горошку, которые цвели в палисаднике. Свет от окон ложился яркими полосами на гряды и кусты; только крайнее, угловое окно маминой спальни светилось тускло. Сердце во мне замирало: мне было и весело, и страшно чего-то: я угадывала, что мы сейчас что-то такое особенное сделаем, – но что именно? Я сгорала любопытством и ожиданием.

– Кто пойдёт первый? – шёпотом спросила Елена.

– Всё равно. Хочешь, я?..

– Нет! Лучше меня пусти вперёд! – бойко вызвалась сестра.

– Хорошо, иди!

– Да куда это? – спросила я, вся замирая.

– Молчи! – прикрикнула Лёля.

Она подошла к крыльцу, шедшему вдоль стены, и, не спускаясь на ступеньки, держась за карниз и подоконники, к стене лицом, осторожно пошла вдоль по узенькому выступу, шедшему вокруг нижнего этажа дома. Подобравшись под окошко спальной, она остановилась, вглядываясь в стёкла.

– Что? Видишь что-нибудь? – шепнула ей издали Надя.

– Вижу! Всё вижу. Иди скорей!

– Ты лучше оставайся, – сказала мне Надя, – постой здесь, а то ещё упадёшь.

– Нет, нет. Не упаду. Я тоже хочу посмотреть!..

Надя отправилась вслед за сестрой по карнизу, а я за ней шаг за шагом, с бьющимся от волнения сердцем. До земли было не более двух аршин, но я уверена, что будь подо мною бездонная пропасть, я бы точно так же отправилась за ними.

Ветки кустарника били меня по ногам, задевали по лицу, цеплялись за платье и волосы. Я не обращала ни на что внимания, глядя на Лёлю, которая припала к стеклу лицом и, казалось, о нас и забыла... Это мамино окно мне представлялось чем-то волшебным: дойти бы только, – взглянуть, – а там будь, что будет!..

И вот мы добираемся до заветных стёкол, – добрались! Я припадаю к ним, жадно смотрю... но ничего не различаю в большой, сумрачной комнате.

Надя с Лёлей перешёптываются:

– Вон видишь там, на диване, белое!? Видишь?..

– Да это просто две подушки кто-то положил.

– Как же, просто!.. А между подушками-то он и лежит, ребёнок!.. Я сейчас его видела: бабочка его открывала.

– Где? Где?.. Покажите мне его! – умоляла я.

Вдруг в комнате произошло движение: всё ярче там осветилось, кроме кровати, на которой, я знала, лежала мама. Я ясно увидела на диване что-то белое и впилась в это глазами, надеясь увидать своего маленького брата.

– Ай! – вдруг вскрикнула Лёля. – Маменька нам грозит!

В самом деле я увидала над подушками руку в белом рукаве, медленно грозившую нам пальцем. В ту же минуту тётя Катя быстро подошла к окну, вглядываясь в наши лица. Чёрные брови её были нахмурены, но она улыбалась... Погрозив нам, она пошла к дверям.

– Убежим! – закричала Лёля и спрыгнула в кусты; за нею и Надя, и уж не знаю, которая из них меня толкнула, только я сорвалась с карниза и покатилась в траву...

Испуганная падением, я перепугалась ещё больше, услышав на балконе тётин сердитый голос:

– Идите сюда, шалуньи! Вот мама велела надрать вам уши и сейчас отправить к мисс Джефферс.

Раздался визг: я поняла, что Лёля попалась тёте Кате, и хотя очень хорошо знала, что в этом ровно ничего нет страшного, но вскочила, будто бы за мною кто-нибудь гнался, шмыгнула в калитку палисадника, оттуда за ворота, спрыгнула в неглубокую, сухую канавку и забилась под мостик.

Не пролежала я там и минуты, как услышала невдалеке стук колёс и обомлела, вспомнив, что каждый въезжавший в ворота должен был проехать по этому мостику.

Мне вмиг представилось, что мостик должен непременно провалиться, и экипаж с лошадьми задавить меня... Я хотела закричать, хотела выскочить и убежать, но, слава Богу! – не успела сделать ни того, ни другого, как над моей головой уже раздался оглушительный топот, стук и гром, из щелей посыпался на меня сор и пыль, и дедушка благополучно проехал к крыльцу дачи. Успей только я исполнить своё намерение, – лошади могли бы испугаться, и Бог весть какое несчастье случилось бы из-за моей глупости!

Бледная, грязная, кашляя от пыли, вылезла я из-под канавного мостика и тихонько побрела в дом.

Там, за общей суетой, никто меня не хватился; няня одна, раздевая меня после чаю, удивилась, где я могла так перепачкаться?.. Но я ей побоялась рассказать в чём дело, и так никто много лет не знал, каким происшествием ознаменовался для меня день рождения брата Леонида.

Последний месяц на даче не был так весел для меня как начало лета. Роща наша очень изменилась: поредела, опустела и наводила скуку шуршанием жёлтых листьев под ногами и завыванием ветра в деревьях. Ещё в солнечные дни она была красива, вся пёстрая, с яркими гроздьями калины и рябины, выглядывавшими из-за кое-где уцелевшей, тёмной зелени и с красивыми шишками шиповника, из которого я любила низать коралловые ожерелья. Но дожди стали перепадать всё чаще и чаще, а в серые, ненастные дни, куда как скучно смотрела наша дача!.. Раз я очень обрадовалась: у мамы, плохо поправлявшийся после болезни, затопили печку и нас позвали смотреть, как купают братца. Я была в большой дружбе с его кормилицей Ольгой, – высокой, здоровой бабой, которая так смешно говорила: совсем по деревенски. Раз или два она дала мне подержать укутанного в одеяльце Лиду, чем я очень была довольна; но теперь, увидав его в первый раз прикрытого только одной мокрой пелёночкой, какой он лежал красный да крошечный, – я даже испугалась! Мне всё казалось, что Ольга его нечаянно утопит; что он, бедненький, захлебнётся, и с тех пор я долго боялась брать его на руки.

Вскоре мы переехали в город. Я была рада вернуться в наш большой дом, увидать снова бульвар наш, хотя и он показался мне очень некрасивым и пыльным. Когда мы уезжали, из-за зелени его возвышался только купол собора да колокольня; а теперь он весь был сквозной, так что даже не закрывал проходивших по аллеям людей.

Эта осень ознаменовалась тем, что меня начали гораздо больше и серьёзнее занимать уроками. Не только Антония, но и мисс Джефферс перешла от наглядного обучения к английскому букварю. До этого времени она со мной ещё не занималась грамотой, а только разговором и обучением слов, за которое она бралась очень оригинально. Усадив меня рядом с собою, она начинала с того, что перекашивала ещё больше свои и без того косые глаза, из которых один был карий, а другой – зелёный, и, тыкая пальцем в разные предметы, нараспев восклицала:

– O! – Book... O! – Flower... O! – Chair... O! – Table[7]... – и так далее, пока не перебирала всего, что было в комнате, с трудом заставляя меня повторять вслед за нею.

Её длинная, безобразная фигура и мерные, заунывные восклицания до того меня смешили, что я с трудом могла воздерживаться от смеха...

Тем не менее "мисс", как называли её все в доме, добилась того, что менее чем в два года мы с сестрой совершенно свободно говорили с ней и между собою на её родном языке.


### Новая зима


– Со снегом поздравляю вас! – разбудила нас утром няня. – С первым снежком – заячьим следком!.. Вставайте-ка скорее: поедем в санках кататься.

– В санках, няня? – радостно вскричала я. – В самом деле?.. А как же вчера была такая грязь?..

– Ну что же? Вчера была грязь, а ночью подул ветер, нагнал снежные тучи, мороз прохватил землю, и вот к утру всё оделось снегом, – отозвалась нам бабочка, выходя из своего кабинета. Она

---

[7] Книга! Цветок! Стул! Стол! - англ.

всегда, и лето, и зиму, вставала в шесть часов. – Посмотрите, как славно всё на дворе: светло и бело! – и она отдёрнула занавес окна.

Лёля, до сих пор лежавшая клубочком под тёплым одеялом, вдруг вскочила и босиком подбежала к окну.

– Лёля, Лёля! – закричала на неё бабочка. – Простудишься! Пошла в постель, надень чулки и башмаки, – тогда бегай сколько хочешь.

Меня Наста уже одевала. Я тряслась, совсем не от холода, а только потому, что, заглядывая в окно, воображала, как там должно быть холодно. Всё за окном было ослепительно светло от яркой белизны первого снега, пушисто облегавшего крыши, деревья и всё, что было у меня перед глазами. Воздух был испещрён его крупными, мохнатыми хлопьями, мягко ложившимися на землю. Всё было тихо, словно и люди, и звери притаились. Неслышно было ни уличного шума, ни стука экипажей, ни лая, ни чириканья птиц; не видно никакого движения, кроме падавших белых хлопьев, которые безостановочно летели вниз, догоняя друг друга, цепляясь на пути, мелькая частой сеткой в ослепительной желтоватой мгле...

У меня зарябило в глазах. Я отвернулась, закрыв лицо руками, и спросила:

– Бабочка! Отчего так тихо? Где все люди и птицы?..

– Люди сидят по домам, а птицы тоже попрятались. Посмотри, вон под навесом крыши, по карнизу, сколько сидит, нахохлившись, голубей. Они жмутся к стенке, – от снега прячутся; а как только он перестанет идти, они все и слетят за кормом. И воробьи тогда вылетят, зачирикают, запрыгают по двору да пожалуй ещё и передерутся от радости, что зима пришла...

– А вон там ворона! – перебила я бабушку, показывая на чёрную птицу, тяжело перелетавшую с соборного купола на колокольню. – Ишь, как каркает!.. Она, верно, снегу не боится?

– Вороны – зимние птицы; они холоду не боятся. Погляди, сколько их на колокольне! Кресты соборные словно чёрным бисером ими все унизаны.

– Гадкая птица ворона! Я её не люблю, – сказала Лёля.

– Чем же она гадкая?

– Некрасивая, неуклюжая, чёрная, толстая!.. А как захочет запеть, так так противно каркнет!

– Чем же она виновата, что её Бог такою сотворил? – сказала бабушка. – Значит, ты всех некрасивых не любишь?.. Ну, вот и я тоже толстая, неуклюжая и петь не умею, так ты и меня за это не будешь любить?

– Ну, вот ещё, бабочка! Что это вы говорите, – сконфуженно пробормотала Лёля, вся покраснев, но тут же расхохоталась. – Разве вы птица?.. Зачем человеку петь?.. Вы отлично играете на фортепиано, рисуете, сколько знаете разных работ!.. Вышиваете шелками, вяжете кружева, клеите из картона и раковин разные вещи! Делаете такие прелестные цветы!.. Господи! А знаете-то вы сколько!.. Всему вы можете учить: и истории, и географии! На скольких языках вы говорите! Собираете древности, монеты... Боже мой, Боже! Чего только вы не знаете!..

– Та-та-та! – Затараторила!.. – прервала её бабушка. – Ты, кажется, в самом деле думаешь, что я как ворона в басне сейчас и уши развешу на твоё лисинькино пенье?.. Ах, ты Лиса Патрикеевна!.. Ты лучше не перебирай, что я знаю и чего не знаю, а старайся лучше говорить мне уроки, чтобы самой больше знать.

И бабушка обняла Лёлю, целую её курчавую голову, а я сама к ней бросилась, уверяя, что другой такой доброй да умной и во всём свете не сыщешь! Я в том была убеждена и тогда, и теперь осталась на всю жизнь уверенной. Бабушка моя, Елена Павловна Фадеева, была такая замечательная женщина, каких на свете мало.

Она очень любила серьёзные занятия и такая была учёная, что все изумлялись её глубоким знаниям. Но ещё больше наук и всего на свете она любила свою семью, в особенности нас, своих внуков.

Она и учила нас, и умела нас забавлять, как никто другой не мог. Я ничего так не любила как её чудесные рассказы и могла их слушать по цельным часам.

В пять-шесть лет у детей немного уроков; я обыкновенно кончала свои до завтрака, а потом гуляла, играла и могла делать всё, что хочу. А хотела я, всего чаще, тихонечко пробираться наверх, в комнаты бабушки. Если я не находила её в спальной за каким-нибудь рукоделием, то уж я знала, что она в кабинете, – рисует цветы или занимается чем-нибудь "серьёзным"...

Кроме всяких вышиваний, вязаний, плетений, бабушка умела делать множество интересных работ. Она делала цветы из атласа, бархата и разных материй; она клеила из картона, раковин, цветной и золотой бумаги, из битых зеркальных стёкол, из бус и пёстрых семечек такие чудные вещи, что чудо! Она переплетала книги. Сама, бывало, напишет что-нибудь, сама разрисует, сама и в книгу переплётёт... Но всего лучше она рисовала особенно цветы. Мы, дети, были уверены, что не было на свете такой работы, которой бы бабушка не знала!

Но все эти занятия считались ею пустяками, только отдыхом от серьёзного дела... "Серьёзно" занималась бабушка у себя в кабинете. Там она читала и писала на нескольких известных ей языках; разбирала свои собрания редкостей: камней, раковин, растений; разных насекомых, зверей и птиц; разных древних вещей, – окаменелостей, монет (старинных денег), рукописей. Всё это она сама распределяла, надписывала и красиво устраивала в шкафах и ящиках под стеклом, на полках и по стенам своего кабинета.

Не диво, что я любила в этот кабинет забираться! Чего-чего в нём не было?!.

# Рассказы моей бабушки

Приотворяла я тихонечко в него дверь и заглядывала... Если бабушка подымала голову из-за своего рабочего стола и, выглянув из-за массы живых цветов, всегда её окружавших, ласково мне улыбалась, – я входила смелей и поближе к ней подсаживалась. Если же не замечала моего прихода или, ещё того хуже, – увидав, оставалась серьёзна, нахмурив озабоченно брови, – тогда я быстро садилась, где попало, поодаль и там ждала, притаившись, пока она меня подзывала.

Иногда мне подолгу приходилось этого ждать, но я не унывала и не скучала. В бабушкином кабинете было на что поглядеть и о чём призадуматься!.. Стены, пол, потолок, всё было покрыто диковинками. Днём эти диковинки меня очень занимали, но в сумерки я бы ни за что не вошла одна в бабушкин кабинет!

Там было множество страшилищ.

Один фламинго уж чего стоил!..

Фламинго – это белая птица на длинных ногах, с человека ростом. Она стояла в угловом стеклянном шкафу.

Вытянув аршинную шею, законченную огромным крючковатым, чёрным клювом, размахнув широко белые крылья, снизу ярко-красные, будто вымазанные кровью, – она была такая страшная!.. На беду моя старшая сестра-шалунья рассказала мне целую сказку об этом набитом чучеле.

Будто фламинго ночью оживает, крыльями хлопает, разевает клюв и челюстями постукивает; а потом идёт разыскивать себе пищу...

– А ест он, знаешь, что? – сочиняла моя сестрица. – Маленьких детей!.. Да! Он им носом голову пробивает, кровь их пьёт и, наевшись, вытирает клюв крыльями... Оттого-то они у него и такие красные – кровавые!..

Разумеется, бабушка, узнав о выдумке сестры, её побранила, а меня разуверила. Я и сама понимала, что чучело не могло ходить, но всё же побаивалась... И не одного фламинго! Было у него много ещё страшных товарищей – сов желтоглазых, хохлатых орлов и филинов, смотревших на меня со стен; оскаленных зубов тигров, медведей и разных звериных морд, разостланных по полу шкур.

Но был у меня, между этими набитыми чучелами один самый дорогой приятель: белый, гладкий, атласистый тюлень из Каспийского моря.

В сумерки, когда бабушка кончала дённые занятия, она любила полчаса посидеть, отдыхая в своём глубоком кресле, у рабочего стола, заваленного бумагами, уставленного множеством растений и букетов.

Тогда я знала, что наступило моё время.

Весело притаскивала я своего атласистого друга за распластанный хвост, к ногам бабушки; располагалась на нём как на диване, опираясь о его глупую, круглую голову и требовала рассказов.

Бабушка, смеясь, ласково гладила меня по волосам и спрашивала:

– О чём же мне сегодня тебе рассказать сказку?

– О чём хотите! – отвечала я обыкновенно.

Но тут же прибавляла, указывая на какую-нибудь мне неизвестную вещь:

– А вот об этом расскажите, что это за штука такая?

И бабушка рассказывала.

Рассказы её совсем были не сказки, хотя она их так шутя называла; но никакие волшебные сказки не могли бы меня больше занять. Некоторые из них я до сих пор прекрасно помню.

Прислонённое к стене кабинета стояло изогнутое бревно, – как я прежде думала: круглый, толстый ствол окаменелого дерева. Вот я раз и спросила: что это такое?.. Бабушка объяснила мне, что вовсе это не дерево, а громадный клык животного, жившего на свете несколько тысяч лет тому назад... Этот зверь назывался мамонтом.

Он был похож на слона, только гораздо больше нынешних слонов.

– А вот и зуб его! – раз указала мне бабушка. – Ты этого зубка не подымешь.

Куда поднять! Это был камень в четверть аршина шириною и вершков семь длиной. Я ни за что не верила! Думала – бабушка шутит!.. Но рассмотрев камень, увидала, что он точно имеет форму зуба.

– Вот был великан! – вскричала я. – Как я думаю, все боялись такого страшилища! Он, верно, ел людей и много делал зла?.. Ведь такими клыками можно взрывать целые дома?

– Разумеется, можно. Но мамонты не трогали ни людей, ни зверей, если их не сердили. Они, как и меньшие братцы их – слоны, питались только травами, фруктами, всем, что растёт. Мамонты не ели ничего живого, никакого мяса, – зачем же им было убивать? Но были в те далёкие времена, – гораздо прежде потопа, – другие страшные кровожадные звери, которых теперь уж нет. Они гораздо больше нынешних диких зверей. Больше тигров, львов, крокодилов; даже больше жирафов, гиппопотамов и китов! Их было такое множество, что бедные люди, не имевшие тогда никакого оружия, уходили от них жить, с земли, на реки и озёра. Они себе строили на воде плоты из брёвен, а на плотах сколачивали хижинки или шалаши вместо домов и на ночь снимали сходни, соединявшие их с берегом. Но и то плохо помогало! Ведь и в водах жили громадные чудовища, вроде ящериц, змей или крылатых крокодилов.

Заслушивалась я бабушкиных рассказов, открыв рот и уши развесив, до того, что мне, порой, представлялось, что набитые звери в её кабинете начинают шевелиться и поводить на меня стеклянными глазами...

Я вздрагивала и со страхом заглядывала: здесь ли бабушка?

Раз она поймала мой тревожный взгляд и спросила:

– Что с тобой?.. Чего ты испугалась?

– Ничего! – отвечала я, вспыхнув. – Я так себе думаю.

– Ты, кажется, трусишка, боишься, что тебя набитый медведь укусит, – смеялась надо мной бабушка.

Заметив, что такие рассказы меня пугают, бабочка чаще стала мне рассказывать о нынешних зверях, а больше о птицах, бабочках и жуках, которых у неё было множество и в рисунках, и настоящих, только не живых, а за стеклом. Она удивительно искусно и красиво умела устраивать их на веточках, на цветах; будто птицы на воле сидят, летают и плавают; а бабочки и мотыльки порхают по цветочкам. Вода у неё была сделана из осколков стёкол, разбитых зеркал и разрисованной бумаги. Выходили целые картины.

На одной стене всё сидели хищные птицы: орлы, ястребы, соколы, совы; а над ними, под самым потолком распростёр крылья огромный орёл-ягнятник. Бабушка мне сказала, что так его зовут потому, что он часто уносит в свои гнёзда маленьких барашков. Что в Швейцарии, где много таких орлов в горах, даже люди его боятся, потому что он крадёт с поля маленьких детей; сталкивает с обрывов в пропасти пастушков и там заклёвывает их, унося куски их тела в скалы, в своё гнездо, орлятам на обед...

Этот орёл был тоже мой враг!.. Он, пожалуй, ещё страшнее, чем краснокрылый фламинго, смотрел на меня сверху, своими жёлтыми глазами... Я тогда была ещё такая глупенькая, что мне часто думалось: а ну, как он слетит?!. Как вцепится лапищами, с громадными когтями, в волосы или в тело?.. Недаром бабушка меня часто трусишкой называла; а сестра подсмеивалась, рассказывая мне разные страшные сказки.

Но что за прелестные были в бабушкином кабинете крошечные птички-колибри!.. Одна была величиной с большую пчелу и такая же золотистая. Эта крохотная птица-муха, как её бабушка называла, больше всех мне нравилась. Она сидела, со многими своими блестящими подругами, под стеклянным колпаком, на кусте роз, которые сделаны были тоже самой бабушкой. Другие колибри были чудно красивы! Их грудки блистали как драгоценные камни, как изумруды и яхонты, зелёные, малиновые, золотистые! Но моя колибри-малютка была всех милей своей крохотностью.

Есть далеко, за морями, жаркие страны, где эти маленькие, разноцветные красавицы летают во множестве как у нас воробьи... Я думаю, что их там можно принять за летучие цветы!

В такой жаркой стране, – она называется Индия, – много интересных вещей. Люди там темнокожие, кофейного или медного цвета и от жаров ходят почти голые, – точно наши допотопные предки. Только у них на руках и на ногах всегда много браслетов с бубенчиками и побрякушками – от змей... Змей в Индии много, и есть очень ядовитые. Они боятся звону, а потому жители и носят на ногах погремушки, чтоб они уползали, заслышав их, и не кусали их голых ног. Слоны служат там людям как лошади; обезьяны бегают на воле как наши собаки, а попугаи – белые, красные, зелёные летают как у нас чёрные вороны да галки.

Но самое чудное там украшение – это растения. Великолепные

цветы и громадные деревья – пальмы, которые раскидываются саженными листьями как гигантские веера, а некоторые покрыты яркими цветами – величиной в тарелку. Представьте себе огромные деревья, покрытые красными, розовыми, белыми и лиловыми подсолнечниками!..

Обо всём этом я впервые узнала, когда была маленькой, из рассказов моей милой, родной бабочки и видела на рисунках в её больших, чудесных книгах.

И перечесть нельзя множества интересных вещей, которые я узнала в этом кабинете!.. О каких бы зверях, насекомых, камнях или растениях я не спрашивала её – бабушка всё знала и обо всём рассказывала самые интересные истории.

## ИСТОРИЯ БЕЛЯНКИ

Рядом с моим белым другом, тюленем, лежал набитый морж: он тоже был гладкий как атлас, но только чёрный. Того я не любила: у него была злая морда и два крепких белых клыка, изогнутых книзу...

Бабушка, шутя со мной, называла тюленя и моржа – сестрицей и братцем, Белянкой и Чернышом.

– У меня ещё был и Серко! – шутила она. – Серый тюлень из Балтийского моря; да того, бедного, моль так поела, что осталась одна кожа. Пришлось его выбросить!.. А жаль! Красивый был, с чёрными разводами и пятнами, по гладенькой серой спинке. Тот уж был родной братец Белянке, хотя при жизни с ней не был знаком: он плавал в северных морях, ко мне из Петербурга приехал, а она – астраханочка! В южном Каспийском море родилась и проживала. А господин Черныш им братец двоюродный, – похож, да не совсем! Хоть одного рода они, – посмотри!

И бабочка показывала мне и объясняла отличительные приметы моржей и тюленей: толстое, длинное тело, аршин до двух и более длиною; к хвосту оно суживается, а хвост – веером как руль, чтоб удобнее было плавать; лапы с перепонками, лапчатые как у гусей; передние – коротенькие, а задние очень длинные, но не отдельные, а вытянутые вдоль по телу и соединены с ним и с хвостом, тонкой, очень растяжною кожей. Морды у них – собачьи, с очень умными, добрыми чёрными глазами; на носу клапаны, чтоб вода в ноздри не вливалась, когда они ныряют, и пресмешные, длинные усы щетиной как у котов.

Моржи и тюлени могут жить и в воде, и на земле; они не умирают на воздухе, без воды, как рыбы, но только им очень трудно по земле двигаться: ноги их неудобно устроены для ходьбы, потому они еле переваливаются ползком. Но напрасно у людей вошло в поговорку: неуклюж как тюлень! Никто не может быть проворней и ловчее тюленя в море, так быстро и ловко они плавают, так ныряют и кувыркаются, особенно на заре при солнечном восходе... На землю они редко выползают: только самки, чтоб покормить детей. Они ведь кормят своих детёнышей молоком как все земляные животные. Дети в море не идут, пока не подрастут и не окрепнут. Их матери кладут к себе на спину и учат плавать.

– В Каспийском море мне часто приходилось видеть, как тюленихи плавают, а над их блестящей как белый шар головой торчит другая головёнка, и оба пресмешно поводят чёрными глазёнками и длинными усами шевелят! – рассказывала бабушка. – Моржи сильнее и храбрее тюленей, потому что больше и хорошо вооружены. Видишь, какие у них крепкие и острые клыки!.. Они часто и на крупную рыбу нападают; а бедным Белянкам защищаться нечем не только что на других нападать. Едят они мелкую рыбёшку, слизняков, а всего больше водоросли, морскую траву. Моржи живут в самых холодных, северных морях, – на полюсах, где плавают целые горы вечных льдов. Они там вместе с белыми медведями проживают. К человеку морж никогда не привыкнет, а тюлени очень легко становятся ручными... Да вот эту самую, набитую мою Белянку, я часто из своих рук кормила.

Я так и напала на бабушку:

– И не жаль вам было потом убить её, бедняжечку? Ах бабочка, какая злая!

– Не я убила её, а один калмык, охотник-рыболов, – оправдывалась бабушка. – Ты знаешь калмыков? Видала их на картинках у меня?.. Это такой народ живёт на юге России, больше всего, в устьях Волги, в Астраханской и Саратовской губерниях. Они все такие коренастые, небольшие, но широкоплечие; тело у них желтовато-красное как медь. А живут калмыки не в городах и не в домах, а кочуют в кибитках, – то есть в таких войлочных палатках, которые легко складывать и перевозить с одного места на другое... Когда мы жили в Астрахани, – рассказывала бабушка, – твоей маме велели доктора пить кумыс, питьё, которое калмыки делают из кобыльего молока. Для этого мы переехали одним летом на дачу, неподалёку от их улуса, – улусами называются кочевья калмыцкие, где они в своих кибитках располагаются. Море от нас было близёхонько, и каждый день мы ходили купаться и гуляли по берегу, – рыбок кормили, бросали в воду крошки хлеба, рубленое мясо и всякие остатки. Немножко подальше нашей купальни был пустынный заливчик, между камнями. Рыбы в нём множество водилось; к нему повадилась приплывать и Белянка и так скоро привыкла ко мне, что совсем перестала людей бояться... Я думаю, что в этом заливчике она верно своих деток выводила...

– А вы их видали? – прервала я.

– Нет, не привелось! Может быть и увидала бы после, если бы её бедную вскоре не убили... Наши калмыки узнали, что я охотно покупаю разные звериные шкуры. Тюленей бьют ради их жира. Они легко жиреют, а сало их продают на смазку. И горит их жир отлично. Калмыки им освещают свои кибитки. Но этого убили не на топку; а принесли прямо ко мне. Он верно подплыл поближе, увидав человека, думая, что кормить его пришли, а калмык в него и выстрелил, не зная, что он ручной...

– А вы как же узнали, что это Белянка? – допытывалась я.

– Да потому, что она больше не приплывала ко мне, – отвечала бабушка. – Прежде, бывало, только подхожу к заливчику – Беляночка тут как тут! А теперь, сколько я ни бросала в воду корму, сколько ни ходила по берегу – не стало моей Белянки! Мне было очень жаль её, право!

– А я бы этого гадкого калмыка побила! – вскричала я.

Но бабушка засмеялась и объяснила мне, что не за что было бить калмыка, – что он не был ни в чём виноват.

* * *

Узнав историю Белянки, я ещё больше полюбила её чучело.

Бывало, сидя на ней, в ожидании, когда бабушка перестанет заниматься и подзовёт меня, гладила я её атласную шёрстку, её круглую головку, засматривала в её чёрные, теперь уж не живые, а стеклянные глазки, и думала:

"Бедная ты, Беляночка, бедная!.. Плавала ты на воле по синему, глубокому, широкому морю! Выставляла из прозрачных, пенистых волн эту самую, кругленькую, глупую головку. Порой и сама, неуклюжая, выползала на пустынный бережок покормить малых деточек, погреть своё блестящее, жирное тело на солнышке; а чуть что – бултыхалась назад, в глубь морскую, ловить зазевавшихся рыбок себе на обед...

Никогда ты зла не чаяла! Никогда даже не видывала человека, как подметила тебя добрая барыня; стала тебя прикармливать, и полюбила ты её на свою погибель!.. Думала ты, что все люди такие же как она, добрые, а вышло не так: пришёл злой калмык, – выстрелил и убил тебя наповал!.. Ты, бедняжечка, хлебца ждала, а тут охотник откуда-то взялся и пулей тебя угостил!

И вот взяли тебя люди, сняли с тебя кожу, с беленькой шёрсткой; из мяса твоего жир вытопили и в лампах сожгли, или колёса им смазали; а шкуру твою трухой да паклей набили, сделали из тебя чучело и положили людям под ноги, в комнате, на полу...

Думал ли ты, горемычный тюлень, живя в морском приволье, – что когда-нибудь будет на тебя садиться маленькая девочка как на подушку или в кресло какое-нибудь?.. Будет сидеть, думы свои думать да рассказы слушать!

И рассказы-то о чём?.. О тебе самом! О том, как тебя же пристрелили и чучело из тебя набили, – а ты будешь смирно лежать!.. Не рассердишься, не окунёшь её за это в глубокое море – рыбам да своим деткам на съедение!.. Бедный ты, бедный тюлень, – морской белый увалень!"

# Мои первые театр и бал

Началась зима со своими короткими днями и морозными ночами, с бесконечными вечерами у печек, оживлявших весёлым жаром и треском берёзовых дров наши детские игры и беседы; с катанием в санях по замёрзшей Волге и бесконечным смехом между уроками по утрам, когда нас отпускали поиграть в снежки и покататься в салазках по двору. Старшие уже не участвовали в этих шумных играх; но мне бабочка отстояла это право, и я не знала большего веселья, особенно по праздникам, когда приходили ко мне девочки из приюта и другие подруги.

Зато Лёля часто ездила с большими в театр, чему я очень завидовала. Слушая рассказы Нади и Лёли, их бесконечные беседы и смех над виденным и слышанным в театре, мне казалось, что там должно быть чудо как весело! Бабочка и мама уверяли меня, что я там ничего не пойму и соскучусь; но я не верила и упросила один раз, чтобы меня взяли.

Я очень горько разочаровалась в своих ожиданиях!

Во-первых, мне показалась очень тесной и неловкой крошечная комнатка без передней стены, где нам пришлось сидеть в ожидании, когда подымут занавес, расписанный цветами, за которым должны были открыться все чудеса, забавлявшие столько сестру. Во-вторых, я ровно никаких чудес не увидала...

— Когда же начнётся? Когда подымут занавес? — приставала я ко всем.

— Сейчас. Не надоедай! — отвечали мне. — Слушай музыку.

Но мне было совсем невесело слушать музыку. Я принялась смотреть вниз, где сидело очень много мужчин, и раскланивалась со знакомыми, усердно кивая им головой; но никто не обращал внимания и не отвечал на мои поклоны, что меня очень обижало...

Наконец, занавес поднялся, и я жадно обратилась к сцене.

Там был лес, но не настоящий, а очень гадко сделанный. Впереди, на деревяшке, сидел какой-то господин в чёрной коленкоровой тальме и широкой чёрной шляпе с огромными полями и о чём-то самому себе рассказывал... Я слушала внимательно, — но ничего не понимала. Мне очень хотелось спросить маму, что это за сумасшедший, — сам с собой разговаривает?.. Но я не посмела.

Вдруг к нему подошёл какой-то другой господин в красном бурнусе и, хлопнув его по плечу, спросил:

— Старик! Скажи мне: что такое жисть?

— А это что же такое — жисть? — шёпотом спросила я, глядя на всех в недоумении.

Мама с тётей Катей переглянулись, улыбаясь.

— Жизнь, — отвечала мама. — Ну, вот ты живёшь, я живу! А когда умрём — жизнь наша кончится.

— Я это знаю!.. А зачем же он говорит: жисть? Это другое совсем слово...

— Нет, не другое! — засмеялись опять тётя с мамой. — Что же с ним делать, что он так дурно говорит!

— Ах! Верка, не мешай! Дай слушать, — сказала Надя.

— Вот, я так и знала, что она только будет мешать! — капризным голосом прибавила Лёля.

Я замолчала и стала опять слушать, стараясь понять в чём дело? Но уж далеко не с таким интересом.

На сцену пришло ещё много народу, все громко кричали, спорили... Но я всё-таки разобрать ничего не могла и с горя опять начала рассматривать знакомых в ложах и партере. Мне очень было скучно, я поминутно зевала и, наконец, сказала:

— Я устала!

— Садись ко мне на колени, — предложила мама.

— Нет, нет, Леночка! Ты устанешь, — сказала тётя Катя, — дай я её возьму.

— Не надо... Я лучше там сяду! — указала я в угол ложи, возле двери.

— Да там ведь ничего не видно!

— Ничего! Мне надоело смотреть... Глазам больно от этого света.

Меня пустили. Я уселась на пол и начала рассматривать раёк.

— Лёля, а, Лёля! — вдруг вскричала я в удивлении. — Посмотри! — Там наверху, под потолком наш Яков сидит!

Это мне казалось крайне удивительно и забавно, что я увидала там нашего дворецкого. Но Лёля и даже сама мама обернулись ко мне, сердито говоря, что нельзя говорить так громко в театре.

Кончилось тем, что я заснула, и меня отправили домой, завернув в мамину шубу, с этим самым дворецким Яковом, которому я помешала таким образом видеть второе действие этой трагедии или драмы.

Больше уж я никогда не просилась в театр и очень долгое время была убеждена, что там никогда ничего другого не бывает, а всё только господин в красном плаще спрашивает другого, в чёрной тальме: "Старик! Скажи мне, что такое жисть?.."

На тёти Катины именины у нас было очень много гостей, играла музыка, и танцевали. В первый раз в жизни видела я бал и ужасно радовалась, что мне позволили сидеть до двенадцати часов. Мне только ужасно не нравилось, когда мужчины схватывали меня и высоко кружили, уверяя, что со мною танцуют.

— Пустите, — сердито вывёртывалась я, — не хочу!

— Отчего не хочешь, Верочка? Пойдём танцевать.

— Что это за танцы? Разве так танцуют?

— Чем же это не танцы? — смеясь отвечали мне. — Как же иначе танцевать?

— Танцуют ногами! — сердито отвечала я. — А я до полу не достаю, когда вы меня на воздухе кружите.

— Какая сердитая, — смеялись вокруг меня.

А наш доктор Троицкий, — не тот француз, которого мы не любили, а другой, русский и очень добрый, начал уговаривать меня протанцевать с ним галоп по настоящему, но я не захотела.

Зато Лёля весь вечер без устали танцевала и очень рассердилась, когда я этому выразила удивление.

— Вот дура! — вскричала она. — Точно я маленькая!.. Мне одиннадцатый год, и я такая большая ростом!

— Где же одиннадцатый?.. Тебе ещё и десяти нет!

— Не всё равно? Через три месяца мне пойдёт одиннадцатый!.. Ты бы послушала, как я разговариваю с большими, как мне весело со своими кавалерами. Вон, князь Сергей говорит, что со мной гораздо веселей танцевать, чем со взрослыми барышнями...

— Ох, уж ты, хвастунья, — перебила я.

— Глупая! — выбранилась она опять. — Да ты бы послушала, что все мне говорят: что я такая умная и забавная! Вот, вот уж за мной и идут!

И сестра, кокетливо тряхнув головой, взглянула на меня с многозначительной важностью и отправилась танцевать кадриль с каким-то офицером.

Я заметила, что Надя, напротив, всё уходила и не хотела танцевать, хотя с ней действительно все обращались как со взрослой барышней. Ей уж было тринадцать лет, но она не любила и тогда, как и во всю свою жизнь, впоследствии, большого общества, балов и танцев.


## Ёлка


Ровно через месяц после этого я, также впервые, увидала рождественскую ёлку. Это была прекрасная богатая ёлка, кроме всяких сладостей, изукрашенная гирляндами зелени и цветов, искусно сделанных бабушкой из цветной бумаги и коленкору. Я онемела от изумления и восторга, когда, просидев целый день одна, наверху в детской, увидала её ещё издали, из коридора, среди зала, всю залитую светом!.. Много прекрасных игрушек нашли все мы, дети, под нею; подарки там были для всех: и для взрослых родных, и знакомых, и для прислуги. Кроме свечей, горевших на дереве, длинный стол был опоясан, как огненным кольцом: весь он был унизан тарелками с лакомствами для дворовых людей и детей их, и в каждую, среди сладостей, была поставлена зажжённая свеча. Прислуга постарше, все женщины и горничные девушки стояли в самом зале; остальные — в передней и коридоре, и все получили подарки на праздники...

Бабушка всегда говорила, что "плохо то барское веселье, которого с барами заодно не делит вся прислуга". За то же и любили её люди, как, я думаю, мало господ на свете бывали любимы.

Несколько дней спустя я сидела с бабушкой в диванной, когда ей доложили, что приехал купец Горов и желает её видеть. Бабушка приказала принять и вышла к нему в гостиную, куда, разумеется, и я за ней скользнула. Оказалось, что Горов приехал просить всех нас к себе на ёлку. Он усиленно кланялся бабушке и просил, чтоб она сама, и мама, и тётя, и мы с Лёлей, все "сделали ему честь" приехать; а о папе большом сказал, что "не смеет просить его".

Я очень удивилась таким речам! Мне казалось, что Горов нам желает сделать удовольствие; но какую мы ему сделаем честь, я решительно не понимала. Ещё менее могла я понять, почему он так странно сказал о дедушке: почему он нас смеет приглашать, а его просить не смеет?.. Я сильно задумалась об этом и верно спросила бы сейчас у бабочки, если б приезд новых гостей не помешал мне, а потом я об этом позабыла. Мне суждено было ещё многому удивляться на другой день, когда мы были у Горовых, и много наготовить вопросов на разрешение бабушки.

В шесть часов вечера возок наш остановился у большего каменного дома, и мы, с трудом выпутав ноги в тёплых сапогах из шуб, с помощью лакея Петра стали выбираться на подъезд. Одна Лёля, ловко выпрыгнув, миновала его руки; меня же, хотя я очень желала последовать её примеру, Пётр без церемонии захватил одной рукой, другой захлопнул дверцу, крикнув кучеру: "Отъезжай!" И понёс меня по ярко освещённой лестнице, вплоть до передней, где хозяйка и дочери её помогали бабушке, маме и тётям раздеваться. Дочерей Горова я знала, — особенно старшую, хромую Машу: у них была дача недалеко от нашей, и мы раз у них завтракали; но жену его я в первый раз видела, и её пёстрое платье, синяя бархатная мантилья, серьги, множество колец и в особенности её чёрные-пречёрные зубы так меня поразили, что я совсем забыла, что надо слезть с залавка, на котором раздевал меня Пётр. Мне об этом напомнила Маша, целуя меня.

— А! Здравствуйте, Верочка! — сказала она, помогая мне сойти на пол. — Пойдёмте в зал.

Все, кроме бабушки, уже туда входили. В дверях внимание моё опять было остановлено какою-то старушкой, в тёмном платье, с головой по самый лоб повязанной чёрным шёлковым платком как у няни Насты. Она спокойно, но неприветливо, нисколько не суетясь и без всяких улыбок, как хозяин и его жена, смотрела на нас исподлобья и каждого встречала низким поклоном.

— Матушка моя, ваше превосходительство! — сказал, указав на неё бабушке, хозяин дома. — Не изволите, кажется, знать?..

— Нет, я хорошо знаю вашу матушку, — приветливо отвечала бабушка, остановившись возле также молча ей кланявшейся старухи, — мы часто встречались с нею в больнице и богадельне... Ещё недавно я видела вас, когда вы, на первый день праздника, кажется, — привозили белый хлеб и пироги в богадельню. Не правда ли?..

— Точно так, ваше превосходительство, — с довольной улыбкой отвечал Горов. — Это уж завсегда так, каждый праздник матушка сами калачи пшеничные и пироги с говядиной возят в богадельню и в острог также-с. Это уж обычай у нас такой от прадедов ведётся... И, признаться, матушка мне говорили, что часто там с вами встречаются, но я думал, что вы их не изволили заметить.

119

– Если б я даже её и не заметила, то не могла бы не слышать о вашей матушке: о добрых делах её знает весь город.

Я держала бабушку за руку, нарочно отстав от всех, и слушала внимательно. Меня удивляло серьёзное, почти суровое выражение лица старушки Горовой. Она ничего не отвечала бабушке, а только, продолжая кланяться, промолвила, не подымая даже глаз, указывая на зал:

– Просим пожаловать.

Зато сын её много и весело говорил и, мне показалось, с большим удовольствием поглаживал свою бороду, из-за которой просвечивала большая круглая медаль на красной ленте.

"Богадельня!.. Острог! – повторяла я незнакомые слова. – Непременно завтра спрошу, что это такое?.."

В большой комнате, которую хозяева называли "залом", хотя пунцовая мебель в ней стояла такая как в гостиных, мы нашли много знакомых: всех сестёр Бекетовых, которых я очень не любила с тех пор, как они отказались играть у нас с моей милой Грушей Зайцевой, назвав её "cette petite servante"[8], Варю и Олю Лихачёвых и толстенькую Катю Полянскую и ещё многих девочек и мальчиков со своими родными и гувернантками. Едва мы успели со всеми перездороваться, как отворилась дверь в другой зал, из которого послышалась музыка, и хозяин просил всех пожаловать "в органную"...

"Ещё новое слово!" – подумала я; но сейчас же о нём забыла, так поразило меня зрелище блиставшего белого зала, залитого светом канделябров, люстр и сотен восковых свечей, горевших в средине комнаты на огромнейшей ёлке, которая до того густо была увешана, что ветки её гнулись под тяжестью конфет и украшений.

Чего тут не было! Какие прелестные бонбоньерки, шкатулочки, игрушки, фигурки и блестящие разноцветные гирлянды и цепи из леденцов и золотых и серебряных шариков. У меня как и всех детей глаза разбежались на всё это великолепие.

Особенно красивыми казались мне разные фрукты: яблоки, груши, апельсины, сливы и персики, прекрасно сделанные из сахара, и огромный пряничный дом, украшенный фольгой вместо окон, с шоколадными дверями и миндальными ручками, который стоял на самой верхушке дерева.

Во всё время, не умолкая, на хорах в глубине зала играл прекрасный, дорогой орган, – то есть большая, заведённая ключом шарманка. Потому-то хозяин и называл эту комнату органной.

Нас подвели к ёлке и начали угощать и усердно просить рвать всё, что нам угодно с ёлки; от чего мы, разумеется, отказывались. Тогда хромая Маша и её сёстры вооружились ножницами и начали сами срезать все хорошенькие вещицы и конфеты, неотступно прося нас указывать, что нам нравится. Чернозубая наша хозяйка всё улыбалась

---

[8] этот маленький раб – фр.

и кланялась, потчуя всех фруктами и вареньями, которыми был заставлен весь стол. Она взяла нас за руки и, подведя ко множеству хорошеньких бонбоньерок, просила выбрать себе, какие угодно.

Надя отговаривалась, конфузясь, но, наконец, принуждена была взять первую попавшуюся коробочку; Лёля же и я были сговорчивее и выбрали самые хорошенькие: сестра – корзинку с цветами, а я – уморительную обезьянку с блестящими глазами, которая поворачивала головой и хлопала в бубен, когда открывали ящик с конфетами, стоявший сзади неё. Мне ещё, кроме того, подарили пряничный дом, который мне так понравился на верхушке дерева. На Крещение я угостила им пришедших ко мне в гости приютских девочек, которые очень удивлялись моим рассказам о великолепной ёлке.

Но бабушка, не знаю почему, осталась недовольна ёлкой Горова... Ещё в возке, на обратном пути, я помню, она говорила, что очень жалеет, что мы все были на этой "глупой ёлке". Мама с тётей Катей смеялись, успокаивая бабушку; они говорили, что нельзя было Горова обидеть, не быть у него или детям отказаться от "навязанных" подарков.

– Да, – сказала Надя, – мне ужасно было досадно, когда они приставали ко мне с этой бонбоньеркой и своими угощениями!.. Особенно, когда потчевали вареньями, которые всем приходилось есть с одной ложки.

– Ну, за это их нечего осуждать, – отвечала бабушка, – это уж так у них, по-купечески. Но очень неприятно, что он потратил такие большие деньги, чтоб нас угостить. Это уж просто глупо!

– Отчего глупо, бабочка? – вступилась я. – Он – добрый!.. Мне было очень весело.

– Ну, слава Богу, что хоть тебе было весело, – засмеялась бабушка.

– А мне совсем не было весело! – важно объявила Лёля. – Это всё так по-мещански. Вот и Бекетовы тоже говорили, что им скучно... Мы всё смеялись над этой хромоногой...

Мама прервала её строгим замечанием, что это очень стыдно: что смеяться над чьим-нибудь природным недостатком грешно и показывает злое сердце; а я, как всегда не задумываясь, сказала:

– Да вы, мама, не верьте: это Лёля выдумывает! Ей очень было весело, а она только так говорит, чтоб к большим приравняться. Бабочка сказала, что напрасно поехала – и она за ней повторяет!

Все засмеялись, а сестра рассердилась на меня очень, но, впрочем, ненадолго; она никогда не помнила зла и вообще была очень добрая, хотя мы с нею часто ссорились, как чуть было не вышло на другой день после ёлки у Горовых.

# Рассуждения

По случаю праздников уроки ещё не начинались, мы сидели наверху, в нашей классной, возле кабинета бабушки, куда дверь была отворена, и перебирали все хорошенькие вещицы, подаренные нам Горовыми накануне.

Вдруг, я вспомнила о его посещении и спросила:

— Лёля, отчего это Горов, когда звал всех нас на ёлку, сказал, что папу большого он просить не смеет? Как ты думаешь, отчего же нас всех он смел, а его нет?..

— Вот прекрасно! — презрительно отвечала Лёля. — Как же ты не понимаешь?.. Ещё бы какой-нибудь простой купец смел к себе звать губернатора!.. Ведь наш большой папа — губернатор! Ты что думаешь?..

— А это что такое: губернатор? — спросила я.

— Губернатор — самый главный человек в губернии. Понимаешь: в губернии!.. А в одной губернии может быть тридцать или сорок городов и несколько тысяч деревень, — начала она сочинять.

— Ай, ай, ай! Как много!.. Так, значит, большой папа — важный?..

— Ещё бы! Очень важный.

— А кто важнее его?.. Царь — важнее?

— Господи! Дура какая!.. Царь — один в России! У царя может быть миллион таких губернаторов!

— Неужели? — удивлялась я. — А это сколько миллион?

— Миллион?.. Ну, это много... очень много... Всё равно, ты не сумеешь сосчитать!

— Ну, а кроме царя, кто ещё важнее папы?

— Важнее папы?..

Лёля на секунду задумалась...

— Ну вот министр важнее!

— Ну?!. А он кто такой, этот министр? — добивалась я.

— Ах, ты Боже мой! Кто такой!.. Ты ужасно глупая, Вера!.. Министр — министр, вот и всё!

Но я всё-таки не поняла, что это за штука такая — министр, и спросила:

— А он где же живёт?

— В Петербурге, с Государем. Их там много. Они все графы, князья... И там... управляют.

— Управляют! — не унималась я. — Чем?..

— Ах, ты Господи! Дура какая! — окончательно рассердилась Лёля. — Всем управляют. Отстань.

— А здесь есть такой министр?

— Здесь нет.

— Так, кто же здесь важнее папы?

— Говорю тебе, что здесь никого нет. Он — самый главный...

— О чём это вы говорите, дети? — раздался вдруг голос бабушки из её комнаты. — Кто это главный?

— Я говорю, что здесь, в Саратове, никого нет главнее папы, – покраснев, но храбро отвечала Лёля.

— А вам что до этого за дело, дети?

— Да вот Верочка спрашивает, отчего Горов сказал, что не смеет приглашать папы...

— Ну и что же ты ей отвечала?

— Что это верно оттого, что ведь папа – губернатор... А Горов – простой купец! – отвечала сестра уже довольно сконфуженным голосом.

— Какие ты глупости говоришь! – возразила бабушка и позвала нас к себе.

Я вприпрыжку побежала в её кабинет; а Лёля тихо последовала за мной. Бабушка ласково, но очень серьёзно взяла её за руку и сказала:

— Сколько раз я просила тебя, Лёля, не рассуждать о том, чего ты не понимаешь. Не рассуждать и никогда ничем не важничать, потому что это стыдно и очень глупо!.. Ну, что ты сейчас сказала? Что это значит: простой купец? Горов – простой купец, а папа большой – простой губернатор! Какая же тут разница? Оба люди. Вот если б Горов был дурной купец, или папа – дурной губернатор, тогда было бы нехорошо, потому что дурными людьми быть грешно и стыдно! А если оба хорошие, честные люди, так это совершенно всё равно, кем бы их Бог ни сотворил: барином ли, купцом или мужиком. Родиться тем или другим от людей не зависит, но быть умным и добрым зависит от каждого из нас. И гораздо лучше быть хорошим мужиком, чем дурным господином... Чего бы, например, было тебе гордиться пред Машей, что ты родилась барышней, а она – горничной девушкой?.. А между тем ты гордишься!.. Я сама слышала, что ты ей вчера говорила, что она должна уважать тебя, потому, что ты – барышня. Подумай: умно ли это? Разве это твоя заслуга?.. Ей за это тебя ещё уважать не приходится, а скорей ты должна уважать её за то, что она такая хорошая, исполнительная девушка, так о тебе заботится, так хорошо тебе служит и, наконец, потому, что она гораздо старше и умнее тебя. Прежде вырасти и поумней, тогда требуй уважения; а пока будь благодарна за то, что тебя любят и прощают твои глупости и недостатки... Вот, хоть бы теперь: ты вздор сказала Верочке! Горов потому только сказал, что не решается приглашать папу, что знает, как крепко папа занят, и, разумеется, не смеет отрывать его от серьёзных дел для какой-нибудь детской ёлки, которая не может доставить ему удовольствия. Вот и всё!.. А ты знай вперёд, Лёля, что нет на свете, для людей умных и честных, ни важных, ни простых людей; а есть только люди полезные, добрые, умные или дурные да глупые. Первые всегда будут главными, и все их будут уважать. А вторых никто не будет ни уважать, ни любить, как они ни важничай и ни чванься без всякого на то права.

Лёля ушла очень сконфуженная выговором; а я уселась возле бабочки, на своём приятеле, набитом белом тюлене, и, положив голову ей на колени, спросила:

— Бабочка! Скажи мне, душечка, отчего вы говорили вчера, что вам досадно, что вы были на ёлке?..

Бабушка оставила своё дело и, посмотрев на меня с минуту, улыбаясь и о чём-то думая, наконец сказала:

— По настоящему мне бы тебе следовало сказать, что это не твоё дело, потому что нехорошо маленьким девочкам слушать и расспрашивать обо всём, что говорят между собою большие, но, пожалуй, я скажу тебе. Мне жаль, что Горов потратил столько денег на вздор, тогда как на них можно было сделать так много добра бедным людям.

— Что же такое, бабочка! Он такой богатый!.. Они и без того много добра делают, вы сами сказали... Вон его мать возит же бедным калачи и пироги...

— А ты и это слышала?.. Ну, вот видишь: они только хлеба им по праздникам возят; а на те деньги, что стоила эта ёлка, не только бы накормить их можно было, но дать дров на целую зиму и, пожалуй, ещё и одеть.

— А зачем же вы нам делали ёлку?

— Мы делали ёлку для вашего удовольствия, – это правда; но наша ёлка стоила недорого. Немножко можно истратить для удовольствия; но много тратить на пустяки – глупо и даже грешно!.. Когда вырастешь, ты сама поймёшь это.

Я задумалась, а бабушка принялась за своё рисование.

— Я теперь знаю, – заговорила я через минуту, – эта старушка, мать Горова, наверное думала то же!

— Отчего ты так думаешь? – спросила бабушка, снова внимательно глядя на меня.

— А оттого, что она так сердито смотрела на всех... А в зал, где была ёлка, вовсе даже и не вышла. Верно она и видеть не хотела такой глупости, жалея бедных людей, у которых отняли тепло и платье... Правда, бабочка?..

— Правда, дорогая моя умница! – похвалила меня бабушка. – Тебе то же пришло в головку, что думалось и мне. Правда, видно, что стар да мал в мыслях сходятся!

И бабушка, ласково притянув меня к себе, крепко-крепко меня поцеловала.

Тут вошли мама с тётями, и бабушка рассказала им наш разговор.

— Старуха Горова, говорят, староверка, а староверы ведь не едят с православными, – сказала тётя Катя. – Верно она оттого и не пришла в зал.

Разумеется, я сейчас же пристала к бабушке с расспросами, что значит староверы и православные? И хотя объяснить это такой маленькой девочке было довольно трудно, но бабушка всегда умудрялась мне всё на свете объяснять.

— Ты знаешь, что Христос жил на земле очень давно, когда ещё никто не говорил по-русски, – сказала она. – Те люди, которые первые писали о Нём, как Он родился, страдал и умер распятый на кресте, писали на тех языках, на которых тогда говорили: по-гречески, по-еврейски, по-латински. Потом, все другие народы начали переводить священные книги и молитвы на свои языки, и мы, русские, тоже. Только русские перевели нехорошо: наделали много ошибок, которые пришлось после поправлять. Один умный, очень учёный человек, патриарх Никон, – это всё равно, что архиерей, – поправил все ошибки и велел напечатать другие книги, уже совсем верно переведённые с греческих молитвенников. Мы ведь переняли свою веру у греков; когда больше будешь, то будешь об этом учиться. Мы все стали читать молитвы и служить в церквах так, как было напечатано в книгах патриарха Никона; а некоторые необразованные, бедные люди не поверили, что он исправил только ошибочный перевод, а вообразили, что Никон совсем переделал их! Свои молитвы сочинил, новую веру выдумал. Ну и стали они говорить, что молиться по этим новым книгам грешно, а что надо держаться книг старой печати. Поэтому они назвали себя староверами, в знак того, что они по старому, по настоящему будто бы верят и в отличие от нас, православных, которые, по их мнению, выдумали себе новую веру... Это совсем не правда! В сущности и мы, и они верим тому же Богу, Иисусу Христу и святым, а староверы совершенно ошибаются, считая нас неверными старой, истинной вере. Надо надеяться, что эти бедные, простые люди поймут свою ошибку, когда больше будут учиться, и все мы, русские, будем одинаково веровать, одинаково молиться и славить Бога в наших православных церквах.


## Дорога


Зима промелькнула быстро, а с приближением новой весны мама начала поговаривать, что пора собираться нам в дорогу, что ей жаль бедного папу, крепко по нам соскучившегося. Папа писал, что теперь его батарею перевели в хорошее место в Малороссии, где тепло, и маме хорошо было бы жить. Он очень просил её вернуться весною. Несмотря на горе и просьбы бабушки переждать хоть до лета, мама решила, что выедет ранней весной.

Мне было очень жаль расставаться с родными и особенно с дорогой моей бабочкой, которая не могла решительно смотреть на нас без слёз и много плакала, по целым часам разговаривая, запершись с мамой в своём кабинете. Но я всё-таки с удовольствием думала о предстоявшем путешествии. Все дети – охотники до перемен и очень любят дорогу. Она так занимала меня со всеми приготовлениями, покупками, укладкою и прочими подробностями, что я без особенного горя прощалась со своими знакомыми и даже скоро перестала плакать, расставшись окончательно с родными, провожавшими нас далеко за город.

Ехали мы в двух экипажах: в карете сидели мама, Антония и я

между ними, а впереди – горничная Аннушка с Леонидом на руках и доктор, который провожал маму по просьбе дедушки, или горничная девушка Маша, когда доктор пересаживался в тарантас, к нашей косой мисс Джефферс. Она уверяла, что не может ехать в закрытом экипаже, что у неё голова болит. Лёля всю дорогу путешествовала из кареты в тарантас и обратно. Но подолгу ей ни тут, ни там не сиделось; а на каждой почти станции с ней случались самые неожиданные происшествия! Она была такая бойкая, живая шалунья, что с ней много дела и бед бывало гувернантке. Один из таких случаев во время нашего путешествия я запомнила хорошо, потому что он во всю последующую жизнь не переставал нас смешить.

На одной станции, на крыльце сидел какой-то проезжавший офицер в расстёгнутом сюртуке и шапке на затылке. Он смотрел на всё исподлобья мутными глазами, не то сонно, не то сердито и, громко пыхтя, курил из длинного чубука. Мама нам не велела подходить к нему, и я держалась подальше, тем более, что сама боялась его свирепого вида. Лёля же поминутно проходила мимо него, вертелась, поглядывала на него, стараясь обратить его внимание и с ним заговорить. Она ужасно любила разговаривать с посторонними... Но сердитый проезжий не обращал на неё никакого внимания, кряхтя и не выпуская изо рта трубки.

– Посмотри, Верочка, – с улыбкой заговорила Елена, – точно такая трубка как у нашего маленького папы... Помнишь?

Я совсем этого не помнила и, с упрёком взглянув на сестру, отодвинулась ещё дальше. Тогда Лёля, подпрыгнув, храбро обратилась к самому офицеру:

– Какая у вас длинная трубка!

Он медленно приподнял на неё свои красные, опухшие глаза, но не промолвил ни слова.

– У нашего маленького папы тоже такая, – бойко продолжала она, сделав к нему ещё шаг.

– У... маленького папы! – хрипло промычал офицер. – И... что же это такое... маленький папа?.. А?.. Что это такое?..

Лёля немножко отодвинулась, но, продолжая весело и задорно смотреть на него, объяснила:

– Маленький папа – наш отец. Он вот курит точно такие трубки с длинными чубуками как и вы...

– Что-о?!. – заревел на это офицер, таким густым басом, что я в испуге отскочила к дверям. – Длинные трубки?.. А... зачем у тебя такой короткий нос?.. А?!. – вдруг приподнялся он.

Тут и Лёля растерялась и, сделав несколько шагов назад, в недоумении смотрела на страшного офицера. Но, вдруг, тот опять опустился на своё место, вытянул ноги по полу, закинул назад голову и вместо баса заговорил тоненьким голоском:

– Девчонка, ты, девчонка! И чего ты вертишься?!.

Это восклицание как громом поразило сестру! Ей стало ещё обидней и досаднее от хохота Аннушки, слышавшей всё из кареты, где она сидела возле спавшего брата.

– Вот видишь! – говорила я, следуя за ней в комнату, куда нас звала англичанка. – И чего ты в самом деле вертелась?

– Не твоё дело! – ещё более рассердилась Лёля.

Но после этого случая она перестала обращаться с разговорами к незнакомым людям.

В последнем городе мы нашли присланных за нами лошадей и поехали дальше на своих. Узнав об этом, я каждую минуту ждала, что мы сейчас приедем, сейчас увидим папу, которого я неясно помнила. Оказалось однако, что мы ехали и никак не могли доехать!.. Дорога шла зелёными полями, мимо хорошеньких дубовых рощ и хуторов, закрытых садиками. Вокруг так всё было весело: летали бабочки, птички заливались, порхая в зелени, столько было цветов по дороге, что так бы и побежала я рвать их на полях и в рощах! А тут тащись в душной карете, переваливайся со стороны на сторону. Скука смертная!..

– Когда же город? – спросила я.

– Какой город? – отозвалась мне мама.

– Тот город, где живёт папа, куда мы едем жить! – объясняла я.

– Там города нет. Мы будем жить в деревне.

– В деревне!? – удивилась я. – В чьей?

– Да ни в чьей. В государевой. Разве ты не помнишь, как мы прежде по деревням жили?.. Где папину батарею поставят, там и мы будем жить.

– Да!.. – вспомнила я. – Батарея – это солдаты?

– Солдаты, и офицеры, и пушки... Много солдат.

– Я уверена, – заговорила со мной Антония как всегда по-французски, – что ты в нетерпении увидеть папу?.. Не мешай маме, – прибавила она тихо, – говори со мной.

– Да, – нерешительно отвечала я. – Мне хочется его увидеть, только... я нехорошо помню!.. Он разве такой же рыжий как брат Лида?

– Отчего ты так думаешь? – засмеялась Антония.

– Оттого что, я помню, у него рыжие усы, и он всегда меня колол, когда целовал.

– Так ты только и помнишь, что его рыжие колючие усы?.. – смеясь сказала мама, ущипнув меня за щеку. – А помнишь, как ты в Гадиче учила танцевать свою старую няньку Орину?..

– Ах, да, няня Орина! – припомнила я. – И она тоже здесь, мама?

– Нет, детка, она осталась там, в своей деревне.

– Ах! Как жаль!.. Отчего она не здесь?

– Она не хочет к тебе ехать, – вмешался наш доктор, посмеиваясь, – говорит, что ты её крепко щипала и била, когда учила танцевать. Боится, что ты опять её в танцовщицы запишешь.

– Ах, перестаньте, пожалуйста, – сказала я с досадой.

Я терпеть не могла этого противного доктора! Это был тот самый, про которого няня Наста говорила, что "у него баки как у собаки"... К тому же он умудрился ещё недавно разобидеть меня до слёз, выбив щелчком шатавшийся у меня зуб, и вечно приставал, будто я задумываюсь "о небесных миндалях", – что меня очень сердило. А я в самом деле часто задумывалась, сама не зная о чём, так глубоко, что меня трудно было дозваться...

Мы давно уже поднимались в гору, часто останавливаясь, чтоб дать вздохнуть усталым лошадям; но как ни старался наш солдат-кучер, как ни махал вожжами и ни перевешивался с высоких козел, как ни свистал, ни кричал и ни суетился с кнутом в руках наш повар Аксентий, кончилось дело всё-таки тем, что лошади стали.

– Говорил я, чтобы шестёрку, так нет!.. Буде и четвёрки: пушки, говорят, возят!.. Вот те и пушки!.. – ворчал кучер.

– Что ж теперь делать? – тревожилась мама. – Нельзя ли мне пересесть в тарантас, чтобы скорее доехать?

Но доктор этого ни за что не позволил, говоря, что тряска очень вредна маме. Решили послать за подмогой верхом Аксентия, и хоть наш ленивый повар и отговаривался тем, что дороги не знает, но кучер его пристыдил:

– Ты, хлопец, пусти только лошадь: она сама тебя прямиком к батарейным конюшням вывезет!.. Тут рукой подать! Только что вот гора эта несподручна, – прибавил он, – а как выберемся, так и лагеря тут же.

Нечего делать! – Взлез Аксентий на спину лошади и поехал, высоко подпрыгивая, взмахивая локтями и своей серой развевавшейся шинелью, подпоясанной ремнём. Мы все смеялись, глядя ему вслед...

Кучер наш спокойно закурил коротенькую трубочку, а все мы, кроме мамы, лежавшей с закрытыми глазами, стараясь заснуть, вышли из кареты и разбрелись вокруг. Я с пряником в руках села недалеко, на меже, любуясь на множество жаворонков, суетившихся на полях. Они вылетали, шурша крылышками, из травы; взвивались как стрелы и исчезали в высоте, откуда слышались тысячи их серебристых песен. А то также прямо и быстро спускались на землю, мелькали задорными хохликами, переваливаясь в посевах, и снова исчезали, юркнув в траву.

– А ну-ка, сударь! Ну-ка, барышни! Садитесь. Лошади вздохнули: авось теперь лучше вывезут.

– А как же тарантас? Ведь из него лошадь выпряжена! – спросила Антония, которая сидела на большом камне у дороги, забавляя Лиду.

– Тарантас-то лёгкий! Его и пара увезёт. Чем стоять да ждать, поедемте с Богом, пока что!


## Лагерь


Мы уселись. И в самом деле, отдохнувшие лошадки подхватили дружно и, не дождавшись никакой подмоги, в полчаса вытянули нас на гору. Кучер наш говорил правду: сверху горы раскинулись пред нами поля и леса, а среди зелени ближайшей рощи на красивой поляне белелись палатки батареи. Все мы загляделись на красивую картину... Но что это?.. Кто это такие?

К нам навстречу в перегонку, запыхавшись, бежало несколько офицеров. Какой-то совсем молоденький опередил всех, смеясь, крича что-то товарищам; двое-трое других его догоняют... У всех такие весёлые лица...

Мама оживилась, припав к окну, называя их по фамилиям.

— А вот, смотрите, дети! — вскричала она. — Вон и папа бежит! Видите?..

— Где? Где?.. — спрашиваю я.

— Я вижу папу! — весело кричит Лёля, хлопая в ладоши.

— Да где же он? Который?.. — чуть не плачу я.

— Да как же ты не видишь? — смеясь указывает мне мама на отставшего дальше всех, высокого толстого господина. — Ишь переваливается!.. Запыхался! Верно давно по горам не бегал, — весело пошутила моя милая мама, здороваясь с прибежавшими навстречу ей знакомыми.

Карета остановилась; передовой офицер быстро отворил дверцы, и мы сами побежали навстречу папе.

Как весело провели мы этот чудесный вечер! Нам был приготовлен домик на хуторе, но мы остались пить чай в лагере. Все сбежались с приветствиями, с поздравлениями. Накрыли стол пред папиной палаткой; все снесли сюда всё, кто чем богат: кто варенья, кто сухарей, кто молочник сливок или лимон. Музыке велели играть невдалеке... Все маму любили, все были рады её возвращению, а уж про папу и говорить нечего!..

Он подложил свою шинель под ноги маме, чтоб она не простудилась, и всё возился со своим новым сынишкой, подбрасывая его на воздух и любуясь, как он заливался весёлым, звонким хохотом, знакомясь со своим папой. Мы с Лёлей, пока Антония с мисс Джефферс хозяйничали у чайного стола, успели с Машей сбегать в рощицу и вернулись с букетами, которые положили перед мамой.

Нам было очень весело!.. Мы дождались восхода полной луны, и все пошли провожать нас с музыкой и песенниками на хутор, где нам была приготовлена чистенькая хата.

Мы прожили тут несколько дней и совсем заморили нашу бедную англичанку, то и дело бегая в лагерь, в рощи и назад домой. Мама ужасалась нашему безделью и, вздыхая, говорила только о том, чтоб поскорее приехать на место да начинать аккуратно учиться.

— Вы совсем отвыкли от уроков и избаловались за дорогу, — говорила она.

— O! Yes, — нараспев поддерживала её наша мисс. — Learn[9] — нэт! Quite[10] избаловаль and всё забиль.

---

[9] учиться
[10] совсем

– А вот и нет, – не всё забиль! – передразнила я её. – Я помню, как вы меня учили.

И став среди комнаты в торжественную позу, я начала указательным пальцем дотрагиваться до носу, рта, глаз, приговаривая:

– О! – Nose!.. О! – Mouth!.. О! – Eyes!.. О! – Chin![11]..

– Ну, уж ты смотри у меня, шалунья! – прервала меня мама, погрозив мне пальцем.

– Oh! Naughty little girl![12].. – согласилась наша кривая англичанка; а я выбежала из хаты, схватила за руку Лёлю и ну бежать с нею вниз с горки, к папе в палатку.

Наконец, папина батарея выступила, и мы отправились шаг за шагом вместе с нею. Мама так устала от долгой дороги, что доктор ей советовал так медленно ехать. Потому мы два дня ехали 80 вёрст до местечка, где должны были жить, но мне было ужасно весело всё время. Погода была прекрасная, мы останавливались обедать и пить чай среди дубовых рощ, на зелёной траве, много гуляли и бегали, даже играли в горелки с двумя молодыми офицерами и Антонией. А раз папа взял меня к себе на лошадь. Вот тут-то было торжество!.. Солдаты шли впереди с весёлыми песнями; офицеры скакали на лошадях, а я важно ехала с папой на его большой рыжей лошади, весело поглядывая на всех.

Один из офицеров, увидав, что я еду с папой, хотел непременно слезть и посадить на свою лошадь Лёлю. И Лёле этого ужасно хотелось! Она вся вспыхнула, и голубые глаза её загорелись... Но мама этого ни за что не позволила и даже рассердилась на папу, когда он стал просить об этом.

Узнав о чём шла речь, мисс Джефферс пришла в такой ужас, что её белый глаз совсем закатился, а тёмный подошёл к самому носу.

– О! For shame, miss Lolo! О, how shocking![13].. – кричала, она.

Лёля грозно на неё посмотрела, но, увидав, что ничто не помогает, что все против неё, тряхнула своими белыми волосами и с горя начала браниться с ней по-английски, с Антонией – по-французски, а с доктором – по-русски, успевая всем разом ответить.

Наша гувернантка кричала и обо мне, когда папа сажал меня на лошадь, что это стыдно; но мама с Антонией успокоили её тем, что я ещё маленькая.

Подъехав к месту нашего роздыха, кто-то из офицеров научил солдат закричать мне:

– Ура!.. Здравия желаем новой командирше!.. – что заставило всех, даже нашу чопорную мисс, рассмеяться.

Папа крепко поцеловал меня, спуская с лошади на руки денщика Воронова; а я так была довольна, что даже не заметила, уколол ли он меня на этот раз своими усами...

---

[11] Нос! Рот! Глаза! Подбородок! - англ.
[12] О! Шаловливая девчонка!.. - англ.
[13] О! Стыдно, мисс Лоло! О, как ужасно!... - англ.

К вечеру, в тот же день мы приехали в хорошенькую малороссийскую деревню, где должны были долго прожить. Но я так устала, что ничего вокруг себя не видела, и, едва напившись чаю, крепко заснула.

## На новых местах

Проснувшись рано на другой день, я выглянула в окно и торопливо начала одеваться. Перед окнами был густой вишнёвый садик, и я начала будить Лёлю, чтоб скорее погулять с ней; но она была такая соня, что я успела набегаться вдоволь, пока она поднялась.

Славные у нас были тут домик и сад, совсем простой, заросший, но такой тенистый, что в нём отлично бывало играть в прятки. В одном конце его стояла белая хатка хохлушки-сторожихи, у которой было множество птицы, не только домашней, а также перепелов, дроздов и голубей, с которыми я целые утра возилась, до самых уроков, убегая к хохлушке в гости.

Так у неё было славно, в её чисто выбеленной внутри и снаружи хате, в палисаднике, засаженном подсолнечниками и высокими, разноцветными цветами ржи; такая она сама была хорошая, весёлая да забавница, что мы часто с Лёлей заслушивались её бойких речей, хотя не совсем их понимали. И какие вкусные она варила галушки да пышки пекла, – прелесть! Не только мы, и мама сама с удовольствием их кушала с утренним чаем. Мы очень подружились с нею и называли не иначе как хозяйкой, хотя дом наш совсем принадлежал не ей. Это был хороший деревянный дом о нескольких комнатах, просторных и светлых. Я жила в одной комнате с Леонидом и Антонией; Лёля спала рядом с мисс Джефферс; а у мамы была угловая комната, спальня и вместе кабинет, где она проводила часто целые дни и вечера за работой. Ей теперь было гораздо лучше, чем в прежних стоянках папиной батареи, где, бывало, её рабочий стол отделялся от нашей детской одной коленкоровой занавеской. С высокого крыльца нашего, выходившего по другую сторону сада в большой зелёный двор, был прекрасный вид, – на далёкие поля, тёмные дубовые рощи да вишнёвые садики, из-за которых по утрам живописно подымался голубой дымок спрятанных за ними хат, расстилаясь по долине.

Мы часто ходили на дальние прогулки, в соседние хутора или в большой фруктовый сад какого-то помещика, который никогда тут не жил. Антония редко с нами ходила; у неё было много дела, и она любила больше оставаться с мамой, которая по-прежнему часто болела. Мы отправлялись почти всегда в одном порядке: впереди шла наша англичанка, за нею Аннушка везла Лиду в деревянной повозочке; потом шла Маша, а мы бегали во все стороны, то опережая их, то отставая. В этих прогулках я часто засматривалась на высокую фигуру нашей некрасивой мисс Джефферс. Меня удивляли её вечное спокойствие и неподвижность!.. Как прямо шла она, уткнувшись носом и устремив свои косые глаза в английскую книгу, которую держала высоко перед собою, потому что была очень близорука. Изредка обращалась она к нам, в особенности к Елене, с каким-нибудь вопросом или замечанием, которого сестра никогда не слушалась; на что в свою очередь и мисс не обращала ровно никакого внимания и продолжала важно шагать перед нами как какая-нибудь длинноногая цапля на болоте. На обратном пути обыкновенно происходила перемена: Лида бывал уж на руках няньки, а Маша везла обратно повозочку, полную слив, вишен или хороших дынь и арбузов, с дальней бахчи.

Мы каждый день аккуратно учились; особенно Лёля очень серьёзно занималась с гувернанткой английским языком, а французским и ещё многому другому – с Антонией; кроме того к ней откуда-то приезжал три раза в неделю учитель музыки. Несмотря на много уроков, Лёля всё-таки находила время шалить, такая уж она была проворная!

Я тоже была порядочная шалунья, но всё-таки не такая; я никогда не умела выдумать так хитро как Лёля, и, кроме того, я была послушнее. В особенности я слушалась всегда Антонию. Я очень её любила!.. Прежде, в Саратове, где у меня было столько родных, моя баловница-бабушка, столько развлечении и удовольствий, так много знакомых, я не так была близка к ней как теперь. Теперь же я гораздо больше с нею училась, и так как мне совершенно не с кем было играть, кроме Лёли, то я вообще проводила с нею гораздо более времени. Когда было ей время, никто не умел так забавить меня игрой, а ещё чаще рассказами, как милая моя Тонечка, – так она приучила меня называть себя, в редких случаях, когда я говорила с ней по-русски, чего впрочем почти никогда не случалось, так как она сумела уверить меня с четырёхлетнего возраста, что она ни слова по-русски не знает. Антония так любила детей вообще, а меня в особенности, что умела ради нашего удовольствия, играя с нами, сама превращаться в ребёнка и искренно веселиться вместе с нами. Она была удивительно деятельна: всегда занятая с утра до вечера и даже во время наших уроков, она не переставала шить или вязать.

Раз я читала ей громко историю маленького Шарля, который, не желая учиться в школе, по дороге туда заговаривал со всеми встречными: с лошадью, с собакой и с пчелкой; а Антония, разложив на полу что-то очень большое, кроила, ползая на коленях с ножницами в руках и не глядя на меня, поправляла каждую мою ошибку. Я очень удивлялась, как она может безошибочно знать каждое слово, не глядя в книгу?..

– Это совсем нетрудно, – отвечала она, улыбаясь, на мой вопрос. – Ты сама будешь делать то же, когда вырастешь.

– О! Нет, я никогда не буду знать всего, что вы знаете! – отвечала я с таким же недоверием к своим будущим знаниям, какие выражала когда-то бабушке по дороге с нею в приют.

– Вот вздор какой! Ты ведь уверяла же меня прежде, что никогда не будешь говорить по-французски. Помнишь, как я тебя уверила, что не знаю по-русски?.. Ты капризничала, говоря, что никогда не поймёшь меня и не будешь отвечать; а я спорила, что очень скоро научишься. Кто же был прав?.. Ты тогда была такая маленькая дурочка, что поверила, что я сразу забыла русский язык. Помнишь?

– Да, ещё бы не помнить! И как я удивлялась, когда вы нам читали русские сказки!.. Я была совершенно уверена, что вы не забыли только читать, но ничего не понимаете.

– Видишь ли, как удалась моя хитрость?.. Теперь уж незачем больше и обманывать тебя: ты сама иначе не говоришь со мной как по-французски.

– Да когда по-французски как-то ловче!

– Ну и слава Богу, что ловче. По-русски можешь говорить со всеми, а со мной и с мисс надо русский язык оставлять в стороне.

– Так, пожалуй, и мисс нас обманывает, – вскричала я, – может быть, и она знает по-русски, а только с нами говорить не хочет, чтоб мы скорее по-английски научились?..

– What, – отозвалась из другой комнаты англичанка, – what about miss?[14]..

Антония засмеялась.

– Нет, – сказала она, – мисс Джефферс в самом деле не знает ни русского языка, ни даже французского, а не то я рассказала бы ей в чём дело. Теперь, так как я не говорю по-английски, – приходится нам позвать Лоло на помощь... Ты ведь ещё не сумеешь ей сама объяснить?

Я отрицательно покачала головой.

Позвали Лёлю, и она мигом рассказала англичанке, о чём мы говорили. Она сначала слушала беспокойно, перекосив свой светлый глаз на тёмный и высоко закинув, по своему обыкновению, голову назад; потом успокоилась и начала уверять меня, что не может выучиться по-русски, потому что стара для этого; а что мне самой надо скорее научиться говорить по-английски и петь "pretty English songs"[15] ... Я сделала гримасу, не находя ровно ничего хорошего в её песенках. Мисс мне ужасно надоела со своей единственной песней про какого-то короля, который в казначействе считал свои деньги в то время, как королева ела хлеб с мёдом, а их бедная служанка вышла развесить в саду бельё, и вдруг прилетела маленькая чёрная птичка и выклюнула ей нос... Я совершенно справедливо находила эту песню ужасно бессмысленной и горячо доказывала, что королевские служанки белья в садах не развешивают, а маленькие птицы никак не могут склюнуть человеческого носа... Тем не менее я к концу лета уже порядочно болтала по-английски, не только с "мисс", но и с сестрою.

Мама ужасно радовалась нашим успехам, а папа говорил, что

---

[14] Что-что насчёт мисс?.. – англ.
[15] Прелестные английские песни – англ.

напрасно мы не учимся его родному, немецкому языку, вместо любимого мамою английского.

— Постойте вот, — говорил он, — повезу вас к бабушке, она заговорит с вами по-немецки, а вы не понимаете!.. Вот и будет и вам, и маме стыдно.

— Вот ещё! — закричала я. — Бабочка не станет говорить с нами на чужом языке... Она сама много языков знает, а говорит всегда по-русски.

— Дурочка! Я не про ту вашу бабушку, что в Саратове живёт, говорю. Это другая: моя мама... Она не так далеко отсюда. Вот соберёмся, – съездим к ней в гости.

— Я не хочу!.. Какая там ещё новая бабушка?.. У меня одна бабушка – бабочка!.. Другой я не хочу.

Мама и Антония остановили меня.

— Стыдно большой девочке так глупо говорить!

— Ты ещё не знаешь этой бабушки – папиной мамы; а когда узнаешь, наверное полюбишь так же как и мамину маму.

— Никогда! – протестовала я, не запинаясь. – Как я могу другую полюбить так как свою родную, милую бабочку?.. Ни за что на свете!

— Перестань же, глупенькая! – сказала мама серьёзным голосом; но я видела, несмотря на её строгий тон, что чудесные, добрые глаза её улыбались мне ласково.

— Покормит тебя бабушка конфетами, ты и её крепко полюбишь, – заметил папа.

Я только что хотела сердито отвечать ему, когда Антония взяла меня за руку и, пока мама заговорила о чём-то с папой, тихо и строго сказала, уводя меня в другую комнату:

— Молчи! Как не стыдно тебе огорчать отца?

— Чем? – удивилась я.

— Тем, что говоришь, что не хочешь поехать к его маме. Это его обижает и огорчает!.. Подумай, если бы кто-нибудь стал бранить твою мать, – приятно ли бы это тебе было?..

— Да я совсем не браню... – сконфуженно бормотала я, – я только говорю правду, что никого так не могу любить как бабочку...

— Никто тебя об этом не спрашивает. И, наконец, почём ты можешь знать это, не зная совсем бабушки Васильчиковой?.. – мать моего отца по второму браку была Васильчикова. – Когда узнаешь и увидишь, какая она добрая и как вас любит, тогда другое запоёшь...

И Антония долго говорила на эту тему.

Я молчала... Сколько она меня ни старалась уверить, я всё-таки была твёрдо убеждена, что не может быть другой такой бабушки в целом свете как моя родная бабочка, и что я никогда не полюблю папину маму так как её.

Однако, Лёля, которой удивительно легко давались языки, сама вызвалась учиться по-немецки и начали три раза в неделю аккуратно заниматься с Антонией. К осени она уже много понимала и читала совершенно свободно. Папа хвалил её и в шутку назвал её раз "достойной наследницей своих славных предков, германских рыцарей

Ган-Ган фон дер Ротер Ган, не знавших никогда другого языка, кроме немецкого"...

– Значит, папа, они были очень необразованные, – сказала я, – потому что мама говорит, что все образованные люди должны знать несколько языков...

Папа засмеялся и, целуя меня, сказал, что желал бы, чтоб я была очень образованной девицей, а потому и попросит Антонию Христиановну заняться и со мной немецким языком.

## Болезнь

Вскоре после нашего приезда, я раз легла спать очень рано, с головною болью и проснулась вдруг, как мне показалось, среди ночи, но вероятно это был вечер, потому что Антония ещё не ложилась, и весёлые голоса мамы и её слышались из соседней комнаты и почему-то ужасно меня испугали: мне казалось, что случилось, верно, что-нибудь страшное... Я быстро вскочила, чувствуя, что вся горю, и отбросила одеяло. В ушах у меня звенело, всё тело моё чесалось, и мне страшно хотелось пить...

– Antonie! – вдруг закричала я сердитым и вместе испуганным голосом. – Venez donc ici! Où êtes vous?[16]

Мама и Антония вбежали вместе, испуганные моим криком. Я схватила маму за руку и, сидя на решётке своей кровати, вся дрожа, спросила:

– Кто это там?.. В углу!

– Где?.. Кто?.. Кого ты видишь?..

– Да вот! – махнула я рукою в угол. – Этот высокий серый человек, с поднятой рукою?.. Монах...

– Что ты, Христос с тобою? Никакого монаха здесь нет, – мама пощупала мне голову и беспокойно прибавила, – да у тебя жар!

– Ах! Какой там жар? – Мне холодно. Меня кусают муравьи!.. И зачем этот серый монах тут стоит?.. Прогоните его! Смотрите: какая от него длинная тень ложится по всему полу!.. Зачем он так высоко поднял руку и держит прямо-прямо?..

Мама села возле меня, стараясь меня успокоить, а Антония побежала, чтоб послать за доктором. Я ни за что не хотела лежать смирно, разбрасывалась и с ужасом смотрела на серого человека.

Странно, что это видение моего воображения преследовало меня во всякой болезни, всё моё детство. Едва я впадала в бред, как высокий серый человек, одетый монахом, с поднятой вверх ладонью и длинной чёрной тенью на полу, являлся и стоял неподвижно, где-нибудь поодаль, – в дверях или простенке, и никогда не изменял

---

[16] Иди сюда! Где ты? – фр.

135

положения. Он даже часто снился мне, но я боялась его только в болезни.

Особенно на этот раз он казался мне страшен.

– Да прогоните же его! – кричала я. – Я не хочу оставаться с ним! Возьмите меня отсюда!.. Эти муравьи меня съедят.

Мама села возле меня, стараясь меня успокоить, и я скоро забылась, припав к её руке.

Когда я пришла в себя, среди ночи, оказалось, что меня перенесли в мамину комнату и навалили на меня несколько одеял и шубу, которую я поспешила сбросить с себя на пол, попросив воды напиться. На голос мой мама приподнялась на кровати, а Антония встала с дивана и начала поспешно закрывать меня опять салопом, по самое горло, а вместо воды дала мне чего-то тёплого, противного...

– Что это за гадость? – закричала я. – Я хочу холодной воды.

– Не говори пустяков: холодного тебе нельзя, потому что ты пила малину и должна теперь закрываться, как можно теплее. Скорей, скорей спрячь руки под одеяло.

И Антония натянула мне шубу на самый нос.

Намучилась я в эту ночь от жару и жажды; зато больше не видала монаха, и к утру прошла вся моя крапивная сыпь. Через два дня я встала, а дней через пять-шесть мне позволили выйти в сад.

То-то была радость! Я больше всего скучала эти дни о своих птицах, которых так любила кормить на чистеньком дворике хохлушки. Я нашла их всех очень изменившимися: жёлтые гусенята и цыплята, которых я оставила пуховыми шариками, ужасно подурнели! Они стали такие неуклюжие, в редких торчащих пёрышках на крыльях и хвостиках. Зато голуби и перепела были всё такие же хорошенькие... А вишнёвые-то кусты как изменились!.. За последнюю неделю вишни так созрели, что густая зелень вся была покрыта исчерна-красными, сочными ягодами, смотревшими очень аппетитно.

– Вот прелесть! – говорила я, любуясь.

– Ну уж! Нашла прелесть! – презрительно отозвалась Лёля. – Дрянные вишни!.. Вспомни-ка, что теперь в грунтовом сарае, на нашей даче, в Саратове!

Я вспомнила и глубоко вздохнула. Как не мил был наш садик, но, разумеется, он не мог сравниться с саратовской рощей. К тому же я очень часто скучала о родных и особенно о доброй своей бабочке, и слова сестры заставили меня пригорюниться.

– Ну, чего ты насупилась? – засмеялась она через минуту. – Что ж делать? – Дача далеко; а у нас здесь тоже недурно. Давай играть в прятки!

И Лёля вскочила и побежала в самую глубь сада прятаться. Она, по своему обыкновению, принялась сначала бегать, влезать на деревья, перелезать в соседние садики через плетень, – хотя и то, и другое нам было строго запрещено, – и, вообще, ужасно шалила. Но шалости как и всё на свете ей очень скоро надоедали: она беспрестанно меняла расположение духа. Благополучно спустившись на землю со старой груши, на которой только что звонко куковала, бросая в меня неспелыми фруктами, Лёля бросилась в высокую, некошеную траву и начала смешить меня разным вздором и выдумками, на которые была большая мастерица.

Она уверяла, будто бы один из папиных офицеров – маленький, толстый капитан, который очень много ел, ужасно нравился нашей разноглазой, косой англичанке, тоже любившей покушать. Что будто сама она, Лёля, слышала, что он ей говорил: "Мисс! Я бы сейчас на вас женился, – если б вы хоть один разочек на меня пряменько взглянули!.." Косыми-то глазами! Наша бедная мисс ни на кого не могла смотреть прямо.

– Он ведь, ты знаешь, лысый! – говорила Лёля. – Накладку носит. Так я мисс уже обещала, что если она выйдет за него замуж, так я непременно в день их свадьбы заберусь в церковь и той самой удочкой, что недавно папа мне подарил, чтоб ловить рыбу, зацеплю и стащу паричок с его лысенькой головки!.. Непременно! И если б ты знала, как мисс этого боится, – ужас! Я думаю, она ни за что не посмеет за него выйти замуж!..

Я очень хорошо знала, что Лёля всё это выдумывает; но она так смешно рассказывала, что нельзя было не смеяться, глядя на совершенно серьёзное лицо, с которым она болтала такие пустяки.

## Вареники

Дня через два мы опять играли в саду, когда к нам подошла хозяйка, хохлушка наша, прося нас придти к ней в хату попробовать, какие она, ради Божьего праздника, – а было воскресение, – вкусные вареники с вишнями сварила.

– Вареники?.. Ах! Как жаль, что нам нельзя! – с глубоким сожалением воскликнула я.

А дело было в том, что мне после болезни, а Лёле по случаю недавнего расстройства желудка, было строжайше запрещено есть вишни. Отпуская нас в сад, Антония нам ещё раз это напомнила, и мы ей дали слово не рвать вишен, что до сих пор свято исполняли. Но тут, выслушав приглашение, Лёля закричала:

– Отчего нельзя!?. Вот ещё глупости!

– Да как же, мы Антонии обещались?..

– Что обещали? Глупая! Ведь мы обещали не есть вишен, – а не вареников с вишнями!..

– Разве это не всё равно?

– Конечно, не всё равно: сырые вишни или варёные!.. Вареники – это всё равно, что варенье; а ты знаешь, что тебе давали даже лекарство закусывать малиновым вареньем. Пойдём!

– Ходыть до мене, гарненьки мои барышни! – уговаривала нас

137

хохлушка, не знавшая, что нам запрещены были вишни. – Поиште вареничков моих пшеничных. Яки ж воны смачны!

– Ну пойдём! – не выдержала и я, вставая.

И мы направились к хозяйкиной хате!

Уж и вареники же, в самом деле, какие вкусные были! Из белой муки, с отборными, спелыми вишнями и все залиты свежим, сотовым мёдом. Просто на славу!.. Наша добрая хохлушка была хозяйка домовитая: у неё тут же в палисаднике и свои ульи стояли. Мы боялись, из-за пчёл, ходить туда и только издали любовались его кудрявой липкой и высоким тыном, увитым хмелем, из-за которого красиво пестрели подсолнечники, рожи, да бузиновые кусты.

Ай да вареники!.. Мы ели да только облизывались. Глиняная мисочка, поставленная перед нами на стол, уже совсем почти опустела, когда вдруг... о, ужас! В маленькое окошечко из саду раздался голос горничной девушки, Маши.

– Лёля! Верочка!.. Где вы?.. – кричала она.

Мы так и замерли с деревянными ложками в руках и варениками во рту!

Что тут делать? Нас ищут; сейчас откроют, что мы, две больные, объедаемся варениками с вишнями, скажут Антонии, маме!.. Какой стыд! Боже мой, куда нам деваться?.. Куда бы спрятаться?.. Изобретательная Лёля сейчас нашлась:

– Молчи! – шёпотом прикрикнула она на удивлённую хозяйку. – Не говори, что мы у тебя! Скажи, что ты нас не видала, – а не то нас будут бранить.

Говоря это, она лезла сама и меня тащила за собою, на хозяйкину кровать, под высокую перину... Я забилась туда рядом с сестрой, и мы притихли; хотя я с ужасом чувствовала, что не совсем успела спрятаться, что кончики моих ног торчат из-под взбитой горой пуховой перины.

Голос всё раздавался в саду громче и нетерпеливее. Ясно, что опасность приближается, а тут эти ноги выставились напоказ, и я никак не могу втянуть их. Уф! Измучили меня они!.. Я бы, кажется, позволила их обрубить совсем с башмаками, только бы избавиться от мучительного сознания, что их видно на целую четверть.

Вот ближе, ближе голос и наконец раздался у самого окна:

– Что, наших барышень нету здесь?

Я прижала носки к перине и замерла.

– Ни! – громко отвечала хохлушка, будто бы доставая что-то ухватом из печки. – Тут их не бывало.

– И в саду не видала ты их? – продолжала несносная Маша, пригнувшись к низенькому оконцу.

– Да ни же, ни! И в саду не бачила... Не было их туточки... – солгала хозяйка, стуча горшками и ухватом.

– Вот оказия-то! – удивлялась Маша. – Да где же это они?.. Уж не через плетень ли в чужой сад перелезли?

И она пошла себе, снова выкликая нас по именам.

Едва она отошла, Лёля выскочила из-под перины с хохотом, вся красная, растрёпанная и запрыгала, забила в ладоши, от удовольствия. Хозяйка тоже смеялась... Улыбалась и я... Только мне было немножко стыдно.

– Пойдём домой, – сказала я тихо.

– Нет! – Подождём, чтоб Маша совсем в другую сторону отошла! – с необыкновенным оживлением отвечала Лёля. – Тогда мы вылезем в окно и пробежим прямо к нашему крыльцу, будто разминовались с ней. Никому и в голову не придёт, что мы были здесь.

Мы так и сделали и благополучно вернулись домой, солгав, что мы всё время играли по другую сторону сада. Никто не узнал нашего обмана, пока мы сами, чрез долгое время не рассказали о нём; но я должна сказать к своей чести, что воспоминание об этом происшествии не только никогда меня не забавляло, но напротив, было очень неприятно. В особенности мне было стыдно перед мамой и Антонией! Сознание, что я обманула их доверие, долго меня тяготило.


## Поездка в Диканьку


За учением и шалостями время шло так скоро, что мы и не заметили, как пришёл конец лета. Запестрели дубовые рощи, закраснелись рябина и калина, а во фруктовых садах уж груши и яблоки были сняты.

Осень в этом году была хорошая. Яркое солнце освещало своим холодным, но весёлым светом рощи и опустевшие поля, на которых уже убрали жатву, где летали длинные нити блестящей паутины. Я любила ловить эту паутину, которую мы называли Богородицыными волосами. Я наматывала её на руку и бежала, оглядываясь, смотря, как она расстилается за мной по воздуху, переливаясь серебром на солнышке.

Но настало время, когда нам пришлось прекратить прогулки: пришли серые, ненастные дни. То дождь, то ветер, взметавший жёлтые листья, пасмурное неприглядное небо. Перестали турухтать и ворковать мои перепела и голуби; насупились, взъерошили свои пёрышки и чаще стали прятаться в свои домики, настроенные для них во дворе, от холода и непогоды.

Скоро и нам пришлось попрятаться, – настала поздняя холодная осень.

Но, до её окончательного наступления, мы сделали ещё раз славную прогулку, почти путешествие. Мы знали, что мама иногда ездит в одно богатое имение Диканьку, откуда привозит всегда чудесные цветы, книги и ноты, и о котором она рассказывала нам много интересных вещей. Мне очень хотелось побывать там, и вот, в ясный сентябрьский день, желание моё исполнилось. Я всегда думала до сих пор, что ничего не может быть богаче и красивей нашего саратовского дома и рощи на даче. Но, походив с мамой по садам, парку, оранжерее с цветами, подобных которым я никогда не видывала, по великолепным залам, убранным картинами, статуями и зеркалами, по галереям с мраморными колоннами и полами из цветных узоров, – я увидала, что очень ошибалась, и что такой дом и такие сады мне и во сне не снились!.. Это было имение очень богатых князей, которые этим летом в нём не жили. Особенно любовалась я красивым, пёстрым цветником, разбитым как ковёр турецким узором, прямо перед широким крыльцом, украшенным вазами и вьющеюся зеленью. Из средины цветника высоко бил фонтан, упадая облаком пены и брызг в белый мраморный бассейн.

Пока мама возилась с книгами в библиотеке княгини, ставя на место прочитанные и выбирая новые, я всё стояла на террасе, любуясь цветами и фонтаном. Наконец, я вошла в зал, где меня занял блестящий паркет, отражавший моё белое платьице и ноги точно зеркало. Пройдя несколько больших, красивых комнат, я вошла в угловой, небольшой кабинет княгини, весь сплошь обитый чем-то голубым, мягким, точно как бывают обиты внутри дорогие бонбоньерки, с такою же мягкою голубою мебелью и прелестными вещами по стенам и этажеркам. Большое окно или стеклянная дверь, занимавшая чуть не целую стену, была отворена в сад, а неподалёку от неё стояли мама и Антония, рассматривая у письменного стола какой-то альбом или портфель. Мамино довольное, улыбавшееся лицо сейчас же привлекло моё внимание; обе они как-то странно улыбались, с любопытством рассматривая картинки в альбоме. Поодаль, в других дверях, стоял благообразный старичок в чёрном фраке, который всё нам показывал, ходя везде с нами!

– Так княгиня это сама рисовала? – спросила мама, весело взглянув на старика.

– Сами-с, – почтительно отвечал он. – Они по этому рисунку изволили ещё и другую картинку, немного поболее, нарисовать масляными красками; но только ту они с собою, в чужие края увезли.

– Много занимается живописью княгиня?

– Большие охотницы. И всё больше из своей головы. То есть вот, что только прочтут или вздумают, сейчас карандашиком набросают, а после наверх, в мастерскую; возьмут палитру да кисти и другой раз по целым часам и не сходят.

– Можно видеть эту мастерскую?

– Отчего же-с? Их сиятельство всё вам приказали показывать. Других мы не смеем до всего допускать: разве что сады, оранжереи там или вот дом... Ну, а вашей милости всё от самой княгини велено: что только будет вам угодно! Книги, картины, цветы...

Я остановилась среди комнаты и с удивлением смотрела на старика и слушала.

– Очень уж им понравились книжечки ваши, сударыня! – продолжал он рассказывать. – Изволили видеть в библиотеке, в какой богатый переплёт их сиятельство сочинения ваши отделали?.. Бывало, как выйдет что-нибудь новенькое, только и речи у них, что о

"Зинаиде Р-вой", – как вы подписываться изволите. Уж на что мы, слуги даже, бывало за обедом или вечером с гостями, всё слышим о вас да о сочинениях ваших разговор идёт. Так, что и мне, старику стало любопытно: достал я у управляющего журнал, прочёл эту самую вашу "Теофанию Аббиаджио", что у них вот тут, на картинке изображена...

– Qu'est ce qu'il dit?[17].. – шёпотом и в величайшем недоумении спросила я Антонию; но она так была занята рассказом старика, что, казалось, не замечала и не слышала меня.

Мама тихо опустила на стол открытый альбом, и я впилась в него глазами.

Там была нарисована какая-то женщина вся в белом с чёрными, распущенными по плечам волосами. Она стояла на высокой скале. Внизу, под скалой было тёмное море, и волны его, и платье, и длинные волосы женщины словно были приподняты и развеяны ветром...

– Пойдём, Верочка, пора домой! – сказала Антония и, взяв у меня альбом из рук, закрыла его и пошла из комнаты, вслед за мамой, тихо разговаривая с нею.

Старик шёл вслед за нами. В зале он вынул из воды великолепный букет цветов и подал его маме, сказав, что он нарочно для неё приготовлен.

– Не угодно ли ещё будет вам захватить корзиночку дюшес и яблок-ренетов с собою, сударыня? – говорил он, провожая нас на крыльцо. – Признаться, я всю неделю собирался отослать их вам, да управляющий уезжал на ярмарку: всех почти лошадей забрал, так и не пришлось.

Мама поблагодарила учтивого старичка, и мы уехали.

Не знаю, чем именно я развлеклась в дороге так, что забыла спросить, что говорил он, и какая женщина нарисована в альбоме?.. Только на другой день вечером мне удалось расспросить об этом Антонию.


### Новые мысли, новые чувства


Я запомнила этот вечер отлично.

Мы с ней сидели на крыльце нашего дома. Солнце уже садилось, и тёмные тучи, выползавшие ему навстречу, закрыли его от нас раньше времени; солнца не было видно, но кое-где ближние хаты с садиками светились яркими пятнами, на синем фоне дали, уже покрытой тенями. Мы только что кончили уроки. Антония села с работой на крыльце, предложив мне поиграть на дворе, но я уселась у ног её и

---

[17] Что он сказал? - фр.

любовалась яркими лучами солнца, расходившимися по всему небу как стрелы из-за тёмной тучи.

— Погода испортится, конец ясным дням! — сказала Антония, взглянув туда же. — Посмотри, какие красивые тучи: точно волны на море.

— Ах! — вдруг вспомнила я при этом слове. — Я хотела спросить вас: что это за картинку вчера вы рассматривали в Диканьке? Какая это женщина на скале у моря?.. И что такое рассказывал вам этот старик?

— Что он рассказывал?.. Вот видишь ли, ты знаешь, что мама твоя, каждый день почти, по несколько часов пишет у себя в комнате?

— Да, знаю. Ну, что ж?

— Ну, то, что она пишет, у неё берут и печатают в книгах... Книги эти — её сочинения. Она пишет славные вещи, которые всем нравятся. Все их читают, и вот, эта княгиня, хозяйка Диканьки, прочла одно её сочинение и нарисовала к нему картинку.

— На мамину книгу?

— Да. Не на всю книгу, — а на одно место в ней, которое ей понравилось.

— А какая же это женщина, с распущенными волосами?

— Та, которой историю мама написала. Её звали "Теофания Аббиаджио"...

— Мама её знала? — прервала я.

— Нет, мама её не могла знать, потому что её никогда в самом деле на свете не было. Она сочинила её историю...

— Как сочинила? Как же она могла?.. Почём она знала? И кто же ей поверит? Ведь все могут узнать, что она всё это выдумала!..

— Не выдумала, — улыбаясь поправила меня Антония, — а сочинила. Это разница, которой ты ещё не можешь понять... Все знают, что она пишет не о живых людях, но она так хорошо о них рассказывает, так верно и живо описывает, что когда её книги читают, то все забывают, что этого, в самом деле, не было.

Я задумалась глубоко и чрез минуту спросила:

— Ну, а как же эта княгиня могла нарисовать портрет "Теофании" — как её?.. Ведь она же её не видала?

— Конечно не видала; но представила её себе по маминому рассказу и так её и нарисовала.

— А если мама скажет, что она её совсем не так нарисовала? Что она не похожа?..

— Мама этого не скажет! — рассмеялась Антония. — Она нарисована так, как мама описала её в книге.

— А мне можно прочитать эту книгу?

— Нет, теперь нельзя, потому что ты ничего не поймёшь в ней; но, когда будешь большая, ты непременно прочтёшь всё, что напишет мама.

— Ах! Как же это она пишет?.. Как бы я тоже хотела уметь!.. Кто же это её сочинения печатает?

— Печатают их не здесь, в Петербурге. Ты видела большие жёлтые и зелёные книжки, которые к нам с почты привозят?.. Они называются журналами. В них печатают сочинения разных людей и платят им за это деньги.

— И маме тоже платят деньги?! — удивилась я.

— Да. Много денег.

— Да за что же? Кто ей платит?

Антония, как могла понятней, объяснила мне журнальное дело и прибавила, что платой за то, что она пишет, мама платит жалованье англичанке, учителям и выписывает себе и нам нужные книги...

— И вам она тоже платит? — спросила я.

— Нет, — покраснев отвечала Антония, — мне она ничего не платит. Я получаю деньги от царя, а живу с вами потому, что никого на свете так не люблю как вашу маму.

— А своих родных?

— У меня нет родных.

— Как? Неужели никого?.. Ни отца, ни матери, ни братьев, ни бабушки?..

— Решительно никого... Кроме одного брата, которого я совсем не знаю.

— Как же можно не знать своего брата? Вот!..

Антония промолчала, а моя мысль перепрыгнула на другой вопрос:

— А за что же царь вам платит деньги? Он разве вас знает?

— Какая ты смешная девочка! — засмеялась она опять. — Всё тебе знать надо!.. Ну, царь платит мне деньги за то, что я хорошо училась.

— За то, что вы хорошо учились?.. Вот как!.. А если я буду хорошо учиться, он и мне будет платить?

— Не знаю! Может быть и будет. Только прежде всего надо начать очень хорошо учиться!.. А теперь, довольно тебе расспрашивать; вот уж совсем темно. Скоро свечи и чай подадут... Пойдём-ка в комнату.

Антония ушла, но я не пошла за нею, а поставив локти на колени и подперев руками голову, глубоко задумалась, глядя в темневшую даль, о своей доброй маме, трудившейся для нас. О том, какая она умная, как это она так хорошо умеет рассказывать о небывалых людях и вещах, что даже большие ей верят и думают, будто она правду рассказывает!.. Прежде я никогда не думала о том, чем она занята в своём кабинете. Теперь эти занятия получили для меня особый смысл и интерес, и сама она как будто сделалась другою, — не только моей мамой просто как прежде, а ещё чем-то новым, другим!.. Чем-то таким особенным, чего я никак не могла объяснить себе, но что заставляло меня смотреть на неё совершенно иными глазами.

С этого вечера я начала часто, подолгу засматриваться на её бледное лицо, с карими чудесными глазами, с ласковой улыбкой. "Отчего это мама улыбается так странно?.. — думала я. — Не так как другие: невесело!.. И какие у неё глаза, — большие да тёмные. И вместе блестящие такие!.. Моя мама — очень хорошенькая, и я ужасно люблю её!.." — заканчивала я всегда свои мысли.

Часто мама ловила мой взгляд и рассмеявшись спрашивала, что

со мной?.. Почему я так смотрю на неё? Я конфузилась и не знала, что отвечать ей; но всё чаще и дольше за ней наблюдала, и впервые здоровье мамы начало меня беспокоить. Она в шутку прозвала меня своим сторожем... Особенно любила я забираться тихонько в её комнату и приютившись, незамеченная ею, где-нибудь в уголке, следить, как быстро летала её маленькая, беленькая ручка по бумаге. Как она останавливалась, перечитывая листы; задумывалась, рассеянно устремив глаза в одну точку, иногда улыбалась, словно видя что-нибудь пред собою, иногда хмурила свои тонкие брови, и лицо её делалось такое серьёзное, грустное... Она снова бралась за перо и писала не отрываясь, пристально, быстро.

Мне кажется, я только с этих пор начала сознательно любить свою маму. Вообще я очень изменилась в эту зиму. Мне начали приходить в голову новые мысли, я как-то иначе стала относиться ко всему окружающему; чаще задумывалась, старалась вглядываться во всё и прислушиваться внимательнее к разговорам больших. Особенно занимали меня долгие беседы Антонии с мамой, когда они, сидя вечером на мягком диванчике, то поочерёдно читали, то разговаривали о вещах, часто совсем мне непонятных, но которые я старалась понять или дополнять непонятное своим воображением. Я теперь не приставала к Антонии так часто как прежде с расспросами о пустяках; но несколько раз замечала, что мои вопросы приводят её в замешательство. Раза два-три даже случилось так, что она не могла или не хотела мне ответить и отделывалась общим замечанием, что я узнаю обо всём этом, когда вырасту...

– Да когда же это будет? Боже мой! Когда же я наконец вырасту, чтоб обо всём говорить и читать, и всё понимать?.. Когда же, наконец, я буду большой?!. – восклицала я часто.

И мне искренно казалось в то время, что этого никогда не будет.


## Неожиданности


Пришла зима. Занесло, замело все поля, все дороги снегом. Садик наш стал непроходим: только узенькая тропка от нас к хозяйкиной хате была протоптана мимо огорода; деревья стояли мохнатые, опущенные насевшими на ветви хлопьями, а окрестные хутора так осели в рыхлый снег, словно спрятаться в него хотели. Если бы не встрёпанные, голые садики да не сизые дымки по утрам, дальних деревень нельзя было бы и отличить... Заперлись, законопатились окна и двери, затрещал яркий огонь в печках; пошли длинные-длинные вечера, а серые деньки замелькали такие коротенькие, что невозможно было успеть покончить уроков без свечей.

До самых рождественских праздников я не запомнила ни одного случая, который бы сколько-нибудь нарушил однообразие нашей жизни. Перед Рождеством папа ездил в Харьков и навёз оттуда всем подарков и много чего-то, что пронесли к маме, в комнату под названием кухонных запасов. Занятые своими книжками с картинками, мы не обратили на это никакого внимания.

Вечером нас позвали в гостиную, где мы увидали, что все собрались при свете одной свечи, и ту папа задул, когда мы вошли.

– Что это? Зачем такая темнота? – спрашивали мы.

– А вот увидите, зачем! – отвечала нам мама.

– Не шевелись! – сказала Антония, повёртывая меня за плечи. – Стой смирно и смотри прямо перед тобою.

Мы замерли неподвижно в совершенном молчании... Я открыла глаза во всю ширину... но ничего не видала.

Вдруг послышалось шуршание, и какой-то голубой, дымящийся узор молнийкой пробежал по тёмной стене.

– Что это? – вскричали мы.

– Смотрите! Смотрите, какой у мамы огненный карандаш! Что она рисует!.. – раздался весёлый голос папы.

На стене быстро мелькнуло лицо с орлиным носом, с ослиными ушами... Потом другой профиль, третий... Под быстрой маминой рукой змейками загорались узоры, рисунки...

– Читайте! – сказала она.

И мы прочли блестящие, дымившиеся, быстро тухнувшие слова: "Лоло и Вера – дурочки!"

– Ну вот ещё! – с хохотом закричала Лёля, бросившись к маме. – Покажите, мамочка! Что это такое?.. Чем вы пишете?

– А вот чем! – сказала мама и, чиркнув крепче по стене, зажгла первую виденную нами фосфорную спичку.

Серные спички явились в России в начале сороковых годов. Ранее того огонь выбывали кремнем.

– Что это за палочки такие? Отчего они горят? Зачем они?..

– Затем, чтобы не бегать на кухню за огнём, а всегда иметь его под рукою.

И мама зажгла свечу, стоявшую на фортепиано. Мы продолжали стоять смирно и, раскрыв рты от удивления, смотрели на пламя свечи, ожидая, что и с ней сейчас произойдёт что-нибудь необыкновенное; но видя, что она горит себе как всякая другая, огорчились и стали просить ещё огненных рисунков. Но мама сказала, что "хорошенького понемножку", что это опасная игра, и для того, чтобы мы сами не вздумали повторять этих опасных опытов, благоразумно спрятала спички в свою шкатулку.

Наступил канун 1842 года.

Скучный, пасмурный, грустный канун!.. Почти с самого утра мы всё были одни: мама – сказали нам, – нездорова, и зная, что она часто не выходит из спальни, когда больна, мы нисколько не удивлялись ни тому, что Антония целый день от неё не отходила, ни даже тому, что отец почти не показывался. Он только пришёл, когда мы обедали втроём с мисс Джефферс; поспешно съел свой борщ, посмотрел на нас через очки, улыбаясь, ущипнул меня за щеку, пошутил с Лёлей и ушёл, сказав, что ему некогда.

После обеда мисс Джефферс исчезла тоже.

Мы с Лёлей уселись смирно в полутёмной комнате, вспоминая с затаёнными вздохами о наших прошлогодних праздниках, о подарках бабушки, о чудесной ёлке Горова, и недоумевая, сделают ли в Саратове без нас ёлку или сочтут Надю слишком большой для этого...

За окном, в жёлтом сумраке, быстро, частой сеткой, мелькали снежные хлопья, и ветер уж начинал подвывать в трубах свою тоскливую, ночную песню.

Не только я, но даже беззаботная, всегда весёлая Лёля присмирела. Мне же было очень жутко и тяжко на сердце...

Вдруг отворилась дверь, и вошла Аннушка с Леонидом на руках, а за нею – её толстая сестра, Марья, жена папиного денщика Воронова, наша ключница и швея. Они обе улыбаясь, сели у стенки, поглядывая то на нас, то на дверь, – словно ожидая чего-то. Мы ещё ни о чём не догадывались. Я только успела обратить внимание на великолепный расписной пряник, который наш рыжий толстяк держал в пухлых ручейках, обсасывая с него сахар, когда снова отворилась дверь, и мамина горничная, Маша, вошла с ещё более весёлым липом.

– Барышни! – сказала она. – Идите скорее! Вас маменька к себе зовут!..

– Ах!! – вскрикнула тут Лёля, хлопнув себя по лбу. – Я знаю зачем!..

И выпрыгнув за дверь, она бросилась к маминой комнате. Я, разумеется, за ней, но только добежав до порога спальной, поняла в чём дело. Совсем неожиданная, разукрашенная ёлочка блистала огнями среди комнаты. Под нею лежали игрушки, а вокруг стояли мама, Антония, папа, мисс, и все улыбались, очень довольные, что целый день провозившись с ёлкой, нас так искусно обманули.

Я и рассказать не могу, как обрадовалась! Для меня тут был большой деревянный кукольный дом с тремя или четырьмя комнатами, меблированными и украшенными очень красиво. Папа с мамой целую неделю его оклеивали и убирали гостиную, спальную и кухню. Над ним была красная, высокая, как следует, крыша, с трубами, а в комнатах сидели и стояли разные куклы. Меня особенно занял лакей-араб в красной куртке, который подавал на подносе чай барыне, сидевшей на диване. Мама отлично сделала этого араба: она ему вышила красные губы, белые глаза, с чёрными бисеринками вместо зрачков, а из шерсти – чёрные, курчавые волосы. Другие куклы тоже были все маминой и Антоньиной работы и очень нарядно одеты.

Я заглядывала на них в двери и окошки, удивляясь, как это их могли там рассадить, когда папа, подойдя, приподнял немного крышу и опустил всю переднюю стену моего дома, так что он сразу открылся сверху и с главного фасада. Увидав такой широкий вход в мой дом, Лида начал к нему тянуться, капризничать и кричать до тех пор, пока его не усадили в главной гостиной, где он сейчас же начал так бесцеремонно хозяйничать, что привёл меня в отчаяние!.. Хорошо, что мама успела вытащить его оттуда, уговорить и забавить какою-то другой игрушкой.

## Что случилось в кукольном доме

Но, к его несчастью и великому моему горю, негодному мальчишке понравилось, вероятно, помещение в моём доме. Через несколько дней, войдя в комнату, где стоял мой дом, я услышала в нём необыкновенные шум и движение. Бросившись к нему, я увидала в окно, что Леонид Петрович сидит там, поджавши ноги, с карандашом в руках и во всю мочь разрисовывает пол, потолок и стены, не жалея ни картин, ни обоев.

Кто посадил его туда и закрыл за ним доску? – Не знаю, но, дело в том, что, увидав его злодеяния в моём парадном зале, я пришла в такую ярость, что совершенно забыла об этой открывающейся стене, а поймав его за руку в одно из окон, ну тащить его оттуда и таким образом таскать его вместе с домом по всей комнате!..

На наш крик, слёзы и шум сбежался весь дом. Я, вся красная, выбившись из сил, продолжала таскать брата за руку, выходя из себя, что не могу его вытащить чрез крошечное оконце кукольного дома; он, несчастный, опрокинутый внутри своего тесного помещения, с рукою, вытянутой чуть не до вывиха, бился о стенки моего зала и кричал изо всех сил... С трудом поняв, в чём дело, разняли нас и, вынув его, злополучного, избитого, красного как рак, из сильно попорченного им кукольного помещения, уняли его крики и усмирили нас обоих.

– Верочка! Что с тобою сталось? – с удивлением говорила мама. – Злая девчонка! Я не ожидала от тебя такого ребячества и злости!..

Я сама никак не могла понять, как это случилось? Чтоб я, такая "благоразумная" девица, могла так рассердиться на маленького брата?.. Когда я увидала несчастное лицо нашего бедного толстяка, долго не перестававшего жалобно всхлипывать, его измученную, красную ручонку, синяки на лбу его и вспухшие щёки, мокрые от слёз, мне стало очень стыдно и жаль братишки; но я сейчас же постаралась скрыть эти добрые чувства.

– Allez dans vôtre chambre, mauvaise petite fille![18] – сердито сказала мне Антония. – Maltraiter ainsi son petit frère, pour un joujou![19]

– Да! – проворчала я, глядя на неё исподлобья. – Зачем он испортил мой дом?

– Важность какая! Тебе игрушка дороже брата?.. Поди в свою комнату сейчас и не смей выходить оттуда! Я не хочу тебя видеть, и ни я, ни мама тебя больше не любим!

---

[18] Иди в свою комнату, скверная девчонка! - фр.
[19] Это жестоко, так обращаться с маленьким братом из-за игрушки! - фр.

Я пошла с горьким чувством на сердце, изо всех сил стараясь сдержать слёзы, чтоб не показать своей слабости... "Вот ещё! Пускай лучше думают все, что мне всё равно и совсем не жаль Лиду!.." – со злостью думала я. Я постаралась придать своему лицу самое сердитое и даже насмешливое выражение и уселась в своей комнате на окно. Но мне скоро стало очень скучно... Я сначала надулась и, наконец, не совладав с собой, горько заплакала.

– Voilà qui est bien mieux que de bouder! – заметила мне мимоходом Антония. – Гораздо уж лучше плакать, чем злиться.

Я ещё пуще залилась слезами, и вдруг мне показалось, что я такая бедная, такая несчастная, что другой такой и на свете нет горькой девочки!.. В самом деле! Меня же обидели, меня же наказали и моим же слезам радуются!

"Хорошо же! – Пускай радуются, я буду плакать. Я буду так плакать, что заболею! Пускай тогда радуются моей болезни... Я, может быть, так сильно заболею, что даже умру!.. Что же такое? – Пусть умру! Я очень рада!.. Тогда все они узнают, какая я несчастная была. Соберутся все вокруг меня и будут жалеть, и вспоминать, и плакать!.. Будут хвалить меня и раскаиваться, – да уж не помогут!.."

От этих мыслей я плакала всё сильней и сильней.

Мне представились мои собственные похороны и горе моей бедной мамы, и всеобщее удивление и жалость, не столько о смерти моей, как о всём том, что я вытерпела, как страдала, обиженная всеми!..

Вся эта трагедия представилась мне так ярко и живо, что я не могла вытерпеть и, рыдая, высказала в несвязных словах своё горестное будущее.

– Хорошо, хорошо! – бормотала я. – Браните меня... Вы, может быть, раскаетесь, когда будет поздно...

– Не мне, а вам надо раскаиваться, злая девочка! – хладнокровно возразила Антония, и её жестокосердие окончательно меня возмутило.

– C'est bien![20] – опять повторила я угрожающим и вместе таинственным голосом, – когда я, может быть, скоро умру, вы этого не скажете!

К величайшему моему негодованию Антония засмеялась.

– Когда вы умрёте? Ну, будем надеяться, что до тех пор ты ещё успеешь исправиться!.. От злости, мой дружок, не умирают. Если же ты умерла бы теперь, такою злою, то это было бы очень для тебя худо! Злых детей, поверь мне, не любят ни люди, ни Бог.

– Бог видит, что я не злая, а несчастная! – с убеждением возразила я.

– В самом деле? – опять засмеялась Антония. – Оттого, что от злости чуть не вывихнула брату руки?

Вдруг Антония взглянула на меня сурово и, переменив тон, заговорила очень серьёзно:

---

[20] Это хорошо! - фр.

– Ты должна стыдиться себя! Я считала тебя умной и доброй девочкой, а ты вдруг делаешь и говоришь такие глупые и злые вещи!.. Это стыдно и грешно. Благодари лучше Бога за то, что всё обошлось благополучно: ты могла убить бедного маленького брата. Вот тогда бы ты была действительно несчастна! И на всю жизнь. Слава Богу, что мы прибежали вовремя!.. А теперь, вместо того, чтоб стараться загладить своё поведение, ты ещё продолжаешь злиться и выдумывать пустяки?.. Несчастные дети на тебя не похожи, дружок мой: они не смеют злиться, ворчать и тем более обижать кого-нибудь, как ты сейчас обидела Лиду. Напротив, их все обижают и бьют безнаказанно.

Антония замолчала, задумавшись о чём-то. Я тоже притихла, чувствуя, что она права.

– У тебя есть мать, родные. Все тебя любят и берегут, – через минуту заговорила она, – какая же ты несчастная?.. А есть на свете такие несчастные дети, которые никогда не видят ласки и рады-радёшеньки, когда их только не обижают. Я не считаю себя особенно несчастной, а сколько натерпелась, когда была твоих лет!.. Не дай Бог тебе и в половину столько видеть горя. Семи лет я уж прислуживала всем в доме и чуть бывало не угожу, так голова потом целый день болит от щипков да пинков. А я даже и плакать не смела, не то что жаловаться!

– Кто же вам мог помешать? – спросила я как будто совсем равнодушно, но в самом деле сильно заинтересованная.

– Убеждение, что если я посмею жаловаться, меня побьют ещё сильнее.

– Кто же смел вас бить?.. Разве мать ваша была такая злая?..

– У меня не было матери. В том-то и было самое большое моё несчастье!..

– А отца? Где же был ваш отец?

– Отец мой был вечно болен и слишком занят службой, чтоб знать, что делается в семье. А мачеха меня терпеть не могла...

– Эти мачехи всегда злые как ведьмы!

– Нет, это вздор! Ты в сказках об этом начиталась; а мачехи бывают очень хорошие, добрые женщины. Моё горе было в том, что моя мачеха была грубая женщина, почти мужичка; она считала любовью к своим детям страшнейшее баловство, а мне не могла простить, что отец меня любил наравне с её детьми.

– Вот славно любил! – воскликнула я с негодованием. – Какая же это любовь, когда он позволял так обижать вас?..

– Он не знал этого. При нём мачеха удерживалась и старалась быть справедливей. А я так её боялась и жалела отца, что никогда не хотела ему рассказывать. Когда он умер, мне стало ещё хуже! Меня уж совсем обратили в служанку. Одевали в такие грязные тряпки, что мне самой себя было стыдно и гадко, а зимой я мёрзла от холода. Я должна была каждое утро приносить воды из колодца для всего дома: это была самая тяжёлая работа для меня зимою, пока я не привыкла, оттого, что башмаков у меня никогда не было, кроме стар（еньких сестриных, которые мне едва лезли на полноги, потому что она была на три года моложе меня. По утрам, бывало, бегу я во всю мочь по снегу или по замёрзшей грязи через двор за водою; а у колодца, пока вода наберётся, прыгаю, прыгаю с одной ноги на другую, оттого, что пятки мне мороз словно огнём жжёт... Прибегу с ведром вся синяя, трясусь, так что зуб на зуб не попадёт, и должна в комнатах выметать, прибрать всё, приготовить сёстрам и братьям одеться, помогать их мыть, чаем поить. А потом опять бежать на мороз, за водою или в лавочку за чем-нибудь, мачеха пошлёт.

— А вам чаю? — прервала я.

— Ну, и мне иногда давали; только мне было мало времени думать о нём, потому что дела было много... То той, то другой сестрёнке моей что-нибудь понадобилось; то братья кричали и звали меня на помощь. Кроме меня была у нас одна только старая, полуслепая кухарка. Она меня любила и жалела, только не могла ничем помочь, разве что воду за меня иногда набирала.

— Я бы на вашем месте всех этих ваших сестрёнок и братьев колотила! — злобно заметила я, сделав жест так, словно крепко, с особенным удовольствием, щиплю кого-нибудь.

— Вот, славно было бы! — возразила Антония. — Чем же они-то были виноваты, бедные дети? Они и сами много терпели от нашей бедности и от грубости своей матери.

— Vilaine diablesse![21] — вскричала я, не справясь со своим негодованием.

Антония улыбнулась.

— Fi! Quel vilain mot![22] — сказала она. — Où l'avez-vous entendu?[23] Не надо говорить дурных слов, тем более, что они никогда ничему не помогают.

— Где же теперь они все?

— Мачеха и сёстры, и один брат мой умерли, все в один месяц, от холеры. А меньшой брат мой живёт со старшим, с моим родным братом, доктором, в Петербурге и учится там.

— А как же вы, как-то, говорили, что у вас нет родных? Вот есть же брат?

— Есть, но я почти его не знаю... Раза два-три только видела в институте.

— А кто же вас отдал в институт?

— Я сама не знаю! — засмеялась Антония. — Господь Бог верно!

— Как Господь Бог? Как же это? Расскажите, пожалуйста! — пристала я, совсем забыв своё горе и слёзы.

— Ma chXre amie[24], — отвечала Антония, — это длинная и грустная история! Лучше я расскажу её тебе в другой раз.

Но я так начала просить и умолять её не откладывать, —

---

[21] Гадкая дьяволица! – фр.
[22] Фи! Что за гадкое слово! – фр.
[23] Где ты это услышала?– фр.
[24] Мой милый друг – фр.

рассказать мне всё, сейчас же, что Антония не могла отказать мне и в тот же вечер рассказала всю свою историю.


## Рассказ Антонии


– Ну, вот видишь ли, – начала она, сложив своё шитьё, потому что уже стемнело, и принимаясь за чулок в то время, как я умостилась на любимое своё место на скамеечке у её ног, – я тебе ещё не сказала, что мы жили, когда я была ребёнком, в маленьком городке, в Финляндии. Моя мать была дочь пастора; а отец служил на русской службе, помню как сквозь сон, что я с братом, который лет на пять старше меня, были очень счастливы, пока была жива мать моя, и жили хорошо, потому что она была отличная хозяйка и помощница во всём отцу. По утрам, пока он был на службе, к нам приходило много девочек и мальчиков, и мама учила до самого обеда, а после обеда переписывала для отца нужные бумаги или садилась шить что-нибудь, пока мы играли тут же возле неё.

Летом, я помню, часто ходили мы на большое озеро, недалеко за городом. Отец любил удить рыбу. Иногда он брал и нас с собою в лодку и катал по гладкому озеру. Я очень боялась, когда брат купался и заплывал слишком далеко в озеро. Мы, сидя с матерью на берегу под высокой скалою, далеко-далеко врезывавшейся в воду, кричали ему и делали знаки, чтоб он вернулся, не плыл дальше; но он часто не слушался нас, и тогда я принималась плакать и со слезами кричать отцу, что Эрнест тонет. Отец только смеялся и называл меня трусихой. Он говорил, что мальчику надо быть храбрым, уметь плавать, стрелять и управлять лодкой, и что нечего за него бояться.

Но раз, в воскресенье, мы отправились после обеда на озеро; отец сел в лодку и, по обыкновению, взял вёсла, поставив Эрнеста у руля, а я с матерью остались на берегу. Она села в тени нашей скалы, а я принялась искать разноцветные камешки, раковины и мох, которого очень много росло в расщелинах скалы, кругом озера. Он был разных сортов и теней с мелким белым и розовым цветом. Я любила играть им, устраивая сады, беседки и красивые узоры из цветных раковинок. В этот раз я так занялась игрою, что забыла обо всём, как вдруг меня перепугал громкий крик матери, которая в ту же минуту пробежала мимо меня с протянутыми вперёд руками, точно хотела сама броситься в воду. Я вскочила и в страхе смотрела на озеро... Там, далеко от берега виднелись две лодки; одна, в которой плыл отец, а другая меньше, рыбачья лодочка с белым парусом. Но не туда смотрела мать, а мимо, в другую сторону, где я ничего не могла сначала рассмотреть, потому что солнце ослепительно блестело, переливаясь золотыми струйками по мелкой, расходившейся ряби. Хотя сердце у меня крепко билось, но я ничего не могла понять, пока

151

не разобрала отчаянных криков матери: "Эрнест! Эрнест!.. О, Боже мой, Боже мой!"

Тогда я тоже принялась кричать и плакать, зовя брата, и тут только заметила в середине солнечного отражения что-то чёрное, мелькавшее из воды. Оно вынырнуло раз... другой... и потом исчезло в глубине...

В эту минуту мы заметили, что отец изо всех сил поворачивает лодку и гребёт в ту сторону; но маленькая рыбачья лодка была ближе к месту и неслась тоже туда, совсем пригнувшись белым, раздутым парусом к воде. В нескольких саженях оттуда человек, в ней сидевший, закричал что-то отцу, чего мы не слыхали, спрыгнул в воду и исчез... Долго ли он искал брата, и как он спас его, – не знаю! – но только дело в том, что Эрнест непременно бы погиб, если б не он. В том месте, где он пошёл ко дну, был сильный водоворот, и надо было быть очень искусным и сильным пловцом, чтоб избежать самому опасности и вытащить другого.

Этот человек сделал это. Он был здоровый и сильный рыбак, почти взросший на воде, знавший все опасные места в нашем озере так же хорошо, как углы своей хижины, стоявшей на другом берегу. Туда они повезли брата, и туда побежали и мы с бедной моей матерью, почти обезумевшей от страха и горя. Господи! Как мы были счастливы, когда, прибежав усталые, едва не падая, мы увидели брата, хотя очень страшного, но всё-таки живого! Мать моя едва не упала без чувств от радости и счастья!.. Она не знала потом, что делать, бросалась к Эрнесту, к отцу, к рыбаку, его спасшему, к сестре его, всех обнимая, плача и смеясь в одно время!.. Когда мы добежали до хижины, Эрнест только что пришёл в себя. Его долго откачивали и оттирали на берегу, прежде чем он очнулся. Слава Богу, что бедная мать не видала его в таком состоянии! Она не знала, как благодарить рыбака... Когда, вскоре потом, его сестре понадобилось идти в услужение, мать с радостью взяла её к нам, в няньки, и, хотя скоро увидела, что она – ленивая и капризная девочка, но не решалась отказать ей от места, из благодарности к её брату. Эта девушка и сделалась потом нашей мачехой...

– Как? Этой скверной?.. – невольно прервала я Антонию.

– Да, она была дурная женщина, а, главное, глупая и грубая...

– Как мог отец ваш на ней жениться?

– Что же делать? Он не знал её... Когда мать умерла, эта Ида была у нас в доме всем на свете: она смотрела за нами, хозяйничала, казалось, любила нас, пока у неё не было своих детей. Отец думал, что нам будет хорошо, если он на ней женится. Но вышло не так. Брата спасли его года; он в первое же время возненавидел мачеху, стал ужасно грубить ей и упрекать отца. Она не смела при нём обращаться со мной слишком грубо... Но он скоро уехал к деду нашему, пастору, который в это время жил уже в Петербурге, а потом поступил там в училище и больше не возвращался домой. Тут, года через три, умер отец, и за меня уж совсем не было кому заступиться; так что верно я

152

так бы и осталась на всю жизнь горничной-замарашкой, если б сам Бог надо мной не сжалился.

– Как же это? Душечка, расскажите! – не могла я снова не прервать её.

– Да я же и рассказываю! – улыбнулась моему нетерпению Антония. – Не знаю, по просьбе ли отца или сам от себя, только дедушке моему удалось записать меня кандидаткой на казённый счёт в Екатерининский институт. Но дело в том, что таких кандидаток как я там было, конечно, несколько сот, а потому попасть в институт всем было очень трудно. Такое уж мне счастье Бог послал... Мне было тогда десять лет, и жила я уж не у мачехи, а у кистера той церкви, где дедушка был когда-то пастором...

– Как это?.. Отчего?

– Так. Раз зимою, в очень холодный и бурный вечер, мачеха так рассердилась на меня, что выгнала на улицу, совсем забыв, верно, что в такой холод я могла замёрзнуть. Дело было в том, что меньшой брат, тот самый, что теперь учится в Петербурге, любимый сын мачехи, опрокинул стол с целым столовым прибором. Это бы ещё ничего, если б он только разбил всё и пролил, но вместе со столом полетела на пол кастрюля с горячим картофелем и сильно ушибла и обожгла его, облив остатком кипятку. На ужасный стук и крик бедного мальчика вбежала мачеха и, не разобрав в чём дело, сгоряча прямо накинулась на меня, которой дети были, по обыкновению, поручены. Она кричала, что это я во всём виновата, что я это сделала нарочно, со злости обварила ребёнка; жестоко меня избила и, когда я стала пытаться оправдать себя, едва открыла рот – она пришла ещё в большую ярость и, не помня себя, вытолкала меня из сеней на улицу и заперла дверь на ключ.

Мороз был крепкий!.. Я была совсем как помешанная от испуга и побоев и, сама не знаю зачем, побрела под снегом и ветром, куда глаза глядят...

На мне было одно старое, дырявое платьишко, но я не чувствовала холода, хотя, вероятно, тряслась и коченела, сама того не замечая. Я шла до тех пор, пока не упала обессиленная возле какого-то порога.

Случай ли или старая память прошлых посещений дедушки, только я забрела на церковный двор, где жил он когда-то, и упала у кистерова домика. Наш кистер, – это всё равно, что дьякон, – был славный старичок, служивший ещё у дедушки и знавший мою мать ребёнком. Возвращаясь в этот вечер домой, он ужасно удивился, наткнувшись на меня, а когда меня внесли в комнату, и он меня узнал, то страшно испугался. Меня оттёрли снегом, уложили в постель и напоили чем-то горячим; а когда я на другой день совершенно опомнилась и рассказала всё, прося и моля со слезами, чтоб меня не отсылали опять к мачехе, то эти добрые люди сами плакали надо мною и, как ни были бедны, решились оставить меня у себя и обо всём написали дедушке.

Так я у них и осталась... Хотя мачеха несколько раз присылала за мной старуху кухарку и уверяла, что хотела только попугать меня, тотчас вышла за мною сама на улицу и посылала меня искать везде в тот же вечер, – но добрая кистерша не отдала меня. Мачеха грозила, что будет жаловаться, насильно вытребует меня к себе; а они ей отвечали, что объявят начальству о её жестоком обращении со мной, о том, что она едва не уморила меня, выгнав ночью на мороз!.. Так оно и осталось, потому, верно, что она сама боялась огласки... Только добрая старуха Катерина, наша кухарка, ушла от неё тогда же, побранившись с нею из-за меня, и так как мачеха почти ничего не могла платить, то и осталась, бедная, совсем без прислуги, с тремя детьми.

– Вот ещё: бедная! Есть кого жалеть! – вскрикнула я.

– Конечно, бедная, – спокойно повторила Антония. – Она тоже была очень несчастна. Весною добрый старик кистер получил от деда деньги, чтобы отправить меня к нему, вместе с уведомлением, что мне посчастливилось в баллотировке, что я принята за казённый счёт в институт. Они все радовались и поздравляли меня; а я хоть и боялась немножко, не понимая, куда меня повезут, и что со мной будет, но была счастлива тем, что увижу деда и избавлена навсегда от мачехи. Какой-то купец, ехавший в Петербург, взялся довезти меня, и я скоро отправилась...

Перед отъездом я ходила прощаться с братьями и сестрой и очень плакала, потому что их я очень любила и жалела... Не знала я, что больше никогда не увижу двоих из них: в то же лето пришла страшная холера, и они умерли, вместе со своей матерью. Брат её, рыбак, взял меньшего сына её к себе, а несколько лет спустя отправил его к Эрнесту, который тогда уже был на службе.

– А вы? – спросила я.

– Я была в институте и, так как брат был очень занят, то я почти их никогда не видала.

– А когда вышли из института?

– Когда вышла, меньшой брат был в школе, а старший совсем уехал из Петербурга. Я поступила к гувернантки к одной даме, с которой и приехала три года назад в Полтаву... А там познакомилась с твоей мамой и вот, теперь, сижу с маленькой, злой дурочкой и по её капризу вспоминаю старину!

– Ну хорошо! А Катерина же, что? Старый кистер? – не унималась я.

– Кистер и Катерина уж, верно, давно померли, потому что были очень стары. Я ничего не знаю о них теперь...

– Как жаль!..

– Очень жаль. Но отчасти и хорошо: пора идти к маме, а ты потребовала бы и их историю, если б я её знала! – засмеялась Антония.

– Да! А за что же Царь вам деньги платит? – спохватилась я.

– Я уже сказала: за то, что я хорошо училась! Я должна была получить награду, золотой шифр, и Государь Николай Павлович, приехав сам на акт в институт, подозвал меня, говорил со мною, спрашивал: кто мои родные? Что я думаю делать по выпуску из института? И, узнав, что я сама не знаю что, потому что ни родных, ни состояния никакого не имею, Он расспросил ещё начальницу и приказал во всю мою жизнь выдавать мне пенсию в 120 р. с. в год или оставить пепиньеркой в институте, если я захочу... Я захотела прежде попробовать на свете счастья и, вот видишь, – нашла его! Вожусь с несчастной девчонкой, которая думает, бедняжка, что несчастнее её и на свете не может быть ребёнка!..

– Нет, душечка! – бросилась я на шею к своей милой, доброй Антонечке. – Это я всё глупости говорила! Я, слава Богу, очень-очень счастлива!

– А когда так, так пойдём от радости, в столовую, напьёмся чаю да кстати узнаем, зажила ли Леонидова ручка и нельзя ли, как-нибудь, поправить беды, которые он наделал в кукольном доме?..


## Мамино пение


В эту зиму мама так часто болела, что ей не позволяли доктора так много заниматься, как она любила. Чтобы её оторвать от дела и сколько-нибудь развлечь, папа, наконец, собрался съездить к своим родным в Курск. Наша новая бабушка жила там в деревне у своей дочери. Разумеется, она хоть и очень была к нам ласкова, также как и новые тёти, но у нас к ним не явилось и тени тех чувств, какие мы имели к маминым родным. Мы слишком недолго у них прогостили да к тому же инстинктом чуяли, что эти новые папины родные стараются показать нам ласку и любовь, а не просто любят как дорогая наша "бабочка" и "папа большой".

Мы, разумеется, в то время не могли понять, что эта бабушка нас впервые видит; от сына отвыкла, а маму нашу почти не знает...

Впрочем Лёля скоро подружилась с двоюродными братьями и сёстрами и весело бегала с ними по всему дому; но я как приехала, так и уехала от родных совсем чужою. Глядя на бабушку Лизавету Максимовну Васильчикову, весёлую, нарядную старушку, очень ещё красивую и живую говорунью, я поняла, в кого у Елены такие курчавые, белые волосы!.. Она и лицом, и живостью походила на бабушку.

Возвращаясь домой, мы опрокинулись в глубокий снег. Всё перевернулось в нашей кибитке, и меня так завалило подушками и поклажей, что папа насилу нашёл и откопал меня. Все испугались, не ушиблена ли я? Но только была перепугана, но совершенно невредима.

Испуг ли на неё подействовал, или простудилась мама в дороге, но только что мы вернулись домой, она слегла в постель. Послали в Харьков за доктором, который уже раз или два приезжал к маме. Он покачал головою, сказал, что маме нужно лечиться серьёзно и звал её переехать в город. Но когда он уехал, мама сказала, что ни за что не переедет в Харьков; а уж если будет нужно, то она весной лучше съездит полечиться в Одессу.

Через недельку мама встала скоро и, по-видимому, совершенно оправилась. Я ужасно радовалась её выздоровлению и по-прежнему начала наблюдать за её занятиями и долгими беседами с Антонией.

Все удивлялись моей перемене в течение этой зимы: говорили, что я вдруг сделалась такая тихая и серьёзная, совсем как большая. Мне шёл седьмой год, и я помню, что действительно с этого времени перестала быть совсем ребёнком и часто думала о вещах, которые прежде мне и в ум не приходили.

Мне очень нравилось по вечерам, незаметно присев где-нибудь в уголке, слушать чтение больших и не подозревавших о моём присутствии и выводить свои заключения. Папа иногда пристраивался также к большому столу и слушал, рисуя пресмешные карикатуры или лошадей и пушки, а иногда и портреты своих знакомых, которые у него тоже всегда выходили очень смешные, хотя и похожи. Но чаще случалось, что его не было дома. Лёля готовила уроки или занималась с мисс Джефферс. У меня же по вечерам занятий не было, и потому я всегда присаживалась к Антонии и маме.

Но больше всего на свете я любила слушать мамину игру на фортепиано и пение. Чем бы я ни занималась, едва, бывало, заслышу стук крышки на рояле, я всё бросала и бежала в зал. Там я забивалась за дверь, за печку, куда-нибудь в уголок, где бы мне не мешали, и откуда бы я могла хорошо видеть её лицо и вся превращалась во внимание и слух. Мне казалось, что никто в мире не может петь как моя мама, и никого нет красивей, чем она, на свете.

Помню, раз вечером на дворе бушевала метель, вьюга завывала, и ветер засыпал наши окна мёрзлым снегом. В углу топилась печка; дрова трещали, и ярко вспыхивало пламя, освещая комнату неровным светом. Мама давно, с самых сумерек, тихо ходила по комнате, а Антония сидела на диване и вязала чулок, бряцая спицами в полутьме. Я смирно сидела у ног её, на ковре, положив голову к ней на колени, следя за всеми движениями мамы: за игрой света на лице её и яркой полоской, перебегавшей по низу платья её каждый раз, как она проходила мимо дверной щёлки из ярко освещённой комнаты Лёли.

Мама вдруг остановилась и, взяв на рояле аккорд, сказала:

– Вот когда "Бурю" хорошо спеть!

И она села к роялю. Я насторожила уши.

Мама прежде сыграла что-то такое грустное, тихое; потом запела:

> "Буря мглою небо кроет,
> Вихри снежные крутя;
> То как зверь она завоет,
> То заплачет как дитя!.."[25]

---

[25] А. С. Пушкин "Зимний вечер".

Я вслушивалась жадно в пение её и в чудесные слова. Когда она дошла до того места, как старик в ветхой, тёмной избушке просит старушку спеть ему песню:

"Спой мне песню, как синица
Тихо за морем жила;
Спой мне песню, как девица
За водой по утру шла!.."

Я, от восторга, едва усидела на месте! Так и хотелось броситься маме на шею и крепко расцеловать её... если б только возможно было это сделать, не помешав её чудному пению. Сладко звучал мамин голос, прерываемый только завываниями ветра, будто бы вправду шатавшего нашу избушку, то жалобно плача как дитя, то завывая как дикий зверь...

Бедная лачужка "стариков", их одинокая, печальная жизнь; приунывшая за веретеном своим старушонка и старик, выпрашивавший со скуки песню, так живо мне представились; мне так стало их жалко, что я слушала, слушала и вдруг... горько заплакала.

Мама обернулась, удивившись, и, увидав, что я плачу, подошла ко мне, встревоженная.

– Ничего, душечка мама! – сквозь слёзы говорила я, досадуя на себя за то, что глупым своим беспричинным плачем прервала её пение. – Пойте! Пожалуйста, пойте дальше!.. Это так хорошо! Я ведь ничего!.. Только жаль!.. Старички эти бедные!

– Ах, ты дурочка маленькая! – удивилась ещё больше мама.

Она села на диван, взяла меня к себе на колени и ласкала меня, улыбаясь и утешая тем, что "старичкам", напротив, очень весело, – что они поют песни и пиво пьют из кружки. Я уж и сама смеялась и только упрашивала маму продолжать. Но она сказала:

– Нет, на сегодня довольно с тебя! – и обернувшись к Антонии, тихо прибавила. – Je vous demande un peu!.. Qu'en dites vous? Ce sont les nerfs, Dieu me pardonne![26]..

Тут принесли несносные свечи, и, сколько я ни упрашивала, мама не стала больше петь в этот вечер.

## Опять в Одессе

Ещё снег не совсем стаял; была серая, мокрая, холодная весна, когда мама собралась ехать в Одессу. Мы: дети, обе гувернантки, Аннушка с Машей, даже повар Аксентий – все уезжали. Бедный папа

---

[26] Я попрошу вас немного! .. Что скажете? Это нервы, прости меня Господи!.. – фр.

опять оставался один со своим усатым денщиком Вороновым да толстой женой его Марьей. Но в то время я совсем его не жалела, радуясь, что еду в красивую Одессу, увижу опять море и, что в особенности меня занимало, увижу дом, где я родилась! Мне казалось, что этот дом никак не может быть обыкновенным домом; а непременно какой-нибудь особенный дом, от всех отличающийся.

– Почему же ты так думаешь? – удивлённо спросила, услыхав от меня об этом, Антония.

– Как же! – отвечала я. – Да я ведь в нём родилась!

– Ну, так что же? – рассмеялась она к моему большому смущению и досаде. – Ты что же за диво такое?.. Каждый человек родился в каком-нибудь доме, а дома-то всё же оставались обыкновенными домами и нисколько не изменялись.

Такой взгляд на вещи меня озадачил, и я перестала говорить об этом доме, но всё-таки, про себя, интересовалась им.

Когда пришлось расставаться, все были очень печальны, так что и я приуныла, глядя на бледную, больную маму и на встревоженное лицо папы, по которому одна за другой катились слёзы: как он ни старался незаметно стряхнуть их, они скатывались по длинным усам его на грудь.

Много дней мы тащились по холоду и грязи. Мама была печальна и больна, и всем нам было очень скучно. Я очень удивилась и огорчилась, в первый раз увидев море. По рассказам домашних более чем по своим собственным воспоминаниям, я представляла себе море чем-то светлым, блестящим, чудно красивым; и вдруг увидала сквозь туман и дождь что-то такое мутное, серое, далеко разбегавшееся сердитыми, белыми волнами, которые сливались с таким же как оно, взбудораженным тучами, тёмным небом.

– Что это такое? – огорчённым голосом восклицала я, стоя у поднятого окна кареты, в которое хлестали ветер и дождь. – Разве такое море?.. Море голубое, светлое! Оно переливается и блестит на солнце, – а это?.. Шевелится себе какой-то грязный кисель. Вон: колышется, возится, ходит... Словно белые бараны по грязи бегают...

Мама засмеялась, тихонько потрепав меня по надутой щеке.

– Скажите, пожалуйста! – сказала она. – Тоже света и блеска захотела... Ах, ты поэтическая натура!.. Погоди: насмотришься, даст Бог, и на светлые дни... да не обойтись и без серых!.. Дай только тебе Бог поменьше их на своём веку видеть!..

Мама вздохнула, и я не посмела спросить её, хотя не поняла её слов. Антония тотчас ко мне наклонилась и тихонько начала объяснять, что море не всегда одинаково; что в первый же ясный, солнечный день я не узнаю его, – такое оно будет яркое и красивое.

– Ты лучше сюда посмотри! – дёрнула меня за рукав Елена, смотревшая в другую сторону. – Вот и Одесса показалась. Видишь? Церкви, дома!

И мы занялись новым, красивым городом, многолюдными улицами, высокими домами.

Мама бедная так утомилась дорогой, что пролежала несколько

дней по приезду. Скоро, однако, она почувствовала себя гораздо лучше и бодрее и встала. Мы с нею иногда гуляли и ездили кататься на берег моря, которое я действительно не узнала, в первый же весенний денёк.

У мамы в Одессе было много хороших знакомых. Больше всех я полюбила семейство Шемиот, старых приятельниц моих родных. Вся семья состояла из старушки матери и трёх уже взрослых дочерей: Бетси, Женни и Евлалии. Они были удивительно милые, весёлые и гостеприимные хозяйки и к тому же варили чудесные варенья, что немало способствовало моей личной приязни.

К нам также очень часто приходил один высокой старик, генерал Граве, с длинными-предлинными усами. Он был предобрый; всегда ласкал меня, называл своей невестой и рассказывал часто разные занимательные истории, пока я сидела у него на коленях и заплетала ему усы. Усы у него были необыкновенно длинные!

Он обещался непременно отрезать их и к Пасхе заказать из них парик мисс Долли, — моей безносой кукле, чему я ужасно радовалась.

Раз Антония, войдя в комнату, увидала такую сцену: я примостилась на коленях генерала, заплела ему из усов косы и, сложив их в корзиночку, по тогдашней моде, приколола шпилькой, помирая со смеху над его причёской!.. Он тоже смеялся моему веселью, но Антония не засмеялась.

— Что ты делаешь, Вера?.. — вскричала она в негодовании. — Большая семилетняя девочка садится на колени к гостям?.. Встань сейчас же, и чтоб этого никогда больше не было!

Я встала очень сконфуженная. Переконфузился и мой старичок, не зная, что ему делать: смеяться или расплетать свои усы?.. Наконец, он сделал и то, и другое вместе и сказал:

— Вы, Антония Христиановна, уж слишком строги. У меня такие внучки есть как Верочка.

Уходя поспешно из гостиной, я услыхала, что и Антония засмеялась и отвечала совсем не сердитым голосом:

— Извините меня, пожалуйста, генерал! Вас это, разумеется, не касается; но она — ребёнок и не поймёт разницы обращения с людьми... А между тем в этом именно возрасте и прививаются легче всего привычки. Ей таких фамильярностей позволять нельзя.

С этого дня я больше уж никогда не садилась на колени к мужчинам и не плела кос из усов.

В то же почти время мне ещё раз крепко досталось от Антонии. И за дело! Вот что случилось.

# Мои шалости и прегрешения

Были мы в гостях у Шемиот. Мама с Антонией, взяв нас с собою, оставили у них, а сами пошли, с Бетси, в лавки. Мы играли в разные игры, и, наконец, Лёля вздумала костюмироваться. Она сделала себе маску с бородой и надела капот старушки Шемиот; а меня Евлалия нарядила в рубашку и поддёвку своего племянника. Я всё смотрела в зеркало и объявила, что мне очень бы хотелось остаться так навсегда. Все нашли, что я – отличный мальчишка, и Евлалия с Женни решили не раздевать меня до прихода наших из лавок. Лёля же начала упрашивать их идти навстречу к ним, не раздевая меня.

– Как это будет весело! – кричала Лёля. – Мама ни за что её не узнает! Пожалуйста, пожалуйста, пойдёмте, душечки мои!

– Что же?.. Пожалуй, пойдёмте, – отвечала Женни.

– Чтоб только мама ваша не рассердилась, – нерешительно переглянувшись со своей сестрой, заметила Евлалия.

– Ну, вот ещё! Чего маме сердиться? – бойко возразила Лёля. – Она ещё посмеётся, что Верочка сделалась таким славным мальчиком.

– А Антония что скажет? – вопросила я со страхом, невольно вспоминая нотации о приличиях и укоры по поводу моего нескромного поведения.

– Что же Антония? Ничего она ровно не скажет!.. Важность какая! Отчего же не пошутить маленькой девочке?..

– А может быть это неприлично, – важно сказала я.

Но тут все расхохотались над тем, что я говорю точно большая, расцеловали меня и повели с собою.

Сначала мне очень неловко было идти мальчишкой по улицам: мне всё казалось, что все на меня смотрят, и все узнают. Но мало-помалу я ободрилась, а когда мы пришли на бульвар, и я встретила целую толпу детей, где много было знакомых, то я так разыгралась, что совершенно забыла о своём костюме, а Женни даже пришлось меня просить не входить так хорошо в роль мальчишки-шалуна. Евлалия с Лёлей пошли искать маму и Антонию в магазинах Пале-Рояля одни, потому что я ни за что не хотела прерывать своих игр. Вдруг, кто-то из мальчиков сдёрнул у меня шапку и побежал. Я, разумеется, за ним, с полным намерением догнать и хорошенько отделать своего врага. Мальчик был старше меня и бежал скорее. Иногда он останавливался, чтоб подразнить меня, и снова бросался бежать с моей шапкой. Мне бы никогда не догнать его, если б какой-то встречный господин, желая вероятно услужить мне как меньшему и обиженному, не задержал его...

Запыхавшись, растрёпанная и вся выпачканная в сыром песке, потому что только что упала на бегу, я добежала до барахтавшегося в руках господина мальчишки, с решительно поднятой рукой, готовясь ударить его изо всей силы, как вдруг надо мной раздались восклицания:

– Господи, помилуй!.. Да что же это такое?.. Ведь это Верочка!..

– Как Верочка?.. Где?..

Я окаменела... Руки у меня опустились, и вся красная от усталости, гнева и стыда, я не смела взглянуть на стоявших предо мною маму и Антонию.

Они не встретились с Женни, не видали Елены с Евлалией и, ничего не зная, решительно не могли понять, что значит моё появление на бульваре в мальчишечьем костюме?..

Мой обидчик, воспользовавшись общим смятением и удивлением господина, заступившегося за мальчишку-буяна, вдруг оказавшегося барышней Верочкой, вырвался из рук его и убежал, бросив мою шапку на землю. Я всё стояла молча, растерянным взглядом ища своих сообщниц, которых не было нигде видно. Наконец и Антония, и мама быстро подошли ко мне; приглядываясь, ещё не веря своим глазам, и вопросы посыпались на меня как град.

– Откуда ты?.. Что это значит?.. Зачем ты так оделась?.. С кем ты пришла сюда?..

– Я... с Женни... с Евлалией и Лёлей... – чуть слышно отвечала я, едва сдерживая слёзы.

– Да где же они?.. Зачем тебя одели мальчиком?..

– И привели сюда, – сердито прервала маму Антония. – На бульвар! И оставили тебя одну, и ты тут дерёшься?..

– Оставьте её!.. После! – тихо сказала ей мама и, взяв меня за руку, велела надеть свою шапку и, едва сдерживая улыбку, отвела в сторону от окружавшей нас публики.

Немного ободрённая, я рассказала всё последовательно и повела их к дальней скамейке, на которой отдыхала Женни Шемиот. Пока мы шли, мама смеялась и уговаривала Антонию не сердиться... Но, несмотря на мамины просьбы, Антония крепко побранилась за это с обеими сёстрами; а уж мне с Лёлей и говорить нечего, как дома досталось. Кроме глупого, неприличного переодевания, я ещё могла до того забыться, что без всякого стыда чуть-чуть не подралась с каким-то мальчишкой, на глазах у всех, среди бульвара!.. Я сама не могла понять, что это со мною сделалось?.. Очень долгое время потом я не могла вспоминать об этом ужасном происшествии иначе, как вся вспыхнув от стыда.

Как ни стыдно мне, – но я должна сознаться здесь ещё в одном своём великом прегрешении, – гораздо худшем, чем эта шалость.

Раз мы пошли гулять, Лёля и я с мисс Джефферс. Ей понадобился замок; она повела нас в ряды и зашла в железную мелочную лавочку. Пока она выбирала замок, я с сестрой остановилась у дверей, где были поставлены ящики, а в них насыпаны гвозди, разных величин кольца и разные металлические мелочи. Между ними и увидали какие-то остренькие крючочки, о двух концах, которые мне показались такими странными, что я спросила, – на что они?

– Как?.. Ты не знаешь? Это же удочки, – объяснила мне Лёля. – Вот, которыми ловят рыб.

– Из моря? – спросила я.

– Из моря, из рек, – отовсюду. Вот, – как приедут сюда наши из Саратова, да поедем мы с бабочкой в её деревню, которая здесь, близко, – помнишь мама рассказывала?.. Там есть пруд, где много-много карасей. Мы тоже будем ловить их такими удочками.

– Да как же такими коротенькими?

– Глупости! Так ведь их же привязывают к длинному шнурку, а шнурок – к длинному-предлинному пруту. Тогда на крючок сажают приманку: говядины кусочек, мушку или червячка и закидывают крючок как можно дальше от берега. Вот рыбка завидит добычу на воде, а человека-то ей не видно. Подплывёт она, схватится за неё, да сама, глупая, и попадётся!.. Уж с этого крючка ей не уйти!.. Видишь, как он устроен?

Лёля показала мне устройство удочки и отошла; а я начала мечтать, как бы хорошо было, если б у меня была такая удочка. Я бы тоже ею рыбок ловила!.. Шнурочек и прут всегда можно найти, а вот удочки такой – сама не сделаешь!..

– Лёля! Как ты думаешь, сколько стоит такая удочка?

– О, вздор какой-нибудь! Я думаю их две или три на копейку дают.

– А у тебя нет копейки?

– Нет!.. Да на что тебе?.. Ведь мы ещё в деревню не едем.

И она отошла.

"В деревню не едем!.. А разве здесь, в море нельзя ловить?.. Вот, должно быть, приятно поймать рыбку!.. Я бы так рада была!.. А вот одна удочка упала... На полу лежит. Что ж? Значит, я могу её поднять?.. Всё равно, что нашла... Она всё равно затеряется, – такая маленькая... Упадёт в щель – и пропадёт! Непременно, непременно пропадёт. Стоит её немножко ногой толкнуть – и нет её! Лучше ж я её подыму... Их здесь такая гора! На что купцу эта одна, маленькая удочка?"

– Come, little one! – услыхала я голос англичанки, – пойдёмте домой. Что вы там засмотрелись? Идёмте, дети, пора.

– Сейчас! – вскричала я нагибаясь. – Я только поправлю ботинок.

Я пригнулась к полу, поправила обувь, которая в том совсем не нуждалась, захватила с полу крючочек и, сжав его в руке, вся красная, побежала вслед за сестрой и гувернанткой.

– Отчего ты такая красная? – удивилась сестра.

– Не знаю, – солгала я. – Мне жарко!

Но только что мы пришли домой, я сама себя выдала с головою. Совсем позабыв, что воры должны быть осторожны, размечтавшись о том, как я буду рыбу удить, я сейчас же бросилась хлопотать, чтоб достать длинный прут, верёвочку, а главное, – мастера, который бы мне устроил это орудие для будущего улова морских рыб.

"Надо попросить Аксентия! – думалось мне. – Он – повар! Он должен наверное уметь сделать удочки!"

Почему мне так казалось, что повар должен быть рыболовом? Сама не знаю!.. Но так я решила и тотчас хотела бежать на кухню. Но на мою беду увидала меня Антония.

– Verà!.. Où courez vous ainsi?.. Куда это вы бежите в шляпке, совсем одетая?

– А в кухню! – ответила я весело, привыкнув всегда говорить правду.

– Зачем?.. Что вам делать на кухне?!

Я стала в тупик, сообразив, что сглупила, так как тут же была Лёля, да и мисс Джефферс остановилась в следующей комнате и вошла к нам, в то самое время, как я, путаясь и страшно краснея, объясняла своё намерение Антонии, а сестра смотрела на меня, улыбаясь и укоризненно качая головой.

– Удочку?.. На что тебе удочка? – говорила Антония. – И где ты взяла этот крючочек?.. Покажи. Им можно страшно наколоться!.. Кто тебе его дал?

– Никто не давал... я... я...

– Как же никто!?. Где же ты взяла его?

Тут подошла англичанка и подозрительно перекосила глаза на мою удочку, которую Антония рассматривала.

– What's that? – спрашивала она.

– Это удочка, которую Вера принесла из лавок, – отвечала Лёля, по-английски, улыбаясь.

– A fish-hook? – протянула та. – Откуда же она взяла удочку?..

– Я не знаю!.. Там, в лавке, много их было.

– Что ты говоришь, Лоло? – обратилась к ней Антония, не понимая.

Но я вдруг рассердилась, ожидая, что Лёля скажет и ей, откуда у меня этот противный крючочек, и поспешила сказать, что я его подняла, – нашла на земле.

– На земле?.. На улице? – строго переспросила Антония.

– Нет! – прошептала я чуть слышно. – В лавке!

– Oh! For shame! – вскричала мисс. – Скажите же, Miss Lolo, скажите, что там в лавке продавались такие крючки, и что эта негодница (this wretched little thing) просто его украла!

При этом слове, – впервые прямо назвавшем мне, что я действительно сделала, – я так и залилась слезами, бросившись лицом в колени своей Антонечки. Я знала, какой ужасный грех и стыд – воровство и теперь искренно была убеждена, что погибла!.. Антония меня не утешала. Напротив – она очень строго и сурово меня пристыдила и чтобы навеки запечатлеть в моей памяти раскаяние в моём постыдном поступке, она решила, что я сейчас же возвращусь обратно в лавку и отдам сама эту злополучную удочку продавцу, извинившись в своём "воровстве"...

Ох!.. Вот этот эпилог моего преступления был долго ужаснейшим воспоминанием моего детства!.. Но, зато, он навеки, с корнем вырвал из меня малейшее поползновение покушаться на чужую собственность, будь то простая булавка.

О, Господи! И поныне не забыла я насмешливо жалостливой усмешки, с которой на меня глядел старик-еврей, продавец железных изделий, пока я ему объясняла свой казус: "Не знаю, – де, – как это случилось, что я занесла удочку... Вероятно, за рукав мой она зацепилась!.."

И представьте себе мой стыд, когда беспощадная мисс Джефферс, поняв мою хитрость, перебила меня восклицаниями.

– O, no! O, no! It was not so! – опровергала она решительно мои показания. – Это не так было! Не лгите, мисс Вера!.. Это ещё стыднее: красть и потом лгать!.. Ай-ай! Какой стыд!..

Да! Это был действительно ужасный, и слава Богу – единственный стыд такого рода, в моём детстве. Никогда я более не совершала такого великого греха.


## И радость, и горе


Через месяц или два по приезду в Одессу, мама объявила нам, что к нам сюда едут из Саратова все наши родные. Уж какая это была радость – я и сказать не могу! Наша бедная, дорогая мама, которая всё это время то оправлялась, то вдруг опять заболевала, разом ожила и повеселела. В свои хорошие дни она хлопотала, искала квартиру, где бы папе большому, бабочке и всем было просторно и удобно поместиться. Такое помещение, наконец, нашлось, немного далеко правда, но мама была этому рада: подальше от пыли, от стука экипажей и шума. При этой квартире был, уж не помню, сад ли, или просто двор засаженный, но только оттуда был вид на море, которое всё больше и больше мне нравилось. Я ужасно любила смотреть на суда, на лодки, качавшиеся по волнам, быстро их рассекая; на многоэтажные белокрылые паруса барок, надутые ветром как пузыри, и особенно на красивые пароходы, за которыми расстилались два хвоста: сверху, по воздуху, – чёрный дым, а внизу, на волнах, – белая пена от колёс, расходившаяся серебристым кружевом и брызгами. А в тёмные вечера за пароходами расстилались огненные хвосты искр, и все они светились яркими, разноцветными огнями люков и фонарей, красиво отражавшихся в тёмном море... Чего только, каких сказок не сочиняла я самой себе, любуясь этим зрелищем!

Болезнь мамы редко теперь позволяла Антонии оставлять её, но иногда она приходила посидеть со мною, полюбоваться морем, и тогда я по старой памяти засыпала её вопросами. Предметов разговора было множество! И солнце, спускавшееся к золотисто-красным облакам, уходившее за море, им же окрашенное в пурпур и золото. И светлый месяц, который то серебрил всё море, рассыпая по мелкой ряби свои лучи, то одним цельным блиставшим столбом падал в глубь, перерезав всю бухту. И небо, и земля, и море, – всё меня окружавшее неустанно задавало мне тьму вопросов, за решением которых я привыкла обращаться к Антонии. Иногда она беседовала со мной охотно; но чаще слушала рассеянно, глубоко

164

задумываясь, и не раз я ловила её слёзы, как незаметно ни старалась она отереть их...

– Pourquoi pleurez vous, Antonie?[27].. – спрашивала я иногда и тут же сама отвечала. – Знаю! Вы плачете, потому что мама больна.

И самой мне становилось так тяжело на сердце, и я начинала вместе с нею плакать...

Обнимет она меня бывало крепко-крепко и скажет:

– Oh! Que je voudrais que votre grand-maman vienne plus vite![28].. Я сама хотела этого!.. Мы все, начиная с мамы, ждали и дождаться не могли приезда милой, дорогой бабушки. Нам всем казалось, что с приездом родных всё поправится, и мама скорей выздоровеет.

Глядя на неё, как она со всяким днём менялась, худела и ослабевала, я часто задумывалась и хоть не имела никакого ясного понятия о смерти, но безотчётно пугалась и плакала. Раз, когда целый день мы не видали мамы, я села у дверей её комнаты и не хотела ни обедать, ни чай пить, ни идти спать, пока меня не впустили посмотреть на неё. Она лежала бледная, слабая в постели, но улыбнулась мне и притянула к себе. Расцеловав её, я улеглась в ногах на её кровати и так и заснула...

Чаще и чаще приходили такие дни, что нас не пускали в комнату мамы, а она давно сама из неё не выходила. Мы видели докторов, проходивших к ней и выходивших от неё с серьёзными лицами. Мы жадно прислушивались к говору домашних, но все умолкали, завидев нас, а мы как настоящая дети часто развлекались и забывали горе и страх за нашу маму.

И вдруг, в один чудесный весенний день, приехали наши давно жданные, дорогие родные, и маме сделалось, в самом деле, гораздо лучше. То-то были радость и счастье! То-то наступили ясные, безмятежные дни! Эта счастливая весна и до сих пор вспоминается мне таким радостным золотым временем моего раннего детства, какого я никогда уж более не переживала!.. Словно этот цветущий, яркий май был дан нам в последнее воспоминание о счастливой жизни нашей с мамой. Ей стало так хорошо, что все за неё успокоились, даже большие; нашему же детскому счастью и пределов не было. Я постоянно торжествовала! С утра просыпалась я с мыслью о своём счастье; о том, что здесь, со мною все те, кого я люблю, – особенно моя добрая, несравненная моя баловница, бабочка, – и день мой весь проходил в беспрерывном веселье.

Об уроках не было и помину! Бабочка как приехала, сейчас объявила, что летом уроков не бывает. День наш начинался играми в саду, прогулками на бульвар на берег моря или в лавки, откуда мы возвращались всегда с игрушками и лакомствами, – совсем как в Саратове! Почти всякий день мы ездили купаться, и я с этих пор полюбила купанье в море больше всех других удовольствии. Как весело бывало лежать у самого берега на мокром песке и собирать

---

[27] Почему ты плачешь, Антония?.. - фр.
[28] О! Я хочу, чтобы ваша бабушка быстрее приехала!.. - фр.

раковины и пёстрые камушки в ожидании, что вот-вот прихлынет прозрачная, кипучая волна, приподымет легонько и отбросит на два-три шага вперёд, залив всё белой шипучей пеной. Отхлынет бурливая волна, вскочишь и бежишь за нею по открытому берегу и снова ложишься и ждёшь, замирая, нового прибоя, с ужасом оглядываясь на подступающий грозно вал, хотя прекрасно знаешь, что он не потопит, а только оторвёт от земли и мягко отнесёт на прежнее место. А сколько, бывало, волнений и страхов! То поймаешь блестящий морской кисель, прозрачный как стекло; то попадётся зелёная креветка; а то вдруг померещится поблизости морской рак или чёрная безобразно распластанная каракатица!.. Тут-то подымутся шум, крик!.. Конца нет смеху и шалостям.

Я была ужасная трусиха: не могла видеть, когда бабушка или тёти отплывали далеко... А они очень любили плавать и плавали отлично и смело. Надя взялась было учить и нас. С Лёлей уроки шли превосходно; но я и слышать не хотела!.. Мне несравненно больше нравилось плавать по своему: лёжа у бережка, держась за землю, ждать прибоя.

Я столько собирала "драгоценностей" на дне морском, что у меня дома были целые коллекции ракушек, трав и разноцветных камней.

Вернёшься, бывало, с купанья усталая, но такая сильная и здоровая, что чудо! На балконе или в нашем большом светлом зале накрыт уже чайный стол. Мама сидит в большом кресле, издали улыбается и расспрашивает: "Как гуляли? Кого видели? Хорошо ли купались?.."

Весело болтая, напьёшься чаю; а там, присядешь на колени к бабушке и, несмотря на восклицания Антонии, что это стыдно, что бабушке тяжело, – так славно, уютно примостишься к ней; так сладко задремлешь, положив голову на плечо её, под нежную её, ласкающую руку, прислушиваясь к её речам.

– Вот, как поправится мама, – тихо рассказывает бабушка, – мы все поедем ко мне в деревню, – недалеко отсюда. Поживём там немножко; будем ловить в пруду карасей, собирать клубнику, варенья наварим... А там даст Бог, мама совсем выздоровеет и поедем мы все назад в Саратов! Дача наша милая уж давно нас ожидает!.. А девочки-то наши знакомые: Клава Гречинская, Катя Полянская, как обрадуются тебе! Прибегут навстречу, принесут все свои куклы! Вот будет всем вам веселье!

Слушаешь, бывало, в сладкой дремоте эти рассказы и не знаешь, точно ли это говорить милая бабушка, или снятся такие славные, золотые сны?

И точно, дети, это счастливое время, данное нам Богом пред величайшим несчастьем, пред вечной разлукой с дорогою нашей матерью, было похоже на сон и в моей памяти так и осталось навеки золотым, волшебным сном, который закончил моё раннее детство...

Теперь вы знаете, что было, когда я была совсем маленькой... В другой книге я расскажу и о том, что было со мной дальше, когда я стала постарше и поумнее, чем в эти ранние, счастливые года золотого детства. Я думаю, что читать правду, – как и рассказывать её, занимательнее, чем слушать вымысел; а потому и надеюсь, что не надоем вам своими невыдуманными воспоминаниями.

# Содержание